人性的弱点

（美）戴尔·卡耐基　著
文娟　译

图书在版编目（CIP）数据

人性的弱点 / （美）戴尔·卡耐基；文娟译. -- 长春：吉林文史出版社,2019.2（2023.9 重印）

ISBN 978-7-5472-4732-7

Ⅰ. ①人… Ⅱ. ①戴…②文… Ⅲ. ①心理交往-通俗读物Ⅳ. ①C912.11-49

中国版本图书馆CIP数据核字(2019)第021951号

人性的弱点

出 版 人　张　强
作　　者　（美）戴尔·卡耐基
译　　者　文　娟
责任编辑　弭　兰
封面设计　韩立强
出版发行　吉林文史出版社有限责任公司
地　　址　长春市净月区福祉大路5788号出版大厦
印　　刷　天津海德伟业印务有限公司
版　　次　2019年2月第1版
印　　次　2023年9月第4 次印刷
开　　本　880mm × 1230mm　　1/32
字　　数　208千
印　　张　8
书　　号　ISBN 978-7-5472-4732-7
定　　价　38.00元

前　言

在过去的35年中，美国的一家出版社曾印刷过20多万种书籍，大多数是极枯燥、无味和沉闷的，许多是亏了本的。一位世界上最大的书局的经理最近对我承认说，他的公司有75年的出版经验了，但还是每出版8种书就有7种书是亏本的。

那么为什么我还要冒险写作此书呢？在我写好之后，你为什么还要费事去读呢？这些问题都很有道理，但读完下文你便一目了然了。

1912年起，我在纽约为职业成人讲授教育课程。最初，我只开设了演讲术课程——用实际的经验来训练成人在商业面洽以及团体活动中，能更加清楚、有效、镇定地发表自己的见解。

经过几个季节的培训，我渐渐觉得，这些成人虽然急需说话的训练，但他们更迫切需要在日常事务及人际交际方面得到更好的训练。我自己也深切需要这种训练。应付人恐怕是你所遇到的最大问题了，如果你是一位商人，更是如此。是的，即使你是一位会计师、家庭主妇、建筑师或工程师也是如此。数年前在卡耐基基金会资助下所作的调查研究表明——这一结果后来又由卡耐基技术研究院另外的一项研究所证实——在技术方面的工程中，一个人事业的成功，约有85％是由于人类工程——人格和领导他人的能力。

数年前，我每季都在费城工程师协会举办课程，同时也在美国电机工程协会分会开班。1500位以上的工程师去过我举办的讲习班。我由多年的观察和经验发觉，在工程中获得最高酬劳的人，往往不是懂得工程学知识最多的人。

我们可以付出每周 25 美元到 50 美元的代价，雇用工程、会计、建筑或其他专业的技术人才，因为市场上永远不缺少此类人。但是除了技术、知识之外，再加上能发表自我见解的能力、担任领袖的能力、激发他人潜能的能力，那么他的收入自然就很高了。

约翰·洛克菲勒在他事业鼎盛的时候，曾经向白罗雪这样说过："应付人的能力，也是一种可以购买的商品，就像糖和咖啡一样。"他又这样说："我愿意对那种能力付出酬劳，它的代价要比世界上任何东西都高。"

芝加哥大学和青年会联合学校曾举行一次调查，调查成人究竟要研究些什么！

那笔研究费用是 25000 美元，同时花了两年的时间，调查的最后部分是在梅立顿康耐铁克举行的。那地方被人认为是典型的美国市镇，梅立顿镇上的每一个成年人都作为被访问对象，同时请他们回答 156 个问题。

这些问题诸如你的职业或专业是什么？你的教育程度如何？你的志愿是什么？你需要解决的问题是哪些？你如何利用空闲的时间？你的收入是多少？你的嗜好是什么？你最喜欢的学科是什么？

调查后的结果显示出健康是一般人最注意的，至于第二种兴趣，那是如何了解别人、如何与人相处、如何使人喜欢你、如何使他人同意你的想法。

举办这项调查的委员会，决定替梅立顿的成人举办一个包含这些内容的课程。他们努力寻求有关这种主题的实用书籍，可是无法找到。最后，他们去见一位世界著名的权威成人教育家，问他是否有满足这些成年人需要的书。那位教育家回答：我虽然知道那些成人需要些什么，可是他们所需要的这类书，却从未有人写过。

按照我的经验，我知道他的话是对的，我自己也已经费了很多年的时间，在寻求一本实用且有效果的、关于人与人之间关系的书籍。

由于很多人希望有这样的书，我才尝试写了一本，那是为我讲习班所写的，希望你也能喜欢它。

当然，我们这里所定的规则不只是一种理论或揣测。它们颇有奇效，听起来似乎让人不足以为信，但我确实听到或看见过这些原则改变了许多人的生活与事业。

◇一位手下有 340 个雇员的老板加入了这一训练课程。多年来，他曾没有限制或顾虑地使唤、批评或指责雇员。他不会从自己的口中发出仁慈的称道与鼓励。在研究本书的原则之后，这位老板完全改变了他的人生观。他的厂里也充满了一种从未有过的忠诚、热忱与合作精神，340 个仇敌变成了 340 个朋友。

◇无数推销员因为运用了这些原则，他们的销售业绩直线上升。许多人已经开了新户头——他们以前无法奢求的户头。高级职员得到了更大的职权、更多的薪俸。一位高级职员每年薪水增加 5000 美元，因为他实行了这些规则。

◇屡次参加课程训练的人们的妻子们说，自从她们的丈夫受了这种训练后，自己的家庭比以前更加快乐了。

◇男人们常对他们所得的结果感到惊异，感觉像幻术似的。有时候，他们迫不及待地打电话到我家中来，因为他们不能等待 48 小时之后，在正常上课的时间内报告他们的成就。

本书旨在帮助你发现、发展和利用自己的那些潜伏未用的资才。

戴尔·卡耐基

目　录

第一章　把握人际交往的关键

了解鱼的需求

⊙成功的人际关系在于你有能捕捉对方观点的能力；还有，看一件事须兼顾你和对方的不同角度。

⊙天底下只有一种方法可以影响他人，那就是提出他们的需要，并让他们知道怎样去获得。

⊙能设身处地为他人着想，了解别人心里想些什么的人，永远不用担心未来。

每年夏天，我都会去梅恩钓鱼。我喜欢吃杨梅和奶油，然而基于某些特殊原因，我发现水里的鱼爱吃水虫。

所以在钓鱼的时候，我就不做其他想法，而专心致志地想着鱼儿们所需要的。

我也可以用杨梅或奶油作钓饵，和一条小虫或一只蚱蜢同时放入水里，然后征询鱼儿的意见——“嘿，你要吃哪一种呢?”

为什么我们不用同样的方法来“钓”一个人呢?

有人问到路易特·乔琪，何以那些战时的领袖们，退休后都不问政事，为什么他还身居要职呢?

他告诉人们说：“如果说我执掌大权有要诀的话，那得归功于我明白一个道理，当我钓鱼的时候，必须放对鱼饵。”

世上唯一能够影响别人的方法，就是谈论人们所要的，同时告诉他，该如何才能获得。

明天你希望别人为你做些什么，你就得把这件事记住，我们可以这样比喻：如果你不让你的孩子吸烟，你无须训斥他，只要告诉孩子，吸烟不能参加棒球队，或者不能在百码竞赛中夺标。不管你要应付小孩，或是一头小牛、一只猿猴，这都是值得你注意的一件事。

有一次，爱默生和他儿子想使一头小牛进入牛棚，他们就犯了一般人常有的错误，只想到自己所需要的，却没有顾虑到那头小牛的立场……爱默生推，他儿子拉。而那头小牛也跟他们一样，只坚持自己的想法，于是就挺起它的腿，强硬地拒绝离开那块草地。

这时，旁边的爱尔兰女用人看到了这种情形，她虽然不会写文章，可是她颇为了解牛马牲畜的感受和习性，她马上想到这头小牛所要的是什么。

女用人把她的拇指放进小牛的嘴里，让小牛吸吮着她的拇指，然后再温和地引它进入牛棚。

从我们来到这个世界上的第一天开始，我们的每一个举动，每一个出发点，都是为了自己，都是为我们的需要而做。

哈雷·欧佛斯托教授，在他一部颇具影响力的书中谈道："行动是由人类的基本欲望中产生的……对于想要说服别人的人，最好的建议是无论是在商业上、家庭里、学校中、政治上，在别人心念中，激起某种迫切的需要，如果能把这点做成功，那么整个世界都是属于他的，再也不会碰钉子，走上穷途末路了。"

明天当你要劝说某人，让他去做某件事时，未开口前你不妨先自问："我怎样使他要做这件事？"

这样可以阻止我们，不要在匆忙之下去面对别人，最后导致多说无益，徒劳而无功。

在纽约银行工作的芭芭拉·安德森，为了儿子身体的缘故，

想要迁居到亚利桑那州的凤凰城去。于是，她写信给凤凰城的12 家银行。她的信是这么写的：

敬启者：

我在银行界的 10 多年经验，也许会使你们快速增长中的银行对我感兴趣。

本人曾在纽约的“金融业者信托公司”，处理过许多不同的业务工作，现在则是一家分行的经理。我对银行的许多工作，诸如：与存款客户的关系、借贷问题或行政管理等，皆能胜任。

今年 5 月，我将迁居至凤凰城，故极愿意能为你们的银行贡献一技之长。我将在 4 月 3 日的那个礼拜到凤凰城去，如能有机会做进一步深谈，看能否对你们银行的目标有所帮助，则不胜感谢。

芭芭拉·安德森谨上

你认为安德森太太会得到任何回音吗？11 家银行表示愿意面谈。所以，她还可以从中选择待遇较好的一家呢！为什么会这样呢？安德森太太并没有陈述自己需要什么，只是说明她可以对银行有什么帮助。她把焦点集中在银行的需要，而非自己。

但是仍然有许多销售人员，终其一生不知由顾客的角度去看事情。曾有过这样一个故事：几年前，我住在纽约一处名叫“森林山庄”的小社区内。一天，我匆匆忙忙跑到车站，碰巧遇见一位房地产经纪人。他经营附近一带的房地产生意已有多年，对“森林山庄”也很熟悉。我问他知不知道我那栋灰泥墙的房子是钢筋的还是空心砖的，他答不知道，然后给了张名片要我打电话给他。第二天，我接到这位房地产经纪人的来信。他在信中回答我的问题了吗？这问题只要一分钟便可以在电话里解决，可是他没有。他仍然在信中要我打电话给他，并且说明他愿意帮我处理房屋保险事项。

他并不想帮我的忙，他心里想的是帮他自己的忙。

亚拉巴马州伯明翰市的霍华德·卢卡斯告诉我，有两位同在一家公司工作的推销员，如何处理同样一件事务：

“好几年前，我和几个朋友共同经营了一家小公司。就在我们公司附近，有家大保险公司的服务处。这家保险公司的经纪人都分配好辖区，负责我们这一区的有两个人，姑且称他们卡尔和约翰吧！

“有天早上，卡尔经过我的公司，提到他们有一项专为公司主管人员新设立的人寿保险。他想我或许会感兴趣，所以先告诉我一声，等他收集更多资料后再过来详细说明。

“同一天，在休息时间用完咖啡后，约翰看见我们走在人行道上，便叫道：‘嗨，卢克，有件大消息要告诉你们。’他跑过来，很兴奋地谈到公司新创了一项专为主管人员设立的人寿保险（正是卡尔提到的那种），他给了一些重要资料，并且说：‘这项保险是最新的，我要请总公司明天派人来详细说明。请你们先在申请单上签名我送上去，好让他们赶紧办理。’他的热心引起我们的兴趣，虽然都对这个新办法的详细情形还不甚明了，却都不觉上了钩，而且因为木已成舟，更相信约翰必定对这项保险有最基本的了解。约翰不仅把新保险卖给我们，卖的项目还多了两倍。

“这生意本是卡尔的，但他表现得还不足以引起我们的关注，以致被约翰捷足先登了。”

这是个充满掠夺、自私自利的世界，所以，少数表现得不自私、愿意帮助别人的人，便能得到极大益处，因为很少人会在这方面跟他竞争。欧文·杨是个著名律师，也是美国有名的商业领袖。他说过：“能设身处地为他人着想，了解别人心里想些什么的人，永远不用担心未来。”

许多推销人员，每天踏破铁鞋，疲累沮丧，所获却并不多。为什么呢？因为他们心里想的都是自己的需要。他们不知道你我并不想买什么东西，如果想的话，也一定会自己出门。顾客总喜欢主动采买——而非被动购买。

“注意别人的观点，引起别人的渴望”，这并不能解释为“操纵别人，使他去做对你有益，而对他却有害”的事。而应该是“双方都能因为此事而获利”。在安德森太太发给凤凰城12家银行的信里，在约翰向卢卡斯推销人寿保险的交易行为当中，双方都因处理事务的方式得当而彼此获利。

我曾为一些大学毕业生开讲《有效谈话》的课程。这些毕业生刚进入“开利公司”工作，其中一名学生想利用休息时间打打篮球，于是他便这样去说服其他人：“我要你们出来打篮球。我喜欢打篮球。但是，前几回我到体育馆的时候，人数总是不够。我们当中的两三人，一直把球传来传去——我还被球打得鼻青眼肿。希望你们明天晚上都过来打，我喜欢打篮球。”

这名学生谈到别人的需要了吗？我想，假如别人都不愿去体育馆的话，你也不一定会去的。你不会在意那名学生想要什么，你也不想被打得鼻青眼肿。

这名学生应该想办法让你们觉得，假如你们到体育馆去，可以得到许多东西，像更有活力、更有胃口、脑筋更清醒、得到许多乐趣等等。

我们再重复一遍欧佛斯托教授充满智慧的忠言：“要首先引起别人的渴望，凡能这么做的人，世人必与他在一起。这种人永不寂寞。”

训练班有名学生，一直为自己的小儿子操心不已。他的小男孩体重过轻，而且不肯好好吃东西。这对父母用的是大家最常用的方法——责备和唠叨。“妈妈要你吃这个和那个。”“爸爸要你以后长得高大强壮。”这个小男孩听得进多少这类的要求？这就好像把一撮沙子丢到海滨沙地一样，毫无作用。

只要你对动物还有一点儿认识，你就不会要求一名3岁小孩，对他30多岁父亲的看法会有什么反应，更不要说完全依照父亲所期待的去做，那是荒谬无理的。这名学员后来也发现错误，便告诉自己：“我的儿子想要什么？我如何能把自己的需要和他的需要联结起来?”只要这位父亲开始想，问题就变得容易多了。小男孩有一部三轮车，他最喜欢在自家门口附近骑着车到处跑。但是街的另一头住了一个喜欢欺负弱小的大男孩，常常把小男孩从车上拉下来，然后把车子骑走。自然，小男孩会哭叫着跑回家去，然后妈妈便会跑出来，先把大男孩从三轮车上赶开，再让小男孩骑着车子回家。这事几乎每天发生。所以小男孩想要什么，这并不需要侦探福尔摩斯来回答。小男孩的自尊、愤怒和渴望具有重要性——所有他性格中最强烈的情绪——都促使他要采取报复行动，最好能一拳把那大男孩的鼻子打扁。这时，这位父亲就趁机向小男孩解释，假如他能把妈妈所给的食物吃下去，终有一天能足够强壮得把大男孩痛揍一顿。此法果然奏效，小男孩从此不再有饮食方面的问题。他肯吃菠菜、泡菜、腌鲭鱼——凡是可以让他快快长大的食物都吃。因为他实在太渴望早日把那个大男孩狠揍一顿，好一解长久以来所受的怨气。

解决了这个问题之后，这对父母又得处理另一个问题：原来小男孩一直有尿床的毛病。小男孩与祖母同睡，每天早上，祖母醒过来发现被单是湿的，便会说：“强尼，看，你昨晚又尿床了!”小男孩就会回答：“不是我，是你自己尿床。”责备、处罚、取笑或一再警告，所有能用的方法都用遍了，就是无法让他改掉这个毛病。那么，如何才能让孩子自己不想尿床?

小男孩调皮地回答，他想要一套像爸爸一样的睡衣，而不是现在所穿的睡袍，那看起来像祖母穿的。老祖母早已受够小男孩尿床的毛病，所以很乐意买一套那样的睡衣送给他。他还想要一张自己的床，祖母也不反对。

小男孩的母亲带他到家具店去。她先对店里的女店员眨眼示意，然后说道：“这个小男孩儿想要买些东西。”

“年轻人，我可以帮什么忙吗?你想要什么东西?”

这话使小男孩深觉自己的重要。他尽量站得使自己看起来

高些，然后回答："我要给自己买张床。"

女店员便带小男孩看了好几张床。等男孩的母亲示意哪一张比较合适，女店员便说服小男孩把它买下来。

第二天，床送来了。当天晚上，父亲回家的时候，小男孩就赶紧拉着爸爸到楼上看他的床。

父亲看了那张新床，然后真诚而慷慨地发出赞美之言："你不会把这张床尿湿吧，会吗?"

"哦，不会的，不会的，我不会再把床尿湿了。"小男孩果然遵守诺言，因为这里面有他的尊严，而且，这是他自己买的床。他现在穿着和父亲一样的睡衣，完全像个小大人了，所以他也要举止行为像个小大人一样。

另一个电话工程师，他无法叫3岁大的女儿吃早餐，无论怎么责备、哄骗或要求，都无济于事。这个小女孩喜欢模仿母亲，喜欢觉得自己已长大成人。所以，有天早上，这对父母就把小女孩放在椅子上，让她自己准备早餐。果然小女孩弄得十分起劲，一看见父亲进到厨房便叫道："爸爸，看，今天早上我自己调麦片!"她吃了两份麦片，完全不用哄骗，因为这不但使她兴趣盎然，更使她觉得"深具重要性"。她完全在调制麦片的过程当中，找到了自我表现的途径。

自我表现是人类天性中最主要的需求。我们也可以把这项心理需求适用在商业交易上。当我们想出一个好主意的时候，别让其他人以为那是我们的专利。不妨让他们自己去调制那些观念，他们会认为那是自己的主意，也会因特别喜爱而多摄取了不少的分量。

我们应记住：要首先引起别人的渴望。凡能这么做的人，世人必与他在一起。这种人永不寂寞。

我要喜欢你

⊙外交的秘诀仅在5个字：我要喜欢你。

⊙只是我们把次序弄错了——我们是希望别人先来喜欢我们，却不曾想到如何才能让人喜欢。

当然，为了要得到友谊和情爱，我们必须先认清“施比受更有福”，然后把这种认知用实际行为表现出来。我们不能只是把金矿藏在内心，黄金必须使用才能显示其价值，像《圣经》所说的：“由所结的果子，便可认出它们来。”

我常听到许多人埋怨：“我性情过于羞怯，很难引起别人注意”“没有人会对我感兴趣”，或是“别人并不想认识我”等。

不错，别人为什么要喜欢你呢？这世界并没有义务非要喜欢你或我，或任何一个人。有什么特别理由别人会特别选中你（无论是工作或社交的理由）？除非我们具有他们所要的特质，否则，他们没有必要特别注意到你。

玛丽安·安德逊曾经很生动地描述她早期的生活——她那时事业失败，整个人很不得志，几乎就要放弃歌唱生涯。后来，凭借祷告和心灵的追求，她才逐渐恢复勇气和信心，准备继续为自己的事业奋斗下去。有一天她兴致勃勃地向母亲说道：“我要再唱下去！我要每个人都喜欢我！我要继续追求完美！”

母亲回答道：“很好啊！这是很好的志向——但是，要知道，我们的主耶稣以完美的形象到这世界上来，却还是有人不喜欢他。人在成就伟大的事业之前，必须先学会谦卑。”玛丽安听了深受感动，因此决心在音乐造诣上“力求”完美，而不是“想要”完美。“谦卑先于伟大”，这是母亲给她的最好赠言。

名作家荷马·克洛维是我的好朋友，十分懂得交友之道。凡是碰到他的人，无论是清道夫、百万富翁、妇孺老幼都会在与他相处15分钟之内对他产生好感。为什么呢？他既不年轻，又不英俊，更不是百万富翁，他有什么魅力可以吸引人呢？很简单，因为他一点儿也不矫揉造作，并且能让别人感觉到他真的喜欢、关心他们。

小孩会爬到他的膝上，朋友家的仆人会特别用心为他准备餐点，而且，假如有人宣布："今晚荷马·克洛维会到这里来！"则当天的宴会一定没有人缺席。除朋友间深厚的感情之外，荷马·克洛维的家人也都十分敬爱他。他的妻子、女儿，还有好几个孙儿女，全都对他称赞不已。

究竟这位作家是如何赢得这种幸福的？说来也很简单——就是待人诚恳、热爱他人而已。对他来说，对方是什么人，或做什么事，他都不会在意。只要是身为一个人，对他便意义重大，值得付出关爱。每次他遇见陌生人，很快就能像老朋友一样交谈起来——并不是专谈自己的事，而是尽量谈对方的事。他借由问问题，可以知道对方是从哪里来、做什么事、有没有什么家人等等。他也不会唠叨个不停，只是向对方表示自己的兴趣和关心，借以建立起友谊。

这种方法连最爱嘲笑的人，都会像阳光下的花朵一样吐露芬芳。正像约瑟夫·格鲁大使所说的："外交的秘诀仅在5个字：我要喜欢你。"

得到友谊的最佳方法，是必须注重施予，而不是获得——但应该是亲自赢取得来的，而不是靠一时的吸引或哄骗。所谓赢取友谊的能力，并不是指勾肩搭背、与人攀谈、动作滑稽或讲些逗趣的笑话等。那应该指的是一种心境、一种处世的态度或是一种愿意把自己的爱、兴趣、注意力及服务精神献给他人的愿望。

一个有经验的推销员懂得对自己能否成功推销产品的担心会给心理造成障碍，这样会影响他适当地介绍他的产品。通用制造公司的董事长哈瑞·布利斯在大学期间靠推销缝纫机为生，他总结说："要想在推销员这个岗位上取得成功，就要忽略自己渴望销售出去的数量，而应该集中心思向客户介绍自己能提供什么样的服务。"

如果一个人将精力用在为他人服好务上，就会变得充满难以抗拒的力量。你怎么会拒绝一个企图帮你解决问题的人呢？

"我对推销员们说，"布利斯先生说，"如果他们一天到晚想的都是'我今天要尽力多帮助一些人'而不是'我今天要尽力多卖出一些产品'的话，就会发现接近买主不是那么困难了，然后销售业绩会出奇地好。能够帮助同胞获取快乐、轻松生活的人，是最高级的推销员。"

打高尔夫球时，会有人叮嘱我们不要让眼睛离开球；向成年人传授说话技巧时，我们告诫他们要集中心思在想要传达的信息上。紧张、害怕都是担心结果的表现，这是不可取的。

我自己就是从吃过的苦头中学到这一点的。我曾经是一个害羞的人，天生不善于公开讲话，要我面对一群听众就好比要一个普通人面对国会调查委员会一样费力。

好几年前，我准备发表演讲，当时的听众据说相当难缠。我事前与一位好朋友共餐，免不了流露出紧张的情绪。"假如听众不同意我讲的话，要怎么办？"我神经兮兮地问那位朋友，"假如他们不喜欢我，该怎么办？"

"不错，"朋友回答道，"他们为什么要喜欢你呢？你能给他们干什么？你认为自己要讲的话很重要吗？"我承认那些东西对我来说，的确意义十分重大。

"很好，"她继续说道，"我倒不觉得听众喜不喜欢你有什么重要。重要的是你有没有把想讲的信息传达出去。至于他们喜欢或讨厌你，又有什么关系呢？至少，你已完成了任务。"

朋友的这番话，改变了我对演讲的整个看法。现在，每当我准备发表演讲的时候，都会在事前先静心祷告："神啊，求你帮助我传达出对这些听众有益的信息来，让他们有所收获，满心欢喜地回家。”这样的祷告对我十分有用，而我也的确希望能对听众有帮助。这样的祷告使我谦卑地体会到自己只不过是个传达某些信息的演讲员，而不是要显露自己的学问或风采。我的目的是要带给听众一些鼓舞性的思想，以期对他们的生活有帮助。

好莱坞的J. 艾伦·布恩是著名的喜剧片《狗明星“强心”》的主演，他在观察“强心”表演的过程中学到了不少东西，他为此写了一本名叫《给“强心”的信》的畅销书。据布恩先生介绍，这是一只很了不起的狗，总是欣然地执行他的命令，在电影中表演为剧情所需的各种动作。难得的是它这么做，从来不是为了得到报酬，而是出于爱和享受把事情做好而带来的快乐。有好几次，“强心”都曾纯粹是为了自身的乐趣而表演。这也许正是它能成为电影明星的原因。

布恩先生还曾谈到有一次他面对一个跳舞的年轻女孩。她第一次试跳的时候，紧张得像要出嫁的新娘，怕自己会失败！于是他安慰她说：“不要在乎结果，只当是纯粹为了享受跳舞的乐趣而跳，为了上帝而跳吧。”

很快地，她的心态来了个彻底的转变。

同理，获得友谊的全部秘诀也在于不要担心结果，不要在意别人是否会喜欢我们，现在就着手去做所有能激发爱和友情的事。在这方面，威廉·奥斯勒爵士的话很值得我们思索，他说：“我们应该做的不是张望缥缈的未来，而是脚踏实地做好眼前的事。”

现实的情形是：

当我们还处在做梦年龄的时候，常常梦想有朝一日要写出最伟大的小说来。想象别人是如何欣赏那本书，如何听到掌声，如何得到那永远的荣耀。

想象自己要穿什么样的衣服，所到之处，别人是如何赞美、追求、不断引用自己讲过的话。我们想了许许多多，就是从来不曾想过可能会遭到的困难，或是那些沉闷辛苦的工作，那些在创作过程中所要流出的泪和汗。我们想的都是有关荣耀的报偿，而不是如何努力去赢得这份荣耀。

像这种幼年时期的稚气行为，可说是典型的“一颗寂寞的心灵想要得到友谊”，或是“想要与他人建立良好关系”的心理表现。只是，我们把次序弄错了——我们是希望别人先来喜欢我们，却不想要如何才能让人喜欢。

管住自己的舌头

⊙你如果没有好话可说，那就什么也别说。

⊙要记住，不愉快的时刻迟早会过去，如果我们的舌头没有闯祸，就不会留下需要医治的创伤。

大卫的父母离婚后，协议规定他和母亲一起生活。由于手头拮据，母子二人只好搬到另一个城市去。大卫于是也要到一所新的学校去上课，结交新的朋友。这种种变化叫他伤透了心。他开始对那些父母没有离婚的孩子感到反感，而且经常因为很小的原因或无缘无故跟人打架。在这种痛苦的生活中，他养成了对人过分苛求的习惯。他几乎对谁都没有一句好话。

一天，有个对大卫的情况十分了解的同学走到他身边。“我父母也离婚啦。”他轻声地说，“我知道你心里难受。不过，你得抛弃你的怒气和痛苦。你跟别人过不去，这只能伤害你自己。要是你没法说点儿什么好话，那你最好什么也别说。”

由于痛苦，大卫最初的确很难接受这位同学的建议，但情况似乎变得越来越糟，于是他就对自己的谈吐变得比较谨慎了。他经常把马上就要冲口而出的话咽回去，若是在以前，他的这些伤害人、挖苦人的话简直是没遮没拦。他开始意识到他从前对身边同学的关心是多么不够。随着理解的扩大，他开始明白，像他一样遭受家庭变故的不止他一个人，许多其他孩子也经历过令人难堪的家庭解体。大卫开始想办法去鼓励他们，帮助他们处理好自己的痛苦与茫然。到学期结束时，大卫的态度产生了一百八十度的根本转变，并获得了那些当初由于他管不住自己的脾气而与他疏远了的同学的好感。

我们无论是谁，在家里、学校里或工作中，都可能经历过精神上受到压抑的情形。当事情进展不顺利时，我们就往往忍不住责怪别人，我们或许认为，找别人的错，能使我们对自己所处的状况觉得好受点儿。但也可能是这样想的：我不好过，你也别想好过。

在我们每个人都曾经历过的“沮丧”时刻里，如果我们不能对别人说有益的好话，那我们最好还是什么也别说。破坏性的语言，往往会产生破坏性的结果。除了会给周围的人造成不必要的痛苦之外，从我们口中说出的那些消极性的话语往往只会使问题变得复杂起来。

在生活中遇到了难于应付的挑战，我们就可能认为，说些粗野和伤人的话是有道理的。上文提到的那个父母离了婚的孩子，受着许许多多他无法理解、无法解决的感情和情绪的折磨。但他终于发现，贬低和伤害他人并不是解决问题的办法。通过客气和富于理解的言辞，或干脆怀着同情听别人说话，他终于学会了帮助他人；反过来，他又受到了周围人们的帮助，而他终于在自己身上找回了生活的勇气。

当我们遇到灾难或烦心的事儿，倘若我们还记着应与面前的事物保持一定距离，直至能够看清与之相联系的背景为止；倘若我们学会了“管住自己的舌头”，那么，我们也许就能避免说出许多具有破坏性的话。在生活的各个方面，倘若人们背着沉重的思想包袱，这对他们自己和其他人，都会产生致命的影响，因为这些思想问题所强调的是否定的而不是积极的方面。因此，重要的是我们要懂得，创造性的思想产生于不断寻找答案的过程之中。

有句久经时间考验的名言："你如果没有好话可说，那就什么也别说。"这实在是你在一天之中该说些什么话的座右铭。倘若你出于某种原因而感到沮丧，如有必要，可以找朋友或师长谈谈。每个人都有不顺心的时候，当你感到情绪有些不对头时，千万别发作，以免伤害别人，因为别人也同样需要听到些表示理解和支持的话。对自己要说出的话，要时刻保持警惕。要记住，不愉快的时刻迟早会过去，如果我们的舌头没有闯祸，就不会留下需要医治的创伤。

如要采蜜，不可弄翻蜂巢

⊙人就是这样，做错事的时候只会怨天尤人，就是不去责怪自己。

⊙善解人意和宽恕他人，需要有修养自制的功夫。

美国鼎鼎有名的黑社会头子，后来在芝加哥被处决的阿尔·卡庞说："我把一生当中最好的岁月用来为别人带来快乐，让大家有个好时光。可是我得到的却只是辱骂，这就是我变成亡命之徒的原因。"卡庞不曾自责过，事实上他自认为造福人民——只是社会误解他，不接受他而已。达奇·舒兹的情形也是一样，他是恶名昭彰的"纽约之鼠"，后来因江湖恩怨被歹徒杀死。他生前接受报社记者访问时，也自认为造福群众。

我曾和在纽约新监狱担任过好几年典狱长的路易·罗斯就关于罪犯不曾自责的问题通过几次信，他表示：牢里的犯人很少自认为是坏蛋。他们和你一样，都是人，都会为自己辩解。他们告诉你，为什么要打破保险箱，为什么要开枪杀人。大多数人都能为自己的动机提出理由，不管有理无理，总要为自己破坏社会的行为辩解一番。因此，他们的结论是：他们根本不

应该被关进牢里。

假如阿尔·卡庞这帮歹徒，以及许多关在监狱里的亡命男女，他们从不为自己的行为自责过，我们又如何强求日常所见的一般人?

心理学家史金诺经通过动物实验证明：因好行为受到奖赏的动物，其学习速度快，持续力也更久；因坏行为而受处罚的动物，则不论速度或持续力都比较差。研究显示，这个原则用在人身上也有同样的结果。批评不但不会改变事实，反而只会招致愤恨。

另一位心理学家汉斯·希尔也说："更多的证据显示，我们都害怕受人指责。"

因批评而引起的羞愤，常常使雇员、亲人和朋友的情绪大为低落，并且对应该矫正的事实状况，也没有一点好处。

西奥多·罗斯福和塔夫脱总统之间有段广为人知的争论——他们的不和睦导致共和党的分裂，而将伍德洛·威尔逊送进了白宫。让我们简单地回忆一下这段历史：1908 年，罗斯福搬出白宫，共和党的塔夫脱当选为总统，然后，罗斯福到非洲去猎狮子。当他回到美国后，看到塔夫脱的保守作风，很是震怒。罗斯福除了公然抨击塔夫脱，还准备再度出来竞选总统，并打算另组"进步党"，这几乎导致老共和党的瓦解。果然，紧接而来的那次选举，塔夫脱和共和党只赢得了两个区的选票——佛蒙特州和犹他州，这是共和党有史以来遭受的最大失败。

罗斯福谴责塔夫脱，但是塔夫脱承认自己有错吗?他曾含着眼泪说道："我不知道所做的一切有什么不对。"

俄克拉荷马州的乔治·约翰逊是一家营建公司的安全检查员，检查工地上的工人有没有戴上安全帽是约翰逊的职责之一。据他报告，每当发现工人在工作时不戴安全帽，他便用职位上的权威要求工人改正，其结果是：受指正的工人常显得不悦，而且等他一离开，便又常常把帽子拿掉。

后来约翰逊决定改变方式。第二回他看见有工人不戴安全帽时，便问是否帽子戴起来不舒服，或是帽子尺寸不合适，并且用愉快的声调提醒工人戴安全帽的重要性，然后要求他们在工作时最好戴上。这样的效果果然比以前好得多，也没有工人显得不高兴了。

人就是这样，做错事的时候只会怨天尤人，就是不去责怪自己。明天你若是想责怪某人，请记住阿尔·卡庞等人的例子，它让我们认清：批评就像家鸽，最后总会飞回家里。也让我们认清：我们想指责或纠正的对象，他们会为自己辩解，甚至反过来攻击我们，或是像塔夫脱所说："我不知道所做的一切有什么不对。"

当林肯咽下最后一口气时，陆军部长史丹顿说道："这里躺着的是人类有史以来最完美的统治者。"

为什么这么说呢？因为林肯找到了与人相处的秘诀——不为任何事指责任何人。而且，这个秘诀是林肯在差点丢了性命后获得的。

年轻时的林肯特别喜欢批评他人。林肯喜欢批评人吗？不错。他住在印第安纳州湾谷的时候，年纪尚轻，不仅喜欢评论是非，还写信写诗讽刺别人。他常把写好的信丢在乡间路上，使当事人很容易发现。

1842 年秋天，林肯写文章讽刺一位自视甚高的政客詹姆士·席尔斯，并在《春田日报》上发表了一封匿名信嘲弄席尔斯，全镇哄然引为笑料。自负而敏感的席尔斯当然愤怒不已，终于查出写信的人，他跃马追踪林肯，下战书要求决斗，林肯本不喜欢决斗，但迫于情势和为了维持荣誉，只好接受挑战。他有选择武器的权利，由于手臂长，他选择了骑兵的腰刀，并且向一位西点军校毕业生学习了剑术。到了约定日期，林肯和席尔斯在密西西比河岸碰面，准备一决生死。幸好在最后一刻有人阻止他们，才终止了决斗。

这是林肯终生最惊心动魄的一桩事，也让他学会了如何与人相处的艺术。从此以后，他不再写信骂人，也不再任意嘲弄人了。也正是从那时起，他不再为任何事指责任何人。

1863 年 7 月 1 日到 3 日，“盖茨堡战役”展开，到了 7 月 4 日晚上，李将军开始向南方撤退。当时乌云密布，随即暴雨倾盆而至。李将军带着败兵逃到波多马克河边，只见前方是高涨的河水，后方是乘胜追击的政府军，李将军进退无据，真是陷入了绝境。林肯见了，知道是天降的大好良机，只要打败李将军的军队，战争很快就可以结束。于是，他满怀希望地下了一道命令给米地将军，要米地立刻出击李将军，不用通知“紧急军事会议”。林肯不但用电报下令，并且另派专差传讯，要米地马上行动。

米地将军有没有马上行动呢？正好相反。他完全违背林肯的命令，先行通知“紧急军事会议”。他迟疑不决，故意拖延时间，用尽了各种借口，拒绝攻打李将军。最后，水退了，李将军和军队越过波多马克河，顺利南逃。

林肯勃然大怒。“这是怎么一回事？”林肯对着儿子罗伯特咆哮，“老天，这究竟是怎么回事？他们就在触手可及的地方，只要我们伸出手，他们必定跑不掉的。难道我说的话不能让军队移动半步？像这种情况，什么人都可以打败李将军，就是我也可以让李将军束手就擒。”

极端失望之余，林肯坐下来给米地写了一封信。记住，这时的林肯，言论措辞都比以前保守自制。所以，这封写于 1863 年的信，已含蓄表达了林肯内心的极端不满。

亲爱的将军：

我相信你对李将军逃走一事深感不幸。他就在我们伸手可及之处，而且，只要他一就擒，加上我们最近获得的胜利，战争即可结束。现在，战争势必延续下去，由于上星期一你不能顺利擒得李将军，如今他逃到波多马克河之南，你又如何能保证成功呢？期盼你会成功是不智的，而我也并不期盼你现在会做得更好。良机一去不再，我实在深感遗憾。

你以为米地将军读了这封信之后，会有什么表示？

米地将军从没有见过这封信，因为林肯并没有把这封信寄出去。这是他死去后，别人在一堆文件中发现的。

我们的猜测是，林肯在写完这封信之后，望着窗外，左思右想，把信搁到一边。惨痛的经验告诉他：尖锐的批评和攻击，所得到的效果都是零。

泰德·罗斯福说，在他当总统的时候，凡是遭遇到难解的问题，就会望着挂在墙上的林肯像自问："如果林肯处于我的现况，会如何解决这个问题？"

我年轻时，总喜欢让自己给别人留下深刻的印象，所以写了一封可笑的信给理查·哈定·戴维斯。他当时刚出现在美国文坛，颇引人注意。那时，我正好帮一家杂志社撰文介绍作家，便写信给戴维斯，请他谈谈他的工作方式。在这之前，我收到某人寄来的信，信后附注："此信乃口授，并未过目。"这话留给我极深印象，显示此人忙碌又具重要性。于是，我在给戴维斯的信后也加了这么一个附注："此信乃口授，并未过目。"虽然，我当时一点也不忙，只是想给戴维斯留下较深刻的印象。

他根本没有劳心费力地写信给我，而是把我寄给他的信退了回来，并在信后潦草地写了一行字："你恶劣的风格，只有更增添原本就恶劣的风格。"的确，我是弄巧成拙了，受这样的指责并没有错。但是，身为一个人，我觉得很恼羞成怒，甚至10年后我获悉戴维斯去世的消息时，第一个念头仍然是——"我实在羞于承认——我受到的伤害"。

假如你想引起一场令人至死难忘的怨恨，只要发表一点刻薄的批评即可。

让我们记住：我们所相处的对象，并不是绝对理性的动物，

而是充满了情绪变化、成见、自负和虚荣的人。

本杰明·富兰克林年轻的时候并不圆滑，但后来却变得富有外交手腕，善与人应对，因而成了美国驻法大使。他的成功秘诀是："我不说别人的坏话，只说大家的好处。"

只有不够聪明的人才批评、指责和抱怨别人——的确，很多愚蠢的人都这么做。但是，善解人意和宽恕他人，需要修养和自制的功夫。

卡来尔说过："伟人是从对待小人物的行为中，显示其伟大的。"

鲍伯·胡佛是个有名的试飞驾驶员，时常表演空中特技。有一次，他从圣地亚哥表演完后，准备飞回洛杉矶。根据《飞行作业杂志》所描述，胡佛在300英尺高的地方时，刚好有两个引擎同时出故障。幸亏他反应灵敏，控制得当，飞机才得以降落。虽然无人伤亡，飞机却已面目全非。

胡佛在紧急降落之后，第一个工作是检查飞机用油。正如所料，那架第二次世界大战的螺旋桨飞机，装的是喷射机用油。

回到机场，胡佛要见那位负责保养的机械工。年轻的机械工早为自己犯下的错误痛苦不堪，一见到胡佛，眼泪便沿着面颊流下。他不但毁了一架昂贵的飞机，甚至差点造成3人死亡。

你可以想象出胡佛的愤怒。这位自负、严格的飞行员，显然要对不慎的维护工大发雷霆，痛责一番。但是，胡佛并没有责备那个机械工人，只是伸出手臂，围住工人的肩膀说道："为了证明你不会再犯错，我要你明天帮我的F—51飞机做修护工作。"

记住："如要采蜜，不可弄翻蜂巢。"让我们尽量去了解别人，而不要用责骂的方式吧！让我们尽量设身处地地去想——他们为什么要这样做？这比批评责怪还要有益、有趣得多，而且让人心生同情、忍耐和仁慈。

约翰博士也说过："上帝本身也不愿论断人类，直到末日审判的来临。"

抓住每一个机会

⊙只要他愿意探取，凡他结交的每一个人，都能告诉他若干的秘密，若干闻所未闻却足以辅助他的前程、加强他的生命的东西。没有人能孤独地发现他自己，别人总是他的发现者！

⊙错过与一个胜过我们自己的人相交往的机会，实在是一个很大的不幸，因为我们常能从这个人身上得到许多益处。

一个人从别人那里所吸收的能量愈大、质量愈好、种类愈多，则其个人的力量愈大。假使他在社交上与精神上、道德上同他的同辈有多方面的接触，那么他一定是个有力量的人。反之，假使他断绝关系，那么他一定会成为弱者。

人类需要各种精神食粮，而这各种精神食粮，只有在同各种各样的人们相处相交中得来。这就像枝头上葡萄累累，其汁液的甜蜜，其色香的醇美，都是从葡萄藤的主藤上来的一样。树枝本身不能生存，把树枝从树干上砍掉，树枝定会萎黄枯死。个人的力量也是从“人类树干”中得来的。

在同一个人格伟大的人相面对、相接触的时候，常常能觉得自己的力量会突然增加几倍，自己的智慧会突然提高几倍，自己的各部分机能会突然锐利了几分，仿佛自己以前所梦想不到的隐藏在生命中的力量，都被他解放了出来，以至使自己可以说出、做出在一人独处时、在没有同他接触时，所绝不能说出、不能做出的事情。

演说家的演讲词可以唤起听众的同情，因而发出伟大的力量。但是假使他在“没有人”或者和个别人的情况下讲话，则绝不能生出这种巨大的力量；正像化学家绝不能使分贮在各只瓶中的药品发生化学作用一样。新的力量、新的影响、新的创造，只有在“接触”和“联系”中才能得来。

常能同他人相处相交的人，仿佛永远在他的“发现航程”中能发现自己生命中的新的“力量岛屿”，而若是他不常同别人接触，这种“力量岛屿”是会永远埋没无闻的。

只要他愿意探取，凡他结交的每一个人，都能告诉他若干的秘密，若干闻所未闻却足以辅助他的前程、加强他的生命的东西。没有人能孤独地发现他自己，别人总是他的发现者！

我们大部分的成就总是蒙受他人之赐。他人常在无形之中把希望、鼓励、辅助投入到我们的生命中，在精神上振奋我们，使我们的各种能力趋于锐利。

我们生命的生长，都依靠我们的心灵从四处吸收营养，而这种营养，我们的感觉是不能觉察、测量的。从表面上看，我们是从耳目中吸收进“力量”的，但在事实上，这种力量的吸收绝不是取道于官能的视觉、听觉神经的。

一幅名画中最伟大的东西，不在于画布上的色彩、影子或格式上，而是在这一切背后的画家的人格中——那黏着在他的生命中，那为他所传袭、所经历的一切的总和所构成的一种伟大力量！

大学教育的大部分价值，都是从师生同学间感情的交流、人格的陶冶中所得来的。他们的心相摩擦，刺激起个人的志向，提高个人的理想，启示新的希望、新的光明，并将个人的各种机能琢磨成器。书本上的知识是有价的，然而从心灵的沟通中所得来的知识是无价的。

假使你不能同别人的生活发生密切的关系，不能培养起你丰富的同情心，不能在别人的事上发生兴趣，不能辅助别人，不能分担别人的痛苦、共享别人的快乐，则不管你学问怎样好、成就怎样大，你的生命仍是冷酷的、无友的、孤独的、不受欢迎的。

试着常同比你优越的人交往。这并不是说，你应当和比你更有钱的人交往，而是说你应当同人格、品行、学问、道德都胜过你的人交往，因为这样你就能尽量吸收到种种对你的生命有益的东西，就可以提高你自己的理想，可以鼓励你趋向高尚的事情，可以使你对事业激起更大的努力来。

脑海与脑海之间，心灵与心灵之间，有着一种伟大的“感应”力量。这种“感应”力量，虽无法测量，然而它的刺激力、它的破坏及建设力是十分巨大的。假使你常同比你低下的人混在一起，则他们一定会把你拖陷下去，一定会降低你的志愿和理想。

错过与一个胜过我们自己的人相交往的机会，实在是一个很大的不幸，因为我们常能从这个人身上得到许多益处。只有在“交往”中，生命中粗糙的部分才可以擦去，我们才可以琢磨成器。同一个能够启发我们生命中的最美善的部分的人相交的机会，其价值远过于发财获利的机会，它能使我们的力量增加百倍。

扩大交际范围

⊙善于交际的人，总是在不停地扩大自己的交际范围。

⊙定期举办的各种活动可为其成员提供充分的交往机会，所以，不要放弃你感兴趣的任何团体。

善于交际的人，总是在不停地扩大自己的交际范围，认识一个新的朋友，等于进入他的社交圈，从而又认识一批人，不断地产生倍数效应。我经常鼓励我的学员这样做，并给了他们相应的一些建议：

1. 广泛参加各种团体活动。

对于参加联谊会、集训、研讨会或志趣相同者的夏令营、冬令营等活动，都是许多人在一起的集体活动，即便你兴趣不浓也还是积极参加为好。

因为，此类活动所创造的交际机会是非常多的。比如，有些不喝酒的人，稍微喝了一点，就把心里话全都倒了出来，从此与这些人结成了好朋友。如果你总是说“乱哄哄的有什么意思”之类的拒绝之辞，那么以后就不会有人再邀请你了。

各类社团组织、学术团体聚集着各种人才，大家志趣、爱好相投，有共同语言，可以相互切磋技艺，研究学问。定期举办的各种活动可为其成员提供充分的交往机会，所以，不要放弃你感兴趣的任何团体。

2. 好好利用与人合作的机遇。

与人合作的过程也是交友的过程，为扩大交际范围提供了良好的机遇，因为共同的事业是寻觅知心朋友的前提条件。

不可错过与人合作的项目，而且还要积极寻找共同完成的事业，才可广交朋友。

3. 培养自己的好奇心。

爱好、兴趣广泛的人，易于同各种人交朋友。一个人如果会打桥牌、跳舞、游泳、滑冰、打球、下棋等，爱好一多，与大家“凑趣”的机会就多，结交朋友的机会也就多了。

即使自己并不擅长某一方面，但若表现出浓厚的兴趣，博得对方的欢心，肯定了他的特点，也能引发共鸣。

抱有好奇心，集体活动时，不管谁邀请都一起活动。自己感兴趣的要去，不感兴趣的也要去，不管男性和女性都要兴致勃勃地活动。只有这样才能让人感受你的魅力，并让人感受快乐的气氛。当大家聚到一起时，不要忘了这一点。

此外，要关心各种问题。常关心大家所关心的事，特别是关心你结交的人们所感兴趣的事情。

4. 不要让性格差异成为障碍。

常言说，物以类聚，人以群分。志趣相投的人容易接近，反之，则容易疏远。但要记住，社交与选择朋友不完全是一回事。社交圈中，更多的不是朋友，或者只是普普通通的朋友。

因此，在社交过程中，不要用选择朋友甚至是知心朋友的条件来作标准，凡是志趣不符、性格不合的人一概拒之门外。

在社交圈中认识的新朋友应是与你有较大差别的人才好。朋友之间在知识结构、兴趣爱好、生活经历、气质性格等方面存在差别，有助于双方广泛地了解形形色色的社会生活层面。新朋友的见解即使与你大相径庭、迥然不同，也是一大幸事，这可以补充、丰富你的思想。

5. 积极参加集体活动。

有些人不喜欢参加集体活动，这些人老埋怨自己没有朋友，实际就是缺少热情。无论大家做什么，需要多少时间，就知道做自己喜欢的事情，绝不与大家一起干。什么都是自己决定，自己能领会的才想做，像这样的个性很强的人是很难交到朋友的。

让对方有备受重视的感觉

⊙人类行为有个极重要的法则，如果我们遵从这个法则，大概不会惹来什么麻烦；事实上，如果我们遵守这个法则，便可以得到许多友谊和永恒的欢乐。但是如果我们破坏了这个法则，就难免后患无穷。这个法则就是：时时让别人感到重要。

⊙约翰·杜威说过："人类本质里最深远的驱动力是——希望具有重要性。"

现实生活中有些人之所以会出现交际的障碍，就是因为他们不懂得或者忘记了一个重要的原则——让他人感到自己重要。他们喜欢自我表现，夸大吹嘘自己。一旦事情成功，他们首先表现出的就是自己有多大的功劳，做出了多大贡献。这样其实就相当于向他人表明：你们确实不太重要。无形之中，他们伤害了别人。

有一天，我在纽约第 32 街和第 8 道交口处的邮局里排队等候寄一封挂号信。那位柜台后面的营业员显然对工作感到不耐烦——称重、拿邮票、找零钱、写收据，一年复一年都是同样单调的工作。所以我对自己说："我要让那位办事员喜欢我。而要让他喜欢，我显然必须说些好话——不是关于我自己，而是有关他的。"我又自问："他又有什么值得让我称赞一番的呢？"有时，这实在是个难题，尤其是对方是一个陌生人时。但是，称赞眼前的这位职员似乎并不让我感到困难，我马上找出可以称赞的地方了。

当他为我的信件称重时，我热切地对他说："我真希望能有你这样的头发。"

他抬起头，半惊讶地看着我，脸上泛出微笑："啊，它已经不像以前那么好啦！"他谦虚地应答。我告诉他，虽然它可能已没有原来的美观，但仍然状况极佳。他十分高兴，和我谈了一会儿，最后说道："许多人都称赞我的头发。"

我敢打赌这位先生出去吃午饭的时候，一定步履生风，晚上回家的时候，一定会将此事告诉太太，也一定会照着镜子对自己说："这头发是多么漂亮！"

有次我演讲的时候提起这件事，事后有人问我："你想从那人身上得到什么？"

我想从那人身上得到什么？我想从那人身上得到什么！

如果我们真是这么自私，一旦没有从他人身上得到好处，就不对他人表示一点赞赏或表达一点真诚的感谢——如果我们的灵魂比野生的酸苹果大不了多少，我们的心灵会变得多么贫乏。

不错，我是希望从那位先生身上得到一点东西。但那东西是无价的，而且我已经得到了。我得到了助人的快乐，这种感觉会在事过境迁之后，永存在我的记忆里。

人类行为有个极重要的法则，如果我们遵从这个法则，大概不会惹来什么麻烦；事实上，如果我们遵守这个原则，便可以得到许多友谊和永恒的快乐。但是，如果我们破坏了这个法则，就难免后患无穷。这个法则就是：时时让别人感到重要。威廉·詹姆士说："人类本质中最殷切的需求是：渴望被肯定。"我也曾指出，就是这种需求，使人类有别于其他动物；也就是这种需求，使人类产生了文化。

几千年来，许多哲学家都曾就这个问题深刻思量过。而他们产生的结论只有一个，这法则并不新颖，可以说和历史一样陈旧了。2500 年前，所罗亚斯德在波斯用这个原则教导门徒；2400 年前，中国的孔子也这么谆谆劝导过；2500 年前，道教的始祖老子，在函谷关也这么说过；基督降生的前 500 年，佛陀已在神圣的恒河边教诲众生；甚至印度教的经典也这么记载着；1900 多年前，耶稣基督在犹太山上，以此训诲门徒，并且用一句话做总结——这大概是世上最重要的法则："你要别人怎么待你，就得先怎么待别人。"

你需要朋友的认同，需要别人知道你的价值；你希望在自己的小世界里，有种深具重要性的感觉。你不喜欢廉价、言不由衷的恭维，而希望出自真诚的赞美。你喜欢友人像查理·夏布所说的"真诚、慷慨地赞美"。我们都喜欢那样。

所以，让我们衷心服膺这永恒的金律：我们希望别人怎么待我们，我们就怎么待别人。

怎么做？什么时候？什么地方？答案是：随时，随地。

住在威斯康星州的大卫·史密斯，也告诉我们他如何处理一个尴尬场面。故事发生在一个慈善音乐会的点心摊上。

"音乐会那天晚上，我到达公园的时候，发现有两位上了年纪的女士，站在点心摊旁边，都显得不怎么高兴的样子。很显然的，她们两人都认为自己才是那个点心摊的负责人。我站在那里，正思索着该如何是好，有名赞助委员会的成员走过来，交给我一个募款箱，并感谢我的帮忙。她也介绍那两位上了年

纪的女士——萝丝和珍，与我认识后便匆匆离开了。

“接踵而来的，是段令人尴尬的静默。我知道那个募款箱可算是一种‘权威的标记’，便把它交给萝丝，向她说明自己恐怕不能管理好，希望她能帮忙料理。我又建议珍负责照顾另两名少年助手，并教他们如何操纵汽水贩卖机。

“于是，整个晚上，萝丝都很高兴地清点募款，珍也很尽责地照料两名助手。我则很轻松地坐在椅子上，欣赏整个音乐晚会。”

你不用等到当上了驻法大使，或是宿舍里的“聚餐委员会”主席以后，才来运用这个法则，你几乎每天都可以使用这奇妙无比的魔力。

举例来说，如果你在餐馆里点了一份炸薯条，而女侍者却在端给你马铃薯的时候，让我们说：“对不起，麻烦你了，但我比较喜欢炸薯条。”女侍者可能会这么回答：“不，一点也不麻烦。”而且她还会高高兴兴地把马铃薯换走，因为我们已经对她示以了敬意。

另外，我们还可以使用许多日常用语来解除每天生活的单调与忙碌，如“对不起、麻烦你……”“可否请你……”“请问你愿不愿意……”“你介不介意……”“谢谢”等。

下面让我们再看一个例子。

罗纳尔德·罗兰是我们在加州开课时的讲师，也教美工课。他曾提起初级手工艺班里的学生克里斯的故事。

“克里斯是个安静、害羞、缺乏自信心的男孩，平常在课堂上很少引人注意。一天，我见他正在伏案用功，便走过去与他搭话。他的内心深处似乎有一股看不到的火焰，当我问他喜不喜欢所上的课时，这个年仅 14 岁的害羞的男孩脸上的表情起了极大变化。我可以看出他的情绪波动很大，想极力忍住泪水。

“‘你是说，我表现得不够好吗，罗兰先生？’

“‘啊，不！克里斯，你表现得很好。’

“那天，上完课走出教室的时候，克里斯用那对明亮的蓝眼睛看着我，并且肯定、有力地说：‘谢谢你，罗兰先生！’

“克里斯教了我永远难忘的一课——我们内心深处的自尊。为了使自己不致忘记，我在教室前方挂了一个标语：‘你是重要的。’这样不但每个学生可以看到，也随时提醒我：每一个我所面对的学生，都同等重要。”

这是一个未加任何渲染的事实：差不多你所遇见的每一个人都自以为在某些地方比你优秀。所以，要打动他们内心的最好方法，就是巧妙地表现出你衷心地认为他们很重要。

唐纳德·麦克马亨是纽约一家园艺设计与保养公司的管理人。他向我讲述了这样一件事情：

“有一次，我替一位著名的鉴赏家做庭园设计，这位屋主走出来作了一些交代，告诉我他想在哪里种一片石南和杜鹃花。

“我说道：‘先生，我知道你有个癖好，就是养了许多漂亮的狗。听说每年在麦迪逊广场花园的展览里，你都能拿到好几个蓝带奖。’

“这一小小的称赞所引起的效果却不小。

“鉴赏家回答我：‘是的，我从养狗中得到了很多乐趣。你想不想看看它们?’

“他花了差不多一个钟头的时间，带我参观各类的狗和所得的奖品，甚至向我说明血统如何影响狗的外貌和智慧。

“后来，他转身问我：‘你有没有小孩?’

“‘有的。’我回答，‘我有个儿子。’

“‘啊，他想不想要只小狗呢?’他问道。

“‘当然，他一定会很高兴的。’

“‘那么，我要送一只给他。’鉴赏家宣称。

“他告诉我怎么养小狗，讲了一半却又停下来。‘你大概不容易记下来，我写一份说明给你。’于是他走进屋里，打了一份血统谱系和饲养说明给我。他不但送我一只价值好几百元的小

狗，还在百忙中拨给我 1 小时 15 分钟的时间。这完全是因为我衷心赞美他的嗜好和成就的缘故。”

柯达公司的乔治·伊斯曼，因发明了透明胶片而大发其财，成为举世闻名的富豪。像他这么有成就的人，渴望被肯定的心理却是和你我没有两样。

事情是这样的：伊斯曼在兴建“伊斯曼音乐学校”和“基尔本厅”的时候，纽约一家专做椅子的公司经理詹姆斯·亚当森，很想包下剧院座椅的生意，便打电话给建筑设计师，希望能通过他安排时间，到罗契斯特去会见伊斯曼先生。

到了见面那天，建筑设计师对亚当森说道：“我知道你很想做成这笔生意。但我先告诉你，伊斯曼是个纪律严格的人，十分忙碌，所以你最好长话短说，把来意在 5 分钟内解说完毕。”

亚当森也正准备那么做。

进了办公室，亚当森见到伊斯曼先生正埋头在一堆文件之中。伊斯曼先生抬起头，取下眼镜，然后走过来向亚当森和建筑设计师招呼道：“早安，两位先生，请问有何指教？”

建筑设计师为两人介绍过后，亚当森便说道：“这是间很好的办公室。虽然我是从事室内木工艺品的生意，却从没见过这么漂亮的办公室。”

乔治·伊斯曼回答道：“你使我回想起某些往事。是的，这是间很漂亮的办公室。刚建好的时候，我真喜欢极了。可是后来事情一忙，也就不再有那份感觉，有时甚至好几个星期也不曾来一趟。”

亚当森移动脚步，用手指抚过窗格的镶板。“这是英国橡木，是吗？这跟意大利橡木稍有不同。”

“不错。”伊斯曼答道，“这是从英国进口的橡木，是我一位木料专家的朋友特别为我选来的。”

伊斯曼便逐一介绍室内的一些建材，不时对结构的比例、材料的色泽和制作的手工等提出批评，并说明当初他如何参与计划和施工。

后来他们停在一扇窗户前面，伊斯曼以他特有的缓和声调，指出他未来的好几项计划：罗契斯特大学、综合医院、友谊之家、儿童医院等。亚当森对他的人道精神又大大赞赏一番。接着，伊斯曼打开一个玻璃箱，取出一个照相机来——那是他的第一部照相机，从一个英国人手中买来的。

亚当森又询问他从事生意以来的种种奋斗情形。伊斯曼提到自己童年的贫困和寡母的辛劳，由于对贫穷的恐惧，他因此特别努力工作。亚当森凝神细听，并不时发出一些问题，如干性感光盘的实验等，伊斯曼也都很详细地回答。

亚当森被引进办公室的时候，是 10 点 15 分。建筑设计师曾警告他，面谈最好不超过 5 分钟。但现在一个小时过去了。接着两个小时，他们还是谈个不停。

最后，伊斯曼对亚当森说道："上次我在日本买回几张椅子，放在阳台上，结果油漆都被阳光晒剥落了。前几天，我到市区买来一些颜料，自己动手油漆一遍。你想过来看我漆得如何吗？要不你等一下可以到我家来用点午餐，我可以让你看看那些椅子。"

用完午餐之后，伊斯曼带亚当森去看那张椅子。那不过是普通的日本座椅，只因经由大富豪亲手油漆过，便备受珍惜。

剧院座椅的订单高达 9 万元，你猜谁会做成这笔生意呢？

第二章　把别人吸引到身边来

仪表是你的门面

⊙有意识地尽量拿出最好的仪表，注意干净整洁，竭力保持自尊和真诚，这样才能帮助你渡过重重难关，带给你尊严、力量和魅力，使你赢得别人的尊敬和钦佩。

⊙人的确不是由衣装造就的，但衣装给我们的生活带来的影响远远出乎我们的意料。

我们的身体是最重要的自我表现方式。身体的外表被认为是内在的反映。如果一个人的外表丑陋、可憎，我们完全有理由认为他的思想也是这样的。通常，这种结论也是成立的。高尚的理想、健康的生活和工作本身与个人卫生的不整洁都是势不两立的。一个忽视洗澡的年轻人也会忽视他的心灵，他会很快全面堕落。一个不注意仪表的年轻女人很快就无法取悦于人，她会一步步堕落成一个不思上进的邋遢女人。

难怪《塔木德经》把清洁置于仅次于神性的位置上。而我会把清洁的位置摆放得更高些，因为我相信绝对的清洁就是神性。灵与肉的清洁或纯洁能把人升华到最高境界，一个不洁净的人只是头野兽而已。

要保持良好的仪表，最重要的一点就是要经常洗澡。每天洗一个澡能保证皮肤的清洁与健康，否则身体是不可能健康的。

对头发、手和牙齿的护理也相当重要，一定要细致周到，不能马虎草率。

修剪指甲的用具很便宜，人人都买得到，如果你买不起一整套用具，你可以只买一把指甲刀，把指甲修剪得光滑干净。

护理牙齿是件简单的事，然而，人们在牙齿卫生上犯的错误可能要比在其他方面犯的错误更多。我认识一些年轻人，他们衣着考究，对自己的仪表非常得意，但他们却忽视了自己的牙齿。他们没有意识到，人的仪表中没有比脏牙、蛀牙，或是缺了一两颗门牙更糟糕的缺陷了。呼吸当中的恶臭更令人无法忍受。如果知道有这种后果，就没有人会忽视他的牙齿了。没有哪个老板会要一个缺了一两颗门牙的职员或速记员；许多应聘者就因为牙齿不好而被拒绝。

对于那些在社会上谋生的人来说，关于衣着的最佳建议可以概括为一句话："让你的衣着得体，但不需要昂贵。"衣着朴素具有最大的魅力，现在市面上有大量物美价廉的衣物可供选择，大部分人能买到好衣服穿。但是如果条件有限，不能买到更好的衣物，也不必为一套寒酸的衣服害羞。穿一件花钱买的旧外套比穿一件不花钱的新外套更能赢得别人的尊敬。

不可避免的寒酸不会让人产生反感，但是邋遢却使人一见之下顿生厌恶。只要你量入为出地打扮自己，不管多穷，你都可以穿得很得体。应该有意识地尽量拿出最好的仪表，注意干净整洁，竭力保持自尊和真诚，这样才能帮助你渡过重重难关，带给你尊严、力量和魅力，使你赢得别人的尊敬和钦佩。

赫伯特·乌里兰很快就从长岛铁路一个普通路段工人提升为纽约市铁路局的董事。在一次关于如何获取成功的演说中，他说："衣服不能造就一个人，但好衣服能使人找到一份好工作。如果你有二十五美元，又需要一份工作的话，最好花二十美元买一套衣服，花四美元买双鞋，剩下的钱买一个刮胡刀、一个发剪、一个干净的领圈，然后去找工作。千万不要带着钱，穿着一身破旧西装去应聘。"

多数大公司都规定不雇用衣衫褴褛、邋里邋遢，或是应聘时衣冠不整的人。芝加哥最大一家零售商店的招聘主管说：“招聘的原则必须严格遵守，对于一个应聘者来说，经受住考验的最重要条件就是他的仪表。”

一个应聘者具备多少优点和能力没有关系，但他必须重视自己的仪表。璞玉浑金的价值不知要比抛光的玻璃高出多少倍，但是有时候就是明珠暗投。有些应聘者凭借良好的仪表获得了一份工作，虽然很多被拒之门外的人要比他们深刻得多。他们的能力可能还不及那些被拒之门外的人的一半，但是既然有了工作，他们就会设法保住这个饭碗。

这条通行全美的招聘原则在英国同样适用，《伦敦布商》杂志就可以作证，它这样说道：“越是注意个人清洁卫生和衣着整洁的人，就越能仔细地完成工作。个人生活邋遢的工人工作也会马马虎虎，而关注仪表的人也同样地注意工作的效果。

柜台后面是什么样，车间里很可能也就是什么样。时髦的女售货员一定很讲究穿着，她会厌恶肮脏的衣领、磨破的袖口和皱巴巴的领带，难道不是这样吗？事实上，关注个人习惯和整体仪表，就会对邋遢散漫的习惯产生警觉。

1. 三点一线：一个衣冠楚楚的男人，他的衬衫领口、皮带袢和裤子前开口外侧应该在一条线上。

2. 说到皮带袢，如果你系领带的话，领带尖可千万不要触到皮带袢上哟！

3. 除非你是在解领带，否则无论何时何地松开领带结都是很不礼貌的。

4. 一身漂亮的西服和领带会使一个男人看上去非常时髦，而身穿一套好西装却不系领带，会使他看着更时髦。

5. 如果你穿西装，但不系领带，就可以穿那种便鞋，如果你系了领带，就绝对不可以。

6. 新买的衬衫，如果你能在脖子和领子之间插进两个手指，就说明这件衬衫洗过之后仍然会很适合。

7. 透过男人的衬衫能隐隐约约看到穿在里面的 T 恤，就有如女人穿着能透出里面内裤的裤子一样尴尬。

8. 如果不是专业的手洗，一件 300 多美元的衬衫很快就会只值 25 美元。

9. 精神的发型、一双好鞋，胜过一套昂贵的西装。

10. 一双 90 美元的鞋的寿命应该是 180 美元一双的鞋的一半，而 1000 美元一双的鞋将伴你一生。

11. 如果你穿的是三粒扣西装，可以只系第一颗纽扣，也可以系上面两颗纽扣，就是不能只系最下面一颗，而将上面两颗扣子敞开着。

12. 穿双排扣西装所有的扣子一个也不能不扣，特别是领口的扣子。

13. 如果你去某个场合拿不准穿什么服装，那么隆重点儿远比随便点儿强得多，人们会认为你随后还要去一个更重要的场合呢!

14. 一件便宜的羊绒衫实际上远远没有一件好一点儿的羊毛衫更柔软、舒服。

15. 除非你是橄榄球运动员，否则就不要把任何与名字有关的字母或号码穿在身上。

16. 45 岁以下的你请不要过早地叼上烟斗，也不要戴那种浅圆的小帽。

17. 比穿没盖过踝骨的袜子更糟糕的是穿没盖过踝骨的格子袜子。

18. 配正装一定不要穿白色的袜子。

19. 无论如何，你不必有太多卡其布休闲装、白色的纯棉 T 恤或厚棉布网球鞋，毕竟一周只有一个星期六。

20. 穿衣服的第一常规就是打破一切常规——包括我们上面所说的一切。

我强调衣着的重要性，但并不是要你像英国花花公子博·布鲁梅尔那样，一年仅做衣服就花四千美元，扎一个领结也要花上几个小时。过分注重穿着甚至比完全忽视还要糟糕。那些像博·布鲁梅尔那样的人太讲究穿着了，他们一门心思地扑在对衣着的研究上，而忽略了内心修养和神圣的责任。在我看来，穿衣应该量入为出，与身份相称，这既是一种责任，也是最实际的节俭。

许多年轻人误以为“穿着得体”就一定是指要穿贵重的衣服，这种观点与完全忽视穿着同样是错误的。他们把本该花在头脑和心灵修养上的时间用在了梳妆打扮上。他们老是在盘算该怎样用微薄的收入来买昂贵的帽子、领带或是大衣。如果他们买不起渴望得到的东西，就会买便宜的赝品来代替，结果他们的穿着会显得很可笑。这类年轻人戴廉价戒指、打猩红色领带、穿大格纹衣服。他们肯定是职位低下者。卡莱尔这样形容这类花花公子——“一个花里胡哨的人——他的职业和生活就是穿衣——他的精神、灵魂和钱包都无畏地献给了这一目的。”他们就为了穿衣而活着，他们没有时间学习文化，没有时间努力工作。

莎士比亚说：“衣装是人的门面”，这一说法得到了全世界的认同。许多人经常因为他们不得体的穿着而备受指责。初看起来，仅凭衣着去判断一个人似乎肤浅轻率了些，但经验一再证明：衣着的确是衡量穿衣人的品位和自尊感的一个标准。渴望成功的有志者应该像选择伴侣一样谨慎地选择衣装。古谚云：“我根据你的伴侣就能判断你是什么样的人。”某个哲学家也说过一句精妙的话：“让我看看一个妇女一生所穿的所有衣服，我就能写出一部关于她的传记。”

西德尼·史密斯说：“教育一个女孩说漂亮无关紧要，衣装一无是处，这真是荒谬透顶！漂亮非常重要。她一生中所有的希望和幸福或许就依赖于一件新裙子或是一顶合适的女帽。如果她稍有点常识，她就会明白这点。应该教她知道衣装的价值所在。”人的确不是由衣装造就的，但衣装给我们的生活带来的影响远远出乎我们的意料。普林提斯·穆尔福德说，衣装能影响人类的精神面貌。这并非言过其实，只要想想衣装对你自己的影响程度有多大就够了。

假设让一个女人穿着一件破旧肮脏的晨衣，那么它就会影响到她，使她对自己的头发是肮脏还是扭结都漠不关心，她的脸和手干净与否，穿的鞋子多么破烂，都无关紧要，因为在她看来，“穿着这件旧晨衣没有什么不好”。她的步态、风度、情感倾向，都将潜移默化地受到这件旧晨衣的影响。如果她能改变一下——换上一件漂亮的棉裙，那么她的模样和举止将会多么的不同啊！她的头发一定会梳理得宜，会与她的穿着相得益彰；她的脸庞、手和指甲一定会干干净净；破旧肮脏的鞋也会换成了合脚的便鞋。她的思想也会焕然一新。她会更加尊敬衣冠整洁的人士，会远离穿着邋遢的人。“你想改变你的意识吗！那么就改变你的穿着吧。你马上就会感觉到效果。”

练就一流口才

⊙如果你想使自己成为一个令人愉悦的人，你就必须想方设法地了解与你对话者的生活，并且用他们最感兴趣的内容来打动他们。

⊙要想成为一个优秀的谈话者，你必须是自然而不造作，活泼而不轻浮，富于同情心而不惺惺作态，你必须从你的心底流露出一种善良的意愿。

有这样一位聪明的女士，她尽管说得很少，但却享有盛名，被公认为一个优秀的交谈者。她在交谈时的态度非常热诚且善解人意，因此，在她面前即便是最羞怯最胆小的人，也会在她的鼓

励下谈论自己身上最美的闪光点，并感到自己能轻松自如地和她谈话。她解除和驱逐了别人的担忧和疑虑，使得他们能够畅所欲言，向她诉说无法向其他人诉说的东西。人们认为她是一个有趣的、成功的谈话者，因为她能够挖掘别人身上最优秀的内涵。

如果你想使自己成为一个令人愉悦的人，你就必须想方设法地了解与你对话者的生活，并且用他们最感兴趣的内容来打动他们。不管你对一个话题是多么的了解，如果它不能令你的谈话对象产生兴趣，那么你的努力大半都是徒劳的。

高明的谈话者总是机智得体——他在逗趣的同时不会冒犯和得罪他人。如果你想令他人感到诙谐有趣，你就不能戳伤他们的痛处，或者是对他们的家庭琐事喋喋不休。一些人有那种特殊的品质，他们能够准确地挖掘我们身上最美的闪光点。

林肯就是这样一位非凡的艺术大师，他使得自己在任何人面前都能做到诙谐风趣。他用生动有趣的故事和玩笑使人们彻底放松紧张的心情，所以，很多人在林肯面前都感到非常轻松自如，以至于愿意毫无保留地向林肯倾诉心底的秘密。陌生人总是乐于和他谈话，因为他是如此地热诚和风趣，和他谈话时简直如沐春风，并且受益良多。

像林肯所具备的这种幽默感当然是增强谈话感染力的重要因素，但是，并不是每个人都能如此幽默风趣；如果你缺少幽默的天赋，而又企图牵强地制造幽默时，结果往往会适得其反，令你自己显得滑稽可笑。

然而，一个高明的谈话者必须不能过于严肃或不苟言笑。他不能过多地列举一些枯燥的事实，不管这些事实是多么重要。因为枯燥的事实和单调乏味的统计数据只能令人感到沉闷和厌烦。生动活泼是高明的谈话所不可缺少的。沉重的谈话惹人厌烦，而过于轻浮的谈话同样令人反感。

因此，要想成为一个优秀的谈话者，你必须是自然而不造作，活泼而不轻浮，富于同情心而不惺惺作态，你必须从你的心底流露出一种善良的意愿；你必须真正感觉到那种乐于帮助他人的热诚，并且全身心地投入到那些令他人感兴趣的事物中去；你必须吸引人们的注意力，并且通过打动他们的内心来牢牢地抓住他们的注意力，而这只有借助于一种令人感到温暖的同情和共鸣，一种真正友善的同情和共鸣才能做到。如果你是冷漠的、缺乏同情心的、拒人于千里之外的，你根本不能抓住他们的注意力。

你必须胸怀开阔，宽容他人。一个胸襟狭小、吝啬小气的人永远都不能成为高明的谈话者。如果某人总是对你的个人爱好、你的判断力、你的鉴赏力横加干涉，那么你永远都不会对他感兴趣。如果你紧紧地封锁了任何一条可以靠近你的心灵的途径，所有沟通和交流的渠道都对别人关闭了，那么，你的魅力和热诚就由此被切断了，你们之间的谈话只能是漫不经心的、马马虎虎的和机械单调的，不会带有任何活力或感情。

你必须使你的听众靠近你，必须开放你的心灵，并以一种最自然的状态去拥抱对方。你必须先作出响应，然后他人才会毫无保留地向你展示自己，使得你自由地进入他的内心最深处。如果一个人在任何地方都是成功者，那么其奥秘只能在于他的个性，在于他拥有一种能够以强有力的、生动有趣的语言有效地表达自己思想的能力。他没有必要通过罗列财富清单的形式向人展示自己有多成功，事实上，只要他一开口说话，财富就会源源而来，他的表达能力就是他最大的财富。

甜美而有韵律的声音

⊙“如果把我跟一大群人关在一间黑暗的屋子里，”托马斯·希金森说，“我可以根据人们的声音分辨出其中的温文尔雅者。”

⊙纯洁、和谐、生气勃勃的声音象征着内在的修养和雅致，每一个音节、每一个字符、每一个句子都得到了如此清晰圆润的表达，它们是那样地抑扬顿挫、那样地高低有致，就像一串抖动在春风中的银铃，有着多么神奇美妙的节奏啊！

一个人讲话时的声音是否优美动人，跟他受欢迎的程度及社交上的成功密切相关。事实上，没有任何一样东西可以像甜美而有韵律的声音一样，如此真实地反映出一个人良好的教养和高雅的品性。

“如果把我跟一大群人关在一间黑暗的屋子里，”托马斯·希金森说，“我可以根据人们的声音分辨出其中的温文尔雅者。”

据说在古埃及的早期历史中，只有那些写在书面上的辩护词才允许在法庭出示，之所以如此，目的就是要防止坐在长椅上的法官因为听到滔滔不绝、蛊惑人心的声音而受到影响或蒙蔽，从而失去其应有的公正。在宣告判决时，主持审判的大法官作为真理女神的化身，只是以相当寡言少语的方式来判决。

当想到人类的声音所能产生的巨大而神奇的力量时，再回过头来看看，现实生活中我们的孩子们并没有受到任何良好的有关声音的训练，这难道不是一种耻辱甚至是一种犯罪吗？当我们看到一个个童稚活泼、朝气蓬勃的孩子一边接受着最优秀的教育，一边却发着毫无变化、平板呆滞、暗哑嘈杂的声音时，我们难道不感到痛心和遗憾吗？毫无疑问，那些扭曲的、只是从喉际榨出来的干涩声音将极大地影响他们未来的事业和职业前途。想想看，如果是一个女孩子，这是一种多大的障碍啊！她们原本应该是有着如露水般未沾一点尘泥、如春风般飘扬无羁、如清泉般畅流激奔的声音的！

然而我们在美国，随处可以发现那些从大学或学院毕业的男女青年们，他们在这样一些重要的教育机构里学习着呆板的死气沉沉的语言，学习着数学、自然科学、艺术和文学，而唯独没有学习如何发出优美动听的声音，他们的声音往往是那样地刺耳嘈杂。

相反，当人类的声音经过适当的训练，并得到适当的调控之后，又是多么的富于感染力，多么的动听迷人！当我们听到一个声音清晰地从喉咙中发出，每一个字都是如此的清澈、简洁、富于韵律，就像从一把圣洁的乐器上弹奏出来的最动听的音符一样，难道我们不感到那是一种真正的愉悦与享受吗？

我认识一位女士，她的声音非常清脆圆润、谐和雅丽，所以，不管她到任何地方，只要她一开口说话，所有的人便都洗耳恭听，因为他们无法抗拒这如此富于魅力的声音。那种纯真、爽朗、充满生命活力的声音就像从干裂的地面喷出的一股清泉，就像从静寂的山谷涌上的一注急流，在每个人的心头涓涓而流，恰似生命中最美的音乐。事实上，这位女士的相貌相当普通，甚至可以说是有些丑陋，然而她的声音却是那样的圣洁甜美，它所带来的魅力是不可阻挡的，并且也从某个层面象征着她高雅的素养和迷人的个性。

我在社交场合中不止一次地听到那种尖声尖气或是粗声大气的女人声音，有时我甚至感到自己的神经受到了很大的压迫，情绪也会变得无端的烦躁，因而我不得一次又一次地从她们的身边逃离。

纯洁、和谐、生气勃勃的声音象征着内在的修养和雅致，每一个音节、每一个字符、每一个句子都得到了如此清晰圆润的表达，它们是那样地抑扬顿挫、那样地高低有致，就像一串抖动在春风中的银铃，有着多么神奇美妙的节奏啊！而且，对绝大多数人来说，只要你愿意，你就可以拥有上帝馈赠给人类的这一神奇礼物。

练就关照他人而不造作的功夫

⊙在你的记忆中是否有过因他人对你细致的照料而欣喜异常的体验！要记住，这种行为，能使人类特有的虚荣获得相当程度的满足。

⊙谁都希望别人认为自己比实际来得聪明、美丽，这种想法并不会伤害任何人。

人们更喜欢被取悦，而不是被激怒；喜欢听到褒奖，而不是被对方恶言相向；更乐意被喜爱，而不是被憎恨。因此，仔细地加以观察，就能投其所好，避其所恶。

举个浅显的例子来说，告诉对方你特意为他准备了他所喜爱的酒，或者是说，知道你不喜欢那个人，所以今天没叫他来。如此若无其事的呵护，必能打动对方的心，他一定深为你能注意其生活细节，而感激不尽。反之，若是明知是让对方讨厌的事物，却又在不经意间触犯了禁忌，结果，对方必然会认为你当他是傻瓜，故意藐视他，以至于永远耿耿于怀。尽管是件小事，但却有可能从此中断你与他的关系。因此，如果连细枝末节都能特别地加以留意，必能让对方愈发对你感激不尽。

在你的记忆中是否有过因他人对你细致的照料而欣喜异常的体验？要记住，这种行为，能使人类特有的虚荣心获得相当程度的满足感。由于有人如此取悦于你，从此，你有可能会倒向此人，无论此人对自己做了些什么，都认为对方乃是出于好意。人类便是如此。

为此，我给你以下几点提示：

1. 称赞对方希望被称赞的事物。

如果特别喜欢某人，或者特别想成为某人的至交，可以探查此人的优缺点，称赞此人希望被称赞的地方。人类都有真正优秀的部分，以及希望被他人认定为优秀的部分。一个人的优秀的部分被赞赏，着实能让人高兴，但是，若称赞他希望被称赞的部分，必然更能令他高兴。这才是真正地搔到痒处。

任何人都有渴望他人褒奖的欲望。要想发现此一部分，观察乃是最好的方法。仔细注意，观察此人喜爱的话题。通常，自己想要被称赞，希望被认定为优秀的部分，往往会出现在最常见的话题里。这里便是要害。只要突破其防线，就能一举制胜。

2. 偶尔的佯装，实属必要。

请别误会，我并非教你使用卑鄙谄媚的手段来操纵他人。你当然不必连人们的缺点、坏事都加以称赞，而且也不应该称赞。我认为，这些是我们应该憎厌，能断言不好的事。不过，请想想，如果我们不能对人类的缺点及肤浅幼稚的虚荣心佯装不知的话，又如何能在这个世界上立足呢？

谁都希望别人认为自己比实际来得聪明、美丽，这种想法，并不会伤害任何人。如果你告诉这些人这种想法太幼稚、太不正确了，对方必然与你疏离，视你为仇敌。若是我，宁愿采取取悦对方的手段，尽量恭维对方，使其成为朋友。若是对方有优点，你就该迅速地赠予赞词。然而，有时也不得不面对自己并不十分赞同、但却为社会所认同的事，此时只好睁一眼闭一眼了。

如果你还不太善于赞扬别人，这是因为你还不甚了解人们是多么希望自己的想法及喜好能获得支持，特别是期望明明是错误的想法，及自己的小缺点，能得到他人的谅解与认同。

3. 背地里称赞，最令人高兴。

为了使对方高兴，你可以在褒奖办法上略施技巧，那就是在背地里夸赞对方。当然，若你只是在暗地里称赞对方而他却一无所知，那就一点意义也没有了，你要想办法将你的夸赞通过巧妙的方式确实地传达到对方的耳里。这里，慎选传达讯息的人选最重要。你所挑选的人最好是通过因为传递此讯息也能获益的人。如果你选有此企图的人做信使，他不仅会确实地传

达你的讯息，还有可能添油加醋，更增效果。对他人的称赞，以此种方法最具功效。

真心诚意地对别人感兴趣

⊙一个人若能真心实意地对别人感兴趣，两个月内就能比一个要别人对他感兴趣的人在两年之内所交的朋友还要多。

⊙对别人不感兴趣的人不仅一生中困难最多，对别人的伤害也最大。人类所有的失败，都出自这种人。

纽约电话公司对电话中的谈话做了详细的研究，想找出哪一个字眼在电话中最常被提到。你大概也猜到了，这个字就是第一人称的“我”。在500次电话谈话中，这个字被使用了3950次。“我”“我”“我”……

当你拿起一张有你在内的集体合照，你最先看到的是谁呢？显然是你自己。

我想说的是：除非你先对别人感兴趣，别人才会对你感兴趣。如果我们只是通过在别人面前表现自己来使别人对我们感兴趣的话，我们将永远不会得到许多真诚的朋友。

一个人若能真心实意地对别人感兴趣，两个月内就能比一个要别人对他感兴趣的人在两年之内所交的朋友还要多。

但许多人却错误地想方设法用使别人对他们感兴趣的办法来赢得朋友。这种方式是没用的，别人不会对你感兴趣，他们只对自己感兴趣。

阿德勒曾说过：

“对别人不感兴趣的人不仅一生中困难最多，对别人的伤害也最大。人类所有的失败，都出自这种人。”

我曾在纽约大学选修过一门关于短篇小说写作的课程。有一次，柯里尔杂志的主编来给我们上课。他说，每天他只要读上几段送到他桌子上的十来篇小说，就能感觉出作者是否喜欢别人。如果作者不喜欢别人，别人就不会喜欢他的小说。

这位激动的主编在讲授小说创作的过程中，曾两次停下来为他不得不说这些大道理而致歉。同时他还说："我现在所说的，和老师告诫你们的是同样的道理。但是请记住，如果你想成为一名成功的小说家，就必须对别人感兴趣。"

如果写作真是如此的话，那么可以确定，待人处世更应该这样。

詹斯顿被公认为魔术师中的魔术师。在 40 年里，他在世界各地不断以极高明的技巧令人惊奇万分。共有 6000 万人次观看过他的表演，而他也几乎赚了 2000 万美元。当詹斯顿最后一次在百老汇演出的时候，我花了一个晚上待在他的化妆室里——请他讲一讲成功的秘诀。

他的成功是因为学校教育吗？不，他几乎没进过校门。他的学校教育几乎与此无关，因为他很小就离家出走，成了一名流浪者，并以搭货车、睡谷堆、乞讨为生，仅仅靠坐在车上看看铁道沿线的各种标志才识了字。

他的魔术是否特别高明？也不是。詹斯顿认为，关于魔术手法的书已经有好几百种，而且至少有几十人跟他懂得一样多，但他具备其他人所没有的两个特点。首先，他能在舞台上把他的个性表现出来。他是个表演大师，熟谙人类天性。他的每一个动作、手势、语气，甚至眉毛的变化，事先都经过很仔细的预演，配合得几乎分秒不差。还有很重要的一点是，詹斯顿还真诚地对别人感兴趣。他告诉我，许多魔术师会一边看着观众，一边在心里说："坐在那儿的人是一群傻瓜、笨蛋，我把他们骗得团团转是没问题的。"但詹斯顿的方式完全不同，每次走上台，他就会对自己说："我很感激这些观众，因为他们来看我的表演，使我增加了收入，过着很好的生活。我要把最出色的技巧表演给他们看。"

他宣称，他没有一次在走在台上时不对自己重复说："我爱我的观众，我爱我的观众。"真诚地关心他人正是这位有史以来最著名的魔术师成功的秘诀之一。

有史以来最卓越的演唱家之一舒曼·海里杰夫人也坦率地说出她成功的秘诀之一就是对别人无限地感兴趣。

不瞒你说，我记得所有朋友的生日。许多年来，我一直都在打听朋友们的生日。虽然我对星象学一点也不相信，但是我会先问对方是否相信一个人的生辰同这个人的个性和性格有关系，然后再让朋友把他的生日告之，事后再转记在专门的生日本上。每一年的年初，我都把这些生日在月历上标明。这些记录能够及时引起我的注意。当某人生日到来的时候，就会收到我的信或电报。

我用这种关心他人的方法赢得了朋友们的友谊。

这种哲学在商业界同样有效。

下面是另一个例子：

克纳弗在近 10 年的时间里一直试图把煤推销给一家连锁公司，但该公司不予理会，仍然从另一个镇上买煤，他们即使经过克纳弗的办公室也不愿进去。克纳弗先生有天在我的讲习班上发表了一些议论，把连锁公司骂得体无完肤，说它是美国的一个毒瘤。

学员们在班上分组辩论，题目是"连锁公司分布各处对国家害多于益"。

在我的建议下，克纳弗站在否定的一边，必须替连锁公司辩护。于是他不得不跑到那家他痛恨的连锁公司去见一位高级职员说："我不是来推销煤的，只是来请你帮我一个忙。"接着，他就把辩论的事情讲给那个职员听，告诉那职员只有他才能提供辩论所需要的资料。最后克纳弗说道："我非常想赢得这场辩论，您的任何帮忙，我都非常感激。"

后来发生的事情出乎克纳弗意外，克纳弗这样讲述了故事的结果：

“我请他给我一分钟的时间，就是因为这个条件，他才答应见我的。当说明来意之后，他请我坐下来，跟我谈了 1 小时又 47 分钟。他还请另一位曾经写过一本关于连锁商店书的高级职员进来，并写信给全国连锁组织公会，为我要了一份有关这方面辩论的文件。他觉得连锁商店对人类的贡献是一种真正的服务。他很以自己能为数百个地区的人民所做的一切感到骄傲。他说话的时候，眼里闪烁着光芒。我必须承认，这次谈话使我在他身上看到了一些我以前做梦都不会梦到的事，从而改变了我的整个想法。

“告别的时候，他送我到门口，按着我的肩膀，祝我辩论得胜，并邀请我以后再去看他，把辩论结果告诉他。他对我所说的最后几句话是：‘请在春末的时候再来找我，我想下一份订单，买你的煤。’”

这真是一个奇迹，买煤的话一句没提，他居然主动要买克纳弗的煤。因为对他的公司和他谈的问题感兴趣，克纳弗在两小时中所得到的进展竟然比 10 年中所得到的进展大得多。

实际上，这并不是什么新的真理，因为好久以前，在耶稣诞生一百年前，一位著名的罗马诗人贺拉斯曾经说过：“我们对别人感兴趣，是在别人对我们感兴趣的时候。”

要想受人欢迎，请记住这一条规则：真心诚意地对别人感兴趣。

制造戏剧化效果

⊙在当今这个戏剧化的时代，仅仅平铺直叙是不够的。你必须使用吸引人的方法。

⊙使事实更生动、有趣而戏剧化地表现出来，才能有效地吸引人们的注意。

《费城晚报》曾被一项危险的谣言恶意中伤。广告客户受到警告，说这家报纸刊登的广告太多，新闻太少，因此不再能吸引读者的兴趣。《费城晚报》必须立即采取行动，制止这项谣言。

但他们怎么进行的呢？

《费城晚报》采取了下述行动。

他们把该报一个平常日子里所有版面上的各式新闻及文章全部剪下来，加以分类，印成一本书。这本书的书名就叫《一天》，共有 307 页，和一本售价两美金的书页数一样多，然而售价不是两美元，而是两美分。

那本书的发行，戏剧化地澄清了一个事实：《费城晚报》刊登了大量深具可读性的有趣的新闻及文章。这个方法比仅仅发表一些数字及谈话，更生动、更有趣、更能表现事实，并能留给人深刻的印象。

在当今这个戏剧化的时代，仅仅平铺直叙是不够的，你必须使用吸引人的方法。电影这么做，电视这么做，如果你想引起人们的注意，你也必须如此做。使事实更生动、有趣而戏剧化地表现出来，才能有效地吸引人们的注意。

橱窗展示专家就很了解戏剧化的力量。例如，生产一种新的灭鼠药的厂商，在为经销商参观而设计的橱窗展示之中，放置了两只活的老鼠，结果展示活老鼠的那一个星期的销售量突然上升，比平时多出 5 倍。

电视广告中更充满了运用戏剧化的技巧以促销产品的例子。晚上你坐在电视机前面，分析一下广告专家在他们的每一个广告中的表现手法。你会看到一种解酸剂如何能够在试管中把酸的颜色改变；一种牌子的肥皂或肥皂粉如何把油污的衣服洗干净；你会看到一辆汽车左转右转奔驰着，表现得比广告词中所说的还要好；快乐的面孔显示出对各种产品的满意。所有这些都是为了把产品能提供的好处戏剧化地表现出来，而且确实能够促使观众去买这些东西。

戏剧化的方法也可适用于日常生活。方特想叫他 5 岁的儿子和 3 岁的女儿玩耍后把玩具收拾起来，为此他发明了一列“火车”。儿子为司机，骑着他的三轮车，女儿的篷车接在三轮车后面。晚上，当她的哥哥骑着车子绕室而行的时候，她就把所有的“煤”装上货车（她的篷车），然后，她也跳了进去。这样一来，屋内的玩具也很快就收拾好了，不需要教训、申斥或恐吓。

印第安纳州的希尔太太，在工作方面遇到了一些问题，认为必须要和老板谈谈。星期一早晨她要求和老板面谈，但是他告诉她很忙，要她和他的秘书接头，看看能不能安排在星期四或星期五见面。秘书说他的行程表已经排满了，但是会想办法把她和老板见面的时间插进去。

在那整个星期里，她一直都没有得到秘书的通知。每当希尔太太去问，秘书都提出老板没有时间见她的理由。到星期五早上她还是没有得到确实的消息。希尔太太决心，要在周末之前见到老板和他讨论她的问题，因此希尔太太就自问她怎样才可能使老板接见她。

她最后的办法是这样：她写给老板一封正式的信函。信中，她表示完全了解老板一星期都很忙，但是她要和他面谈也极为重要。她随信附了一张字条和一个写上了自己名字的信封，请他或由他叫秘书把这张字条填好，然后送给她。这张表的内容是这样的：

“希尔太太：我将在 ×月 ×日 ×点钟拨出 ×分钟和你见面讨论问题。”

希尔太太在上午 11 点钟把这封信放在他的公文盒子里面，等到下午两点钟去看她的信箱的时候，就收到了自己写上名字的信封。老板亲自回了希尔太太的信，表示当天下午就可以见她，并且给她 10 分钟的谈话时间。希尔太太和他见了面，谈了一个多小时，解决了她的问题。

如果希尔太太不把她要见老板的这件事戏剧化起来，她可能到现在还在等着。

第三章　不露痕迹，改变他人

用赞誉作开场白

⊙通常，在我们听到别人对我们的某些长处赞扬之后，再去听一些比较令人不痛快的批评，总是好受得多。

⊙用赞扬的方式开始批评，就好像牙医用麻醉剂一样，病人仍然要受钻牙之苦，但麻醉却能消除苦痛。

在柯立芝总统执政期间，他的一位朋友接受邀请，到白宫去度个周末。他偶然走进总统的私人办公室，听见柯立芝对他的一位秘书说："你今天早上穿的这件衣服很漂亮，你真是一位迷人的年轻小姐。"

这可能是沉默寡言的柯立芝一生当中对一位秘书的最佳赞赏了。这来得太不寻常，太出乎意料了，因此那位女孩子满脸通红，不知所措。接着，柯立芝又说："现在，不要太高兴了。我这么说，只是为了让你觉得舒服一点。从现在起，我希望你对标点符号能稍加小心一些。"

他的方法可能有点太过明显，但其心理策略则很高明。通常，在我们听到别人对我们的某些长处赞扬之后，再去听一些比较令人不痛快的事，总是好受得多。

而麦金尼远在 1896 年竞选总统时，就曾采用了这种方法。当时，共和党一位重要人士写了一篇竞选演说，以为写得比任何人都高明。于是，这位仁兄把他那篇不朽演说大声念给麦金尼听。那篇演说有一些很不错的观点，但就是不行，很可能会惹起一阵批评狂潮。麦金尼不愿使这人伤心，他不想抹杀这人的无比热诚，然而他却又必须说“不”。请注意，他把这件事处理得多巧妙。

“我的朋友，这是一篇很精彩而有力的演说，”麦金尼说，“没有人能写得比你更好。在许多场合中，这些话说得完全正确，但在目前这特殊场合中，是否相当合适呢？从你的观点来看，这篇演说十分有力而切题，但我必须从党的观点来考虑它所带来的影响。现在你回家去，根据我的提示写一篇演说稿，并且送我一份副本。”

他真的照办了。麦金尼替他改稿，并帮他重写了第二篇演说稿。他后来终于成为竞选活动中最有力的一名演说者。

这种哲学在日常的生意来往上，也能奏效。我们以费城华克公司的高先生为例。

高先生在某次上课之前的演讲会上，讲述了下面这一则故事。

华克公司承包了一项建筑工程，预定于一个特定日期之前，在费城建立一幢庞大的办公大厦。一切都照原定计划进行得很顺利，大厦接近完工阶段，突然，负责供应大厦内部装饰用的铜器的承包商宣称，他无法如期交货。什么！整幢大厦耽搁了！巨额罚金！重大损失！全因为一个人。

长途电话、争执、不愉快的会谈，全都没效果。于是高先生奉命前往纽约，到狮穴去擒他的铜狮子。

“你知道吗？在布鲁克林区，有你这个姓氏的，只有你一个人。”高先生走进那家公司董事长的办公室之后，立刻就这么说。

董事长很吃惊：“不，我并不知道。”

“哦，”高先生说：“今天早上，我下了火车之后，就查阅电话簿找你的地址，在布鲁克林的电话簿上，有你这个姓的，只有你一人。”

“我一直不知道，”董事长说，他很有兴趣地查阅电话簿，“嗯，这是一个很不平常的姓，”他骄傲地说，“我这个家族从荷兰移居纽约，几乎有两百年了。”一连好几分钟，他继续说到他的家族及祖先。当他说完之后，高先生就恭维他拥有一家很大的工厂，高先生说他以前也拜访过许多同一性质的工厂，但跟他这家工厂比起来就差得太多了。“我从未见过这么干净整洁的铜器工厂。”高先生如此说。

“我花了一生的心血建立这个事业，”董事长说，“我对它感到十分骄傲。你愿不愿意到工厂各处去参观一下？”

在这段参观活动中，高先生恭维他的组织制度健全，并告诉他为什么他的工厂看起来比其他的竞争者高级，以及好处在什么地方。高先生对一些不寻常的机器表示赞赏，这位董事长就宣称是他发明的。他花了不少时间，向高先生说明那些机器如何操作，以及他们的工作效率多么良好。他坚持请高先生吃中饭。到这时为止，你一定注意到，一句话也没有提到高先生此次访问的真正目的。

吃完中饭后，董事长说：“现在，我们谈谈正事吧。自然，我知道你这次来的目的。我没有想到我们的相会竟是如此愉快。你可以带着我的保证回到费城去，我保证你们所有的材料都将如期运到，即使其他的生意都会因此延误也不在乎。”

高先生甚至未开口，就得到了他想要的所有的东西。那些器材及时运到，大厦就在契约期限届满的那一天完工了。

如果高先生使用大多数人在这种情况下所使用的那种大吵大闹的方法，这种美满的结果会发生吗？

用赞扬的方式开始，就好象牙医用麻醉剂一样，病人仍然要受钻牙之苦，但麻醉却能消除苦痛。

说人之前先说自己

⊙如果批评的人开始先谦逊地承认，自己也不是无可指责的，然后再让被批评者听他自己的错误，似乎就不十分困难了。

几年以前，我的侄女约瑟芬·卡耐基，离开她在堪萨斯市的老家，到纽约来担任我的秘书。她那时 19 岁，高中毕业已经 3 年，做事经验几乎等于零。而今天，她已是西半球最完美的秘书之一。

但是，在刚刚开始的时候，她——嗯，尚可改进。有一天，我正想开始批评她，但转念又想："等一等，戴尔·卡耐基，等一等，你的年纪比约瑟芬大了一倍，你的生活经验几乎有她的一万倍多，你怎么可能希望她有你的观点、你的判断力、你的冲劲——虽然这些都是很平凡的？还有，等一等，戴尔，你 19 岁时又在干什么呢，可还记得你那些愚蠢的错误和举动？可还记得……"

经过诚实而公正地把这些事情仔细想过一遍之后，我获得结论，约瑟芬 19 岁时的行为比我当年好多了。而且，我发现自己并没有经常称赞约瑟芬。

从那次以后，当我想指出约瑟芬的错误时，总是说："约瑟芬，你犯了一个错误，但上帝知道，我所犯的许多错误比你的更糟糕。你当然不能天生就万事精通，那是只有从经验中才能获得的。而且你比我在你这年纪时强多了，我自己曾做过那么多愚蠢的傻事，所以我根本不想批评你或任何人。但难道你不认为，如果你这样做的话，不是比较聪明一点吗？"

加拿大明尼托拔布兰敦的一位工程师狄里史东，他的秘书有点问题：口述的信打好了，送给他签名，每页总会有二三个词拼错。狄里史东先生怎么处理这个问题呢？

当下一封信送来时，上面仍有些错误，狄里史东先生就跟他的秘书一起坐下，对她说：

“不知怎么了，这个词看起来总是不对劲，这个词我也常常不会写，所以我才写了这本拼词本。（他打开了小笔记本，翻到那一页。）对啦，这就是了。现在我对拼词比较留心，因为别人会以拼错词来评断我们够不够职业水准。”

自从那次谈话后，她拼错词的次数确实少多了。

一个人即使尚未改正他的错误，但只要他承认自己的错误，就能帮助另一个人改变他的行为。这句话是马里兰州提蒙尼姆的克劳伦斯·周哈辛最近才说的。因为他看到了他 15 岁的儿子正在试着抽烟。

“当然，我不希望大卫抽烟，可是他妈妈和我都抽烟，我们一直都给他做了个不好的榜样。我解释给大卫听，我跟他一样大时就开始抽烟，而尼古丁战胜了我，使我现在几乎不可能不抽了。我也提醒他，我现在咳嗽得多么厉害。

“我并没有劝他戒烟，或恐吓警告他抽烟的害处。我只是告诉他，我如何迷上抽烟和它对我的影响。

“他想了一会儿，然后决定在高中毕业以前不抽烟。直到现在都未曾想再抽烟。

“那次谈话的结果，我也决定戒烟。由于家人的支持，我成功了。”

圆滑的布洛亲王，在 1909 年，就已经明白这样做事的迫切需要。

当时的布洛亲王是德国皇家参议，当时的皇帝是威廉二世——威廉，傲慢的威廉，狂妄自大的威廉，最后的德国皇帝。

他缔造了海军、陆军，他自夸说他能随心所欲地改变一切。

于是，一件令人震惊的事情发生了。威廉皇帝讲了一些话，一些令人难以置信的话，一些震惊了欧洲的话。接着又发生了爆炸性传闻，令世界震惊和愤怒——事情坏得不可收拾。这位德国皇帝在英国做客的时候大放厥词，他竟允许在《每日电报》上发表出来。他宣称他是唯一对英国人友善的德国人；他正在建造海军对付日本的危害；是他的讨伐计划，使英国的劳勃兹爵士战胜了荷兰人等。

100年内，在和平时期，从欧洲国王口中，从没有说出像他这样惊人的话。整个欧洲如野马蜂一样骚动起来。英国被激怒了，德国政治家惊骇起来。在这些震惊之中，德皇感到惶恐，他向皇家参议布洛提议，请他负责。

是的，他要布洛宣布一切都是他的责任，是他建议他的君主说这些不负责任的话。

“但是，陛下，”布洛反对道，“在我看来，不论在德国或英国，绝对不会有任何人能相信我会建议陛下说这些话的。”

这句话一出布洛的口，他即感觉到他犯了一个严重的错误，果然德皇发作起来。

“你以为我是一只笨驴，”他咆哮道，“能犯你永远不会犯的错误！”

布洛知道在他责备以前他应当首先称赞他，但现在为时太晚，他马上采取了补救措施。他在批评以后称赞，结果极为神妙。

他的赞赏是这样的：

“我绝对没有那样的意思，”他恭敬地回答道，“陛下在许多方面超过我，当然不只在海、陆军知识上，而且在尤为重要的自然科学上也比我懂得更多。当陛下解释风雨表，或无线电报，或透视光线时，我常常惊叹着静听。我对所有自然科学一无所知，对此我感到羞愧。我不懂化学或物理，完全不能解释最简单的自然现象。”布洛接着说，“我有一点历史知识，还有一些政治常识，特别是在外交上有些知识，但这些知识只能作为您的补充。”

德皇显出笑容来——布洛称赞了他，布洛抬高了他，贬低

了自己。

从那以后，德皇可以原谅布洛的任何事情了。“我不是一直告诉你，”他热情地叫道，“我们不是以互补著名吗？我们应团结一致，而且，我们愿意这样！”

他与布洛握手，不是一次，而是多次。

那天下午，他越发来了兴致，他握起双拳，喊道：“如果任何人对我说布洛不好，我将对着他的鼻子，报以老拳！”

布洛及时挽救了他自己——尽管他是灵敏的外交家，他仍然做错了一件事。

如果几句贬低自己、称赞对方的话能使一位傲慢、被侮辱了的德皇变成一个坚定的朋友，是不是太容易了些？

试想谦逊与称赞在我们日常生活中，能对你我有什么效用。在人际关系上用得适当，真能发生奇迹。

不要把意见硬塞给别人

⊙没有人喜欢被迫购买或遵照命令行事。

⊙如果你想赢得他人的合作，就要征询他的愿望、需要及想法，让他觉得是出于自愿。

你对于自己发现的思想，是不是比别人用银盘子盛着交到你手上的那些思想，更有信心呢？如果是这样的话，那么，如果你要把自己的意见硬塞入别人的喉咙里，岂不是很差劲的做法吗？提出建议，然后让别人自己去想出结论，那样不是更聪明吗？

没有人喜欢觉得他是被强迫购买或遵照命令行事。我们宁愿觉得是出于自愿购买东西，或是按照我们自己的想法来做事。我们很高兴有人来探询我们的愿望、我们的需要，以及我们的想法。

当西奥多·罗斯福当纽约州州长的时候，他完成了一项很不寻常的功绩。他一方面和政治领袖们保持良好的关系，另一方面又强迫进行一些他们十分不高兴的改革。下面是他的做法。

当某一个重要职位空缺时，他就邀请所有的政治领袖推荐接任人选。“起初，”罗斯福说，“他们也许会提议一个很差劲的党棍，就是那种需要‘照顾’的人。我就告诉他们，任命这样一个人不是好政策，大家也不会赞成。

“然后他们又把另一个党棍的名字提供给我，这一次是个老公务员，他只求一切平安，少有建树。我告诉他们，这个人无法达到大众的期望，接着我又请求他们，看看他们是否能找到一个显然很适合这职位的人选。

“他们第三次建议的人选，差不多可以，但还不太行。

“接着，我谢谢他们，请求他们再试一次，而他们第四次所推举的人就可以接受了；于是他们就提名一个我自己也会挑选的最佳人选。我对他们的协助表示感激，接着就任命那个人——我还把这项任命的功劳归之于他们……我告诉他们，我这样做是为了能使他们感到高兴，现在该轮到他们来使我高兴了。

“而他们真的使我高兴。他们以支持像‘文职法案’和‘特别税法案’这类全面性的改革方案，来使我高兴。”记住，罗斯福尽可能地向其他人请教，并尊重他们的忠告。当罗斯福任命一个重要人选时，他让那些政治领袖们觉得，他们选出了适当的人选，完全是他们自己的主意。

让别人觉得办法是他想出来的，不只可以运用于商场和政坛上，也同样可以运用于家庭生活之中。俄克拉何马州叶萨市的保罗·戴维斯，告诉公司同事他是如何地运用这个原则：

“我的家庭和我享受了一次最有意思的观光旅行。我以前早就梦想着要去看看诸如盖弟斯堡的内战战场、费城的独立厅等等的历史古迹，以及美国的首都。法吉谷、詹姆斯台以及威廉士堡保留下来的殖民时代的村庄，也都罗列在我想造访的名单上。

“在三月里，我夫人南茜提到她有一个夏天度假计划，包括游览西部各州，以及看看新墨西哥州、亚利桑纳州、加州以及内华达州的观光胜地。她想去这些地方游玩已经有好几年了。但是很明显地，我们不能既照我的想法又照她的计划去旅行。

“我们的女儿安妮刚刚在初中读完了美国历史，对于那些历史事件很感兴趣。我问她喜不喜欢在我们下次度假的时候，去看看她在课本上读到的那些地方，她说她非常喜欢。

“两天以后，我们一起围坐在餐桌旁，南茜宣布说，如果我们大家都同意，在夏天度假的时候将去东部各州。她还说，这趟旅行不但对安妮很有意义，对大家来说，也是一件令人兴奋的事。”

一位 X 光机器制造商，利用同样的心理战术，把他的设备卖给了布鲁克林一家最大的医院。那家医院正在扩建，准备成立全美国最好的 X 光科。L 大夫负责 X 光科，整天受到推销员的包围，他们一味地歌颂、赞美他们自己的机器设备。

然而，有一位制造商却更具技巧。他比其他人更懂得对付人性的弱点。他写了一封信，内容大致如下：

“我们的工厂最近完成了一套新型的 X 光设备。这批机器的第一部分刚刚运到我们的办公室来。我们知道它们并非十全十美，我们想改进它们。因此，如果你能抽空来看看它们并提出你的宝贵意见，使它们能改进得对你们这一行业有更多的帮助，那我们将不胜感激。我知道你十分忙碌，我会在你指定的任何时候，派我的车子去接你。”

“接到那封信时，我感觉很惊讶，”L 大夫在班上叙述这件事说，“我既觉得惊讶，又觉得受到很大的恭维。以前从没有任何一位 X 光制造商向我请教。这使我觉得自己很重要。那个星期，我每天晚上都很忙，但是我还是推掉了一个晚餐约会，以便去看看那套设备。结果，我看得愈仔细，愈发觉自己十分喜欢它。

“没有人试图把它推销给我。我觉得，为医院买下那套设备，完全是我自己的主意，于是就把它订购下来。”

长岛一位汽车商人，也是利用这样的技巧，把一辆二手货汽车，成功地卖给了一位苏格兰人。

这位商人带着那位苏格兰人看过一辆又一辆的车子，但总是不对劲。这不适合，那不好用，价格又太高，他总是说价格太高。在这种情况下，这位商人——他也是我班上的学生——就向班上的同学求助。

我们劝告他，停止向那位“苏格兰佬”推销，而让他自动购买。我们说，不必告诉“苏格兰佬”怎么做，为什么不让他告诉你怎么做？让他觉得出主意的人是他。

这个建议听起来相当不错。因此，几天之后，当有位顾客希望把他的旧车子换一辆新的时，这位商人就开始尝试这个新的方法。他知道，这辆旧车子对“苏格兰佬”可能很有吸引力。于是，他打电话给“苏格兰佬”，询问他能否过来一下，特别帮个忙，提供一点建议。

“苏格兰佬”来了之后，汽车商说：“你是个很精明的买主，你懂得车子的价值。能不能请你看看这部车子，试试它的性能，然后告诉我这辆车子，应该出价多少才合算？”

“苏格兰佬”的脸上泛起“一个大笑容”。终于有人来向他请教了，他的能力已受到赏识。他把车子开上皇后大道，一直从牙买加区开到佛洛里斯特山，然后开回来。“如果你能以 300 美元买下这部车子，”他建议说，“那你就买对了。”

“如果我能以这个价钱把它买下，你是否愿意买它？”这位商人问道。300 美元？果然，这是他的主意、他的估价，这笔生意立刻成交了。

爱默生在他的散文《自己靠自己》一文中说：“在天才的每一项创作和发明之中，我们都看到了我们过去摒弃的想法，这些想法再呈现在我们面前的时候，就显得相当的伟大。”

爱德华·豪斯上校，在威尔逊总统执政的期间，在国内及

国际事务上有极大的影响力。威尔逊对豪斯上校的秘密咨询及意见依赖的程度，远超过对自己内阁的依赖。

豪斯上校利用什么方法来影响总统呢？很幸运地，我们知道这个答案。因为豪斯自己曾向亚瑟·D. 何登·史密斯透露，而史密斯又在《星期五晚邮》的一篇文章中引述豪斯的这段话。

"'认识总统之后，'豪斯说，'我发现，要改变他一项看法的最佳办法，就是把这个新观念很自然地建立在他的脑海中，使他发生兴趣——使他自己经常想到它。第一次这种方法奏效，纯粹是一项意外。有一次我到白宫拜访他，催促他执行一项政策，而他显然对这项政策不赞成。但几天以后，在餐桌上，我惊讶地听见他把我的建议当作他自己的意见说出来。'"

豪斯是否打断他说："这不是你的主意，这是我的？"哦，没有，豪斯不会那么做。他太老练了，他不愿追求荣誉，他只要成果。所以他让威尔逊继续认为那是他自己的想法。豪斯甚至更进一步，他使威尔逊获得这些建议的公开荣誉。

且让我们记住，我们明天所要接触的人，就像威尔逊那样具有人性的弱点，因此，且让我们使用豪斯的技巧吧。

说服人最好的办法是：让别人觉得办法是他想出来的。

"旁敲侧击"更使人信服

⊙间接指出别人的错误，要比直接说出口来得温和，且不会引起别人的强烈反感。

⊙为了不触犯对方的自尊心，即使发现了对方的错误，也不要立刻指出，而应采取间接的方式。

我们在批评别人时，常常会犯这样一个错误，就是当发现对方有明显的错误时，会不客气地批评对方说："那是错的，任何人都会认为那是错的！"这样一来，对方的自尊心会受到伤害，而突然陷入沉默，或挑剔你的言词来拒绝你。

因此，为了不触犯对方的自尊心，即使发现了对方的错误，也不要立刻指出，而应采取间接的方式。

据说美国政治家富兰克林年轻时非常喜爱辩论，尤其是对于别人的错误更是不能容忍，总是穷追到底。因此，他的看法常常不能被人接受。当他发现了自己的缺点之后，便改以疑问的形式表达自己的意见，后来他的成就是众所周知的。

由此可知，不要用“我认为绝对是这样的!”这类口气威压对方，用“不知道是不是这样?”这种委婉的态度与对方交谈效果会更好。

批评是我们常用的一种手段，但我们有些人批评起来简直让他人无地自容，下不了台阶。其实，这种批评方式不但无法达到让他人改正错误的目的，而且有碍于你的人际关系。既然如此，为何还要使用这种“残酷”的手段呢?

在生活和工作中，我们不可能没有批评，但要学会巧妙地批评，让他人既意识到自己的错误，并尽快改正，同时也理解你善意批评的意图，使他内心里对你心存感激。

一天下午，查理·夏布经过他的一家钢铁厂，撞见几个雇员正在抽烟，而他们的头顶上正挂着“请勿吸烟”的牌子。那么夏布先生是如何处理此事的呢?他并没有指着牌子说：“你们难道不识字吗?”而只是走过去，递给每人一支烟，然后道：“老兄，如果你们到外边抽，我会很感谢你们。”员工当然知道自己破坏了规定，但是夏布先生不但没说什么，反而给了每个人一样小礼物，你能不敬重这样的老板吗?谁能不敬重这样的老板呢?

不直接说出对方的错误，而是通过间接的方式让对方自己去发现并改正自己的错误；在禁止，对方不要做某件事时，不使用直接禁止的语言，而是劝说对方做与之完全相反的事情。如果直接禁止，对方只会招致反感，而采取不禁止，只是劝说

对方做与之相反的事情的方法，却能收到良好的效果。

对那些对直接的批评会非常愤怒的人，间接地让他们去面对自己的错误，会有非常神奇的效果。罗得岛，温沙克的玛姬·杰各在我的课堂中提到，她如何使得一群懒惰的建筑工人，在帮她家盖房子之后清理干净。

最初几天，当杰各太太下班回家之后，发现满院子都是锯木屑子，她不想去跟工人们抗议，因为他们工程做得很好。所以等工人走了之后，她跟孩子们把这些碎木块捡起来，并整整齐齐地堆放在屋角。次日早晨，她把领班叫到旁边说："我很高兴昨天晚上草地上这么干净，又没有冒犯到邻居。"从那天起，工人每天都把木屑捡起来堆好在一边，领班也每天都来，看看草地的状况。

在后备军人和正规军训练人员之间，最大不同的地方就是理发，后备军人认为他们是老百姓，因此非常痛恨把他们的头发剪短。

美国陆军第五百四十二分校的士官长哈雷·凯塞，当他带了一群后备军官时，他要求自己要解决这个问题。跟以前正规军的士官长一样，他可以向他的部队吼几声或威胁他们，但他不想直接说他要说的话。

他开始说了："各位先生们，你们都是领导者。当你以身教来领导时，那就再有效不过了。你必须为遵循你的人做个榜样。你们该了解军队对理发的规定，我今天也要去理发，而它却比某些人的头发要短得多。你们可以对着镜子看看，你要做个榜样的话，是不是需要理发了，我们会帮你安排时间到营区理发部理发。"

成果是可以预料的。有几个人自愿到镜子前看了看，然后下午到理发部去按规定理发。次晨，凯塞士官长讲评时说，他已经可以看到，在队伍中有些人已具备了领导者的气质。

在 1887 年 3 月 8 日，美国最伟大的牧师及演说家亨利·华德·毕奇尔逝世。就在那个礼拜天，莱曼·阿伯特应邀向那些因毕奇尔的去世而哀伤不语的牧师们演说。他急于作最佳表现，因此把他的讲演词写了又改，改了又写，并像大作家福楼拜那样谨慎地加以润饰。然后他读给他的妻子听，写得很不好——就像大部分写好的演说一样。如果她的判断力不够，她也许就会说："莱曼，写的真是糟糕，行不通，你会使所有的听众都睡着的，念起来就像一部百科全书似的。你已经传道这么多年了，应该有更好的认识才是。看在老天爷的分上，你为什么不像普通人那般说话？你为什么不表现得自然一点？如果你念出像这样的一篇东西，只会自取其辱。"

她称赞了这篇讲稿，但同时很巧妙地暗示出，如果用这篇讲稿来演说，将不会有好效果。莱曼·阿伯特知道她的意思，于是把他细心准备的原稿撕破，后来讲道时甚至不用笔记。

"高帽子"的妙用

⊙给他们一个好的名声来作努力的方向，他们就会痛改前非，努力向上而不愿看到你的希望破灭。

⊙给人一个超乎事实的美名，就像用"灰姑娘"故事里的仙棒，点在他身上，会使他从头至尾焕然一新。

假如一个好工人变成粗制滥造的工人，你会怎么做？你可以解雇他，但这并不能解决任何问题。你可以责骂那个工人，但这只能常常引起怨怒。

亨利·汉克，他是印地安纳州洛威一家卡车经销商的服务经理，他公司有一个工人，工作每况愈下。但亨利·汉克没有对他吼叫或威胁他，而是把他叫到办公室里来，跟他坦诚地谈一谈。

他说："比尔，你是个很棒的技工。你在这条线上工作也有

好几年了，你修的车子也都很令顾客满意，其实，有很多人都赞美你的功夫好。可是最近，你完成一件工作所需的时间却加长了，而且你工作的质量也比不上你以前的水准。你以前真是个杰出的技工，我想你一定知道，我对这种情况不太满意，也许我们可以一起来想个办法改正这个问题。”

比尔回答说他并不知道他没有尽好他的职责，并且向他的上司保证，他所接的工作并未超出他的专长之外，他以后一定会改进。

他做了没有？你可以肯定他做了。他曾经是一个快速优秀的技工，为了汉克先生给他的那个美誉去努力，他怎么会做些不及过去的事。

包汀火车厂的董事长撒慕尔·华克莱说：“假如你尊重一个人，一般人是容易诱导的，尤其是当你显示你尊重他是因为他有某种能力时。”

总之，你若要在某方面去改变一个人，就把他看成他已经有了这种杰出的特质。莎翁曾说：“假如你没有一种德行，就假装你有吧！”更好的是，公开的假设或宣称他已有了你希望他有的那种德行，给他们一个好的名声来作为努力的方向，他们就会痛改前非、努力向上，而不愿看到你的希望破灭。

比尔·派克是佛罗里达州得透纳海滩一家食品公司的业务员，他对公司新系列的产品感到非常兴奋；但不幸的是，一家大食品市场的经理取消了产品陈列的机会，这令比尔很不高兴。他对这件事想了一整天，决定下午回家前再去试试。

他说：“杰克，我今天早上走时，还没有让你真正了解我们最新系列的产品，假如你能给我些时间，我很想为你介绍我漏掉的几点。我非常敬重你有听人谈话的雅量，而且非常宽大，当事实需要你改变时你会改变你的决定。”

杰克能拒绝再听他谈话吗？在这个必须维持的美誉下，他是没办法这样做的。

有一天早晨，苏格兰都柏林的一位牙医马丁·贵兹，当他的病人指出她用的漱口杯、托盘不干净时，他真的震惊极了。不错，她用的是纸杯，而不是托盘，但生锈的设备，显然表示他的职业水准是不够的。当这位病人走了之后，贵兹与其他医生关了私人诊所，写了一封信给布利基特——一位女佣，她一个礼拜来打扫两次。他是这样写的：

亲爱的布利基特：

最近很少看到你。我想我该抽点时间，为你做的清洁工作致意。顺便一提的是，一周两小时，时间并不算少，假如你愿意，请随时来工作半个小时，做些你认为应该经常做的事，像清理漱口杯、托盘等。当然，我也会为这额外的服务付钱的。

贵兹与医生

第二天他走进办公室时，他的桌子和椅子，擦得几乎跟镜子一样亮，他几乎从上面滑了下去。当他进了诊疗室后，看到从未见过的干净，光亮的铬制杯托放在储存器里。他给了他的女佣一个美誉促使她去努力，而且就只为这一个小小的赞美，她使出了最卖力的一面，而且没有用到额外的时间。

纽约布鲁克林的一位四年级老师鲁丝·霍普斯金太太，在学期的第一天，看过班上的学生名册时，她对新学期的兴奋和快乐却染上忧虑的色彩：今年，在她班上有一个全校最顽皮的“坏孩子”——汤姆。他三年级的老师，不断地向同事或是校长抱怨，只要有任何人愿意听。他不只是做恶作剧，还跟男生打架、逗女生、对老师无礼、在班上扰乱秩序，而且好像是愈来愈糟。他唯一能稍事补偿的特质是：他很快就能学会学校的功课，而且非常熟练。霍普斯金太太决定立刻面对汤姆的问题。当她见到她的新学生时，她讲了些话：“罗丝，你穿的衣服很漂亮；爱丽西亚，我听说你画画很不错……”当她念到汤姆时，她直视着汤姆，对他说：“汤姆，我知道你是个天生的领导人才，今年我要靠你帮我把这班变成四年级最好的一班。”在头几

天她一直强调这点，夸奖汤姆所做的一切，并评论他的行为正代表着他是一位很好的学生。有了值得奋斗的美名，即使只是一个 9 岁大的男孩也不会令她失望，而他真的做到了这些。

批评勿忘多鼓励

⊙一旦发现他人出现错误，我们很多人往往首先想到的就是如何批评。

⊙当他人出现错误时，如果可能的话，尽量采取鼓励的方式。

一旦发现他人出现错误，我们很多人往往首先想到的就是如何批评，使之改正。事实上，与批评相比，鼓励似乎更容易使人改正错误，并且更易让对方去做你所期望的事情。所以，当他人出现错误时，你首先应该考虑一下，是否非得批评不可，应该怎样批评？如果可能的话，尽量采取鼓励的方式，这样一方面可以达到让对方知错改错的目的，同时也不影响你们之间的相互关系。

你要是跟你的孩子、伴侣、雇员说，他做某件事显得很笨，很没有天分，那你就做错了，这等于毁了他所有求进步的心。但如你用相反的方法，宽宏地鼓励他，使事情看起来很容易做到，让他知道，你对他做这件事的能力有信心，他的才能还没有发挥，这样他就会练习到黎明，以求自我超越。

罗维尔·汤麦斯就是个处理人际关系的高手，他会给人勇气与信心，使人充满自信。举例来说：

一次，我与汤麦斯夫妇一起度周末，罗维尔·汤麦斯请我参加他们的桥牌友谊赛，桥牌对我来说是个全然陌生的游戏，我一点都不了解它的规则。

罗维尔说：“戴尔，为什么不试试呢？除了需要一些记忆与判断的能力外，它没有什么技巧可言。你曾经对人类记忆的组织有过深入的研究，所以打桥牌一定难不倒你。”

当我还没有意识到什么时，已经被拉到桥牌桌边，我发现这是有生以来第一次参加桥牌比赛，完全是因为罗维尔给了我信心，使我觉得打桥牌不是件难事。

我有一个光棍朋友，年约40多岁，最近刚订婚。他的未婚妻一直怂恿他去学跳舞。这位朋友说道：“天知道我的确应该去学跳舞。20年前，我第一次跳舞，当时的技术和现在一直都没什么两样。我的第一位老师讲的或许不假，她说，我的舞步全错了，必须从头学起。此话颇伤我的心，以致学舞的兴致完全消失无踪，我的学舞生涯也至此宣告结束。

“现在这位老师不知是不是哄我，但她讲的话我听了真喜欢。第一位老师由于强调的是我不对的地方，以致让我失去学习的兴趣；第二位老师则是正好相反，她一直称赞我的长处，对我的短处则尽量不提。她曾对我说：‘你具有天生的节拍感，可说是天生的舞蹈家呢!’虽然，直到现在，我仍然感觉到自己并没有什么跳舞细胞，技术也一直没什么进步。但在内心深处，我还是希望这位新老师所说的话或许没错，所以便继续付钱让她讲这些话。

“我知道，假如她没有告诉我我天生有韵律感，我今天还跳不到这么好。她鼓励我，给我希望，让我想要更进步。”

我的训练班的一个学员讲述了他的儿子是如何在他的鼓励下改变的事实：

“1970年，我的儿子大卫15岁大，到辛辛那提来跟我住。他的命运坎坷。1958年，在一次车祸中脑部受伤需要开刀，这次手术在他前额留下了一道难看的疤。直到15岁，他都是在达拉斯的特别班里，因为他的学习速度很慢。也许是因为疤的关系，学校当局判定他的脑部受伤，无法正常运作。他比同年的小孩慢了两年，所以他现在才七年级，但他还不会乘法表，他都用手指算算数，也不太会念书。

“但是，他喜欢研究收音机和电视。他想做个电视机技师。我鼓励他这件事，并告诉他需要数学好才能参加训练。我决心要在这种事上帮他做到熟练。我们买了四组彩色卡片：加法、减法、乘法、除法。我们一边看卡片，大卫一边把正确的答案放在空白栏内，假如他漏掉了，我就给他正确的答案，再把它放上去，直到全部放完为止。我费了很大劲才让他把每一个卡片都弄对，尤其是先前错过一次的。每天晚上我们都放一次卡片，放完为止。每天晚上，都用一只不走的手表计时，我向他保证，假如他能在八分钟内做对全部的卡片而且没有错误，那就不用每天晚上做了。这对大卫来说似乎不太可能。第一次，他用了 52 分，第二次，48 分，然后是 45、43、41，然后是少于 40 分钟了。每次的进步，我们都加以庆祝，到月底时，他已经能在八分钟之内正确地放完所有的卡片了。每当他有点进步时，他会要求再做一遍。他终于神奇地发现，学习是容易和有趣的。

“这时，他的代数成绩飞跃地进步了。他自己也觉惊奇，因他拿回家的成绩单，数学是 B，这在以前从没发生过。其他的变化也快得令人难以置信。他的阅读能力也快速的进步，他开始会用他的天赋画图。在学期末，他的科学老师指定他筹办一个展览，他选择了去发展一种高难度的模型来证明杠杆的影响。那不但需要画画和制造模型的技巧，而且要应用数学。这个展览，他拿了学校科学展的第一名，因此而参加了市展的比赛，也拿到了辛辛那提市的第三名。”

他曾是一个留级二年的孩子，被学校认定脑部受损，被他的同学叫“原始人”，又说他的大脑在脑部的缺口漏了出去。突然，他发觉他能够学习而且去完成一些工作，结果呢？从八年级的最后一学期起一直到高中，他都排在荣誉榜上；在高中时，他被选拔至全国荣誉协会。一旦他发现学习是容易的，他整个生命都变了。

第四章　如何使交谈变得更愉快

十之八九，你赢不了争论

⊙争论的结果不仅伤了和气，往往使对方更加坚持其主张。

⊙你可能有理，但要想在争论中改变别人的主意，一切都是徒劳。

⊙不论对方才智如何，都不可能靠辩论改变他的想法。

在人际交往中，很容易出现双方观点、意见不一致的情况，怎样对待这种不一致，是检验一个人社交能力高低的一个重要尺度。善于交往的人应采取不争论的策略，可能有人认为这是缺乏原则性的表现，明明自己有看法，却有意隐蔽起来，这岂不是有点虚伪吗？

意见不一致的情况，具体表现很多，但不外乎两大类：一类是与己无关的情况。比如几个人闲聊，某人说拿破仑是英国人，这当然是一个明显的错误，这时你可以讲究一点策略，暗地提醒一下，他若仍然坚持，你可默不作声，而不必大张旗鼓、针锋相对地跟他争论，因为争论的结果他必输无疑，何必在大庭广众之下让他丢面子呢？再说经过人家提醒，他必定心虚，回去后查查书或问问别人也不难解决，大可不必用争论的办法为他纠正错误。另一类则是与己有关的情况。这时候的不争论绝不是轻易放弃自己的意见。恰恰相反，是通过种种方法、策略让对方自动放弃他的意见，从而按自己的意见办，只不过这

“种种方法、策略”绝不包括争论的方法。因为争论的结果不仅伤了和气，往往使对方更加坚持其主张。我们的目的既然是让他放弃，为什么要通过争论反而令其更加坚持呢？这方面生活、工作中有不少例子。

我曾在伦敦学到一个极有价值的教训。有一天晚上，我参加一次宴会。宴席中，坐在右边的一位先生讲了一个故事，并引用了一句话，意思是“谋事在人，成事在天”。

他说那句话出自《圣经》，我知道，他错了。为了表现出优越感，我很讨嫌地纠正他。他立刻反唇相讥：“什么？出自莎士比亚？不可能，绝对不可能！那句话出自《圣经》。”他自信确实如此！

那位先生坐在右边，我的老朋友弗兰克·格蒙在左边，他研究莎士比亚的著作已有多年，于是，我俩都同意向他请教。格蒙说：“戴尔，这位先生没说错，《圣经》里有这句话。”

那晚回家路上，我对格蒙说：“弗兰克，你明明知道那句话出自莎士比亚。”

“是的，当然，”他回答，“哈姆雷特第五幕第二场。可是亲爱的戴尔，我们是宴会上的客人，为什么要证明他错了？那样会使他喜欢你吗？为什么不给他留点面子？他并没问你的意见啊！他不需要你的意见，为什么要跟他抬杠？应该永远避免跟人家正面冲突。”

永远避免跟人家正面冲突。

天底下只有一种能在争论中获胜的方式，那就是避免争论。避免争论，要像你避免响尾蛇和地震那样。

十之八九，争论的结果会使双方比以前更相信自己绝对正确。你赢不了争论。要是输了，当然你就输了；即使赢了，但实际上你还是输了。为什么？如果你的胜利，使对方的论点被攻击得千疮百孔，证明他一无是处，那又怎么样？你会觉得洋洋自得，但他呢？他会自惭形秽，你伤了他的自尊，他会怨恨你的胜利。而且——

“一个人即使口服，但心里并不服。”

潘恩互助人寿保险公司立了一项规矩：“不要争论！”

真正的推销精神不是争论，甚至最不露痕迹的争论也要不得。人的意愿是不会因为争论而改变的。

几年前，有位爱尔兰人名叫欧·哈里，他受的教育不多，可是真爱抬杠。他当过人家的汽车司机。欧·哈里承认，他在口头上赢得了不少的辩论，但并没能赢得顾客。

而欧·哈里现在是纽约怀德汽车公司的明星推销员。他是怎样成功的？这是他的说法：“如果我现在走进顾客的办公室，而对方说：‘什么？怀德卡车？不好！你要送我我都不要，我要的是何赛的卡车。’我会说：‘老兄，何赛的货色的确不错，买他们的卡车绝错不了，何赛的车是优良产品。’

“这样他就无话可说了，没有抬杠的余地。如果他说何赛的车子最好，我说没错，他只有住嘴了。他总不能在我同意他的看法后，还说一下午的‘何赛车子最好’。我们接着不再谈何赛，而我就开始介绍怀德的优点。

“当年若是听到他那种话，我早就气得脸一阵红、一阵白了——我就会挑何赛的错，而我越挑剔别的车子不好，对方就越说它好。争辩越激烈，对方就越喜欢我竞争对手的产品。

“现在回忆起来，真不知道过去是怎么干推销的！以往我花了不少时间在抬杠上，现在我守口如瓶了，果然有效。”

正如明智的本杰明·富兰克林所说的：

“如果你老是抬杠、反驳，也许偶尔能获胜，但那只是空洞的胜利，因为你永远得不到对方的好感。”

因此，你自己要衡量一下，你是宁愿要一种字面上的、表面上的胜利，还是要别人对你的好感？

你可能有理，但要想在争论中改变别人的主意，你一切都是徒劳。

威尔逊总统任内的财政部长威廉·麦肯罗以多年政治生涯获得的经验，说了一句话："靠辩论不可能使无知的人服气。"

不论对方才智如何，都不可能靠辩论改变他的想法。

释迦说："恨不消恨，端赖爱止。"争强急辩不可能消除误会，而只能靠技巧、协调、宽容，以及用同情的眼光去看别人的观点才可达到影响他人的目的。

假如我是他

⊙告诉自己：假如我是他，我会怎么想？我会怎么做？这么一来，不但可以节省时间，还会减少许多不快。

⊙明天，在你开口要求别人熄火、购物或认捐任何款项之前，请先闭上眼睛，试着由别人的角度来思考事情。

记住，许多人做错事的时候，自己并不这么认为。所以，别去责怪这些人，只有傻子才会这么去做。要想办法去了解这些人。当然，这也只有聪明、有耐心而且具有超俗思想的人才会这么去做。

人会有独特的想法或做法，总有其特别的理由。把这个理由找出来，便可以了解他为什么要这么做。甚至，这个理由还可以帮你了解此人的性格。

要真诚地站在此人的立场上看事情。

告诉自己：假如我是他，我会怎么想？我会怎么做？这么一来，不但可以节省时间，也会减少许多不快。因为，"假如你对事情的原因感兴趣，通常对其所具有的影响也一样感兴趣"，更何况这还可以大大增进你对人际关系的了解。

肯尼斯·谷迪在其著作《点石成金》一书中说道："且预留几分钟，先度量一下自己对本身事物感兴趣的情形，还有对一般事物关注的程度——两者相比较之后，你或许会了解，举世众人也大概都是如此。”

我们再由林肯和罗斯福等人的处世方法中学习处理人际关系的基本原则。那就是：用别人的观点去看事情。

住在纽约的山姆·道格拉斯夫妇，4年前刚迁入新居的时候，道格拉斯太太花了太多时间整理草地——拔草、施肥、每星期割两次草。但是，整片草地看起来也只不过和他们搬进去的时候差不多。于是，道格拉斯先生便常劝太太不用那么费力气，道格拉斯太太为此颇感沮丧。而每次道格拉斯先生这么说的时候，当晚家中的宁静气氛便被破坏了。

道格拉斯先生参加了训练班课程之后，深觉多年来的做法不对。他从没想过，或许他的太太本就喜欢园艺工作，她需要的是赞赏而不是指责。

一天傍晚，用过晚餐之后，道格拉斯太太又准备到庭院除草，并且问道格拉斯先生愿不愿意陪她一道去。道格拉斯先生本不太感兴趣，但一想到那是太太的嗜好，最好是不要拒绝，便急忙答应愿意帮忙。道格拉斯太太十分高兴，那天傍晚，他们除了用心除草之外，还谈得十分愉快。

自此以后，道格拉斯先生便常常帮太太整理庭院，也常常称赞太太把庭院整理得多么好。结果：他们的家庭生活大为改进。由于道格拉斯先生能站在太太的立场看事情——虽然只是除草这一类的小事，而事情却能获得圆满解决。

吉拉德·奈伦保在其著作《与人交往》一书中评论道：“在你同别人谈话的时候，假如能表现出十分重视对方的想法和感受，便可赢得对方的合作。所以，你应该先表明自己的目的或方向，然后倾听对方发言，再由对方的意见决定该如何应答。总之，要敞开心灵接受对方的观点，如此，对方也相对地会比较愿意接受你的看法。”

多年来，我常到离家不远的公园中散步、骑马，以此作为消遣，像古时高尔人的传教士一样。我很喜欢橡树，所以每当我看见一些小树及灌木被人为地烧掉时，就非常痛心，这些火不是由粗心的吸烟者所致，它们差不多都是由到园中野炊的孩子们摧残所致。有时这些火蔓延得很凶，以致必须叫来消防队员才能扑灭。

公园边上有一块布告牌，上面写道：凡引火者应受罚款及拘禁。但这布告牌竖在偏僻的地方，儿童很少看见它。有一位骑马的警察在照看这一公园，但他对自己的职务不大认真，火仍然是经常蔓延。有一次，我跑到一个警察那边，告诉他一场火正急速在园中蔓延着，要他通知消防队。他却冷漠地回答说，那不是他的事，因为不在他的管辖区中！我急了，所以在那以后，当我骑马的时候，我担负起保护公共地方的义务。最初，我没有试着从儿童的角度来看待这件事。当我看见树下起火时就非常不快，急于想做出正当的行为来阻止他们。我上前警告他们，用威严的声调命令他们将火扑灭。如果他们拒绝，我就恫吓要将他们交给警察。我只在发泄我的情感，而没有考虑孩子们的观点。

结果呢？那些儿童遵从了——怀着一种反感的情绪遵从了。在我骑过山后，他们又重新生火，并恨不得烧尽公园。

多年以后，我增加了一些有关人际关系学的知识与手段，于是我不再发布命令，甚至威吓他们了，而是骑向火前，向他们说道："孩子们，这样很惬意，是吗？你们在做什么晚餐？当我是一个孩童时，我也喜欢生火——我现在也很喜欢。但你们知道在这公园中生火是极危险的，我知道你们不是故意的，但别的孩子们不会是这样小心，他们过来见你们生了火，所以他们也会学着生火，回家的时候也不扑灭，以致在干叶中蔓延烧毁了树木。如果我们再不小心，这里就会没有树林。因为生火，你们可能被拘捕入狱。我不干涉你们的快乐，我喜欢看到你们感到很快乐。但请你们即刻将所有的树叶扫得离火远些，在你们离开以前，你们要小心用土盖起来，下次你们取乐时，请你们在山丘那边沙滩中生火，好吗？那里不会有危险。多谢了，孩子们，祝你们快乐。”

这种说法产生的效果有很大区别！它使孩子们产生了一种同你合作的欲望，没有怨恨，没有反感。他们没有被强制服从命令，他们保全了面子。他们感觉很好，我也感觉很好，因为我处理这事情时，考虑了他们的观点。

在澳州的伊丽莎白·诺瓦克，她的汽车分期付款已迟了6个星期。她在报告中说道：“某个礼拜五，我接到一通十分不客气的电话，就是处理我分期付款账号的人打来的。他告诉我，假如我不能在星期一早上付清122美元的欠款，公司就要进一步采取行动。我实在没有办法在周末筹到那笔钱，所以，星期一早上电话铃响的时候，我的心里早有准备。我不准备向他抱怨或诉苦，相反的，我试着站在他的角度看事情。首先，我真诚地向他道歉，因为我时常不能如期付款，想必给他增添了许多麻烦。听我这么一说，他的语气马上改变了。他表示，我还不是最麻烦的顾客，有好几位顾客才真使他头痛，他举了好几个例子，说明有些顾客如何无礼，又如何会撒谎、要赖等等。我一直没有开口，只静听他把所有不愉快的事情倾泻出来。最后，不等我提出意见，他就先表示我可以不用马上付清欠款，只要在月底以前先缴20元，然后等方便的时候再慢慢付清全额。”

所以，明天，在你开口要求别人熄火、购物或认捐任何款项之前，请先闭上眼睛，试着由别人的角度来思考事情。问问自己：“他们为什么要这么做?”不错，这可能要花点时间，但却可因此避免制造敌人，减少摩擦，并可达到最好的效果。

在哈佛商业学校的狄恩·唐璜说道：“我宁可在面谈之前，在办公室前踱上两个钟头，而不愿意毫无准备地走进办公室。我一定要清楚自己想要讲什么，更重要的，是根据我对他们的了解——他们大概会说些什么。”

这点十分重要，所以我要把这段话再重复一遍：

“我宁可在面谈之前，在办公室前踱上两个钟头，而不愿毫无准备地走进办公室。我一定要清楚自己想要讲什么，更重要的，是根据我对他们的了解——他们大概会说些什么。”

假如，读完本书之后，你只得了一样东西——能够从旁人的角度去思考、去看事情，那么，虽然这只是你由本书所得到的唯一东西，却很可能是你一生事业的踏脚石。

牵着他人的舌头走

⊙交谈就像传接球，永远不是单向的传递。如果其中有人没有接球，就会出现一阵难堪的沉默，直到有人再次把球捡起来，继续传递，一切才能恢复正常。

⊙在与人交谈中，除了要吸引对方的兴趣之外，还有一个重要事项，就是要引导对方加入交谈。

你必须注意：自己是否挫伤了对方的自信？是否给对方留有发表他们见解的机会，而不是拒之于谈话之外？

更重要的是你能否对他们的话表现出关注，而不是显得只对自己感兴趣。

交谈就像传接球，永远不是单向的传递。如果其中有人没有接球，就会出现一阵难堪的沉默，直到有人再次把球捡起来，继续传递，一切才能恢复正常。

一些青年学生常常向我诉说：他们在约会的时候老是不能保证交谈生动有趣。其实，这本来是一个非常易于掌握的技巧问题：问一些需要回答的话，这样谈话就能持续不断。但是，如果你只问：“天气挺好的，是吧?”对方用一句话就可以回答了：“是啊，天气真不错!”有一回，马克·吐温一天之中听了12遍完全相同的问题，“天气真好，是不是，马克·吐温先生?”

最后，他只好回答说："是啊，我已经听别人把这一点夸到家了。"

"天气真好，是不是？"这也许是一个会产生僵局的提问，但是回答却不一定都会导致僵局。不管怎么说，大家还是关心天气的，否则电视台的新闻节目也不会花上好几分钟来播放预告，而且还要用图表来说明。如果感觉到很难让你的谈话对象开口畅谈，不妨用下列问句来引导：

"为什么……"

"你认为怎样才能……"

"按你的想法，应该是……"

"价钱怎么正好……"

"你如何解释？"

"你能不能举个例子？"

"如何""什么""为什么"是提问的三件法宝。

当然，如果回答还是个僵局，那就和提问是僵局一样，交谈仍然无法进一步展开。你必须尽一切努力把球保持在传递中，而不使它停在某一点。

有时，你的谈话对象一开始不同你呼应，那也许是他还有些拘束，也许是他太冷漠，或者太迟钝，或者根本没有接触到他感兴趣的话题。

在参加聚会之前，如果能够从主人、女主人那里打听到一些邻座客人的情况，一定会对谈话有所帮助。不过，即使如此，也未必能确保对方一定开口，打破矜持的气氛。也许在用餐时，你不得不和一位骆驼般高傲的律师同座，而你想方设法使他开口却没有办到，那也不要灰心，接着再试试。你提到非法越境进入美国的墨西哥人问题，他可能无动于衷，但你谈起潜水，也许他就很有兴趣，或许，你还可以提提鲸鱼的生活习性呢！

耐尔·柯华爵士曾经这么说过："我对于世界的重要性是微乎其微的，但从另一方面讲，我对于我自己却是非常重要的，我必须和自己一起工作，一起娱乐，一起分担忧愁和快乐。”

这完全正确，人类总是以自我为中心的。

如果你对这个最基本的人类本性已不再感到震惊，你就会懂得如何调节自己适应谈话了。坦率地说，和对方谈他们感兴趣的话题，实际上对你自己也是有益的，尽管他们所爱好的和你所爱好的可能不尽相同。你可以先满足他们的自尊心，然后再满足你自己的。

这是一种自嘲吗？完全不是。

如果你能够谦恭诚恳地对待你的亲人和朋友，想象着他们对于你有多么重要，你就会发现他们在你生活中的意义的确不容忽视，同时，你还会发现你自己对于他们也变得越来越重要了。我们大家都期望能得到别人的赞扬，而且还会因此更加追求上进。总有一天，你会欣喜地认识到这样一个事实：任何一个看上去有缺陷、不聪明或反复无常的人身上都存在一些美好的东西。

心理分析专家认为，精神病患者一旦开始对别人及其他自我之外的事物产生兴趣，就说明他已进入健康阶段了。

如果说关注自我到了一定程度就是疯狂的表现，那么可以说没有一个人是绝对正常的。然而，我们愈是同他人交往——给予而不是索取，那我们就会愈接近正常了，除此之外，你还会有一个收益：你越关心别人，别人也就越关心你；你越尊重别人，你也能更多地受到别人的尊重。

争取让对方说“是”

⊙跟别人交谈的时候，不要以讨论不同意见作为开始，要以强调——而且不断强调双方都同意的事作为开始。

⊙使对方在开始的时候就是“是的，是的”，渐渐地，当你提出双方的分歧时，对方也会习惯性地说“是”。

奥弗斯基教授在他的《影响人类的行为》一书中说：“一个否定的反应，是最不容易突破的障碍。当一个人说‘不’时，他所有人格尊严，都要求他坚持到底。事后他也许觉得自己的‘不’说错了，然而，他必须考虑宝贵的自尊！既然说出了口，他就得坚持下去。因此，一开始就使对方采取肯定的态度而非否定的态度，是最为重要的！”

善于交际的人，都在一开始就力求得到对方的一些“是的”反应，这样就把对方心理导入肯定的方向。就好像一粒撞击的小球运动，从一个方向打击，它就偏向一方，要使它从反方向回来的话，则要花更大的力。

从生理反应上说，当一个人说“不”，而本意也确实否定的时候，他的整个组织——内分泌、神经、肌肉，全部凝聚成一种抗拒的状态，通常可以看出身体产生了一种收缩，或准备收缩的状态。反过来，当一个人说“是”时，身体组织就呈现出前进、接受和开放的状态。因此，开始时我们越多地造成“是，是”的环境，就越容易使对方接受我们的想法。

这是一种非常简单的技巧——但是它却被许多人忽略了！在某些人看来，似乎人们只有在一开始就采取反对的态度，才能显示出他们的自尊感。因此，激进派的人一旦跟保守派的人碰到一块，就必然要愤怒起来！事实上，这又有什么好处呢？如果他只是希望得到一种快感，也许还可以原谅。但假如他要达成什么协议的话，那他就太愚蠢了。

正是这种使用“趋同”的方法，使得纽约市格林尼治储蓄银行的职员詹姆斯·艾伯森，挽回了一名青年主顾。

艾伯森先生说：“那个人进来要开一个户头，我照例给他一些表格让他填。有些问题他心甘情愿地回答了，但有些他根本拒绝回答。

“在我研究为人处世的技巧之前，我一定会对那个人说：如

果拒绝对银行透露那些材料的话，我们就不让他开户。我很惭愧过去我就采取那种方式。当然，像那种断然的方法会使我觉得很痛快。我表现出谁才是老板，也表现出银行的规矩不容破坏。但那种态度，当然不能让一个进来开户头的人，有一种受欢迎、受重视的感觉。

“我决定那天早上采用一下学到的技巧。我决定不谈论银行所要的，而谈论对方所要的。最重要的，我决意在一开始就使他说‘是，是’。因此，我不反对他。我对他说，他拒绝透露的那些资料，并不是绝对必要的。

“‘但是，’我接着说，‘假如你把钱存在银行一直等到你去世，难道你不希望银行把这笔钱转移到你那依法有权继承的亲友那里吗?’

“‘哦，当然。’他回答道。

“我继续说：‘你难道不认为，把你最亲近亲属的名字告诉我们是一种很好的方法吗？万一你去世了，我们就能准确而不耽搁地实现你的愿望。’“

他又说：‘是的。’

“当他发现我们需要的那些资料不是为了我们，而是为了他的时候，那位年轻人的态度软化下来——改变了！

“在离开银行之前，那位年轻人不但告诉我所有关于他自己的资料，而且在我的建议下，开了一个信托户头，指定他的母亲为受益人，同时还很乐意地填写所有关于他母亲的资料。”

西屋公司的推销员约瑟夫·阿立森也有类似的经验：“在我的区域内有一个人，我们卖给了他几个发动机。如果这些发动机不出毛病的话，我深信他会填下一张几百个发动机的订单。这是我的期望。”阿立森向大家介绍道：

“我对我们公司的产品很有信心。3个星期之后，我再去见他的时候，我兴致勃勃。但是，我的兴致并没有维持多久，因为那位总工程师对我说：‘阿立森，我不能向你买其余的发动

机了。'

"'为什么?'我惊讶地问,'为什么?'

"'因为你的发动机太热了,我的手不能放上去。'

"我知道跟他争辩不会有什么好处。因此,我说:'嗯,听我说,史密斯先生,我百分之百地同意你。如果那些发动机太热了,你就不应该买。你的发动机热度不应该超过全国电器制造商公会所立下的标准,是吗?'

"他同意地说'是的'。我已经得到我的第一个'是'。'电器制造公会的规定是:设计的发动机可以比室内温度高出华氏72度。对不对呢?''是的,'他同意,'的确是的,但你的发动机热多了'。

"我还是没有跟他争辩。我只是问:'厂房有多热呢?'

"'呵,大约华氏75度。'他说。

"我回答道:'那么,如果厂房是75度,加上72度,总共就等于华氏147度。如果你把手放在华氏147度的热水塞门下面,是不是很烫手呢?'

"他又必须说'是的'。

"'那么,不把手放在发动机上面,不是一个好办法吗?'我提议说。

"'嗯,我想你说得不错,'他承认说。我们继续聊了一会儿,接着他叫他的秘书过来,为下月开了一张价值35万美元的订单。

"我花了很多钱,失去了好多生意,才知道跟人家争辩是划不来的,懂得了从别人的观点来看事情,使他说'是的,是的'才更有收获和更有意思。"

被誉为世界上最卓越的口才家之一的苏格拉底,做了一件历史上只有少数人才能做到的事:他彻底地改变了人类的整个思潮。而现在,在他去世23个世纪后,这个方法依然如此行之有效。

他的整套方法，现在称为“苏格拉底妙法”，以得到“是，是”为根据。他所问的问题，都是对方所必须同意的。他不断地得到一个同意又一个同意，直到他拥有许多的“是，是”。他不断地发问，到最后，几乎在没有意识之下，使他的对手发现自己所得到的结论，恰恰是他在几分钟之前所坚决反对的。

以后当我们要自作聪明地对别人说他错了的时候，可不要忘了“苏格拉底妙法”，应提出一个温和的问题——一个会得到对方“是，是”反应的问题。

鼓励对方多说

⊙多数人使别人同意他们的观点时，总是费尽口舌，其实，这种人得不偿失，因为话说多了，既费精力，又可能稍有不慎，伤害到别人。

⊙须知世界上多半是欢迎专门听人说话的人，很少欢迎爱说自己话的人。

多数人使别人同意他们的观点时，总是费尽口舌，其实，这种人得不偿失，因为话说多了，既费精力，又可能稍有不慎，伤害到别人；另外，他们无法从他人身上吸取更多的东西，当然问题不在于别人吝啬，而是他不给别人机会。让对方尽情地说话！他对自己的事业和自己的问题了解得比你多，所以向他提出问题吧，让他把一切都告诉你。

如果你不同意他的话，你也许很想打断他。不要那样做，那样做很危险。当他有许多话急着要说的时候，他不会理你的。因此，你要耐心地听着，抱着一种开阔的心胸，诚恳地鼓励他充分地说出自己的看法。

这种方式在商界会有所收获吗？我们来看看某个人被迫去尝试的例子：

几年前，美国的一家汽车制造公司正在洽购一年所需要的布匹。三家厂商已做好了样品，并都经那家汽车公司的高级职员检验过，而且发出通知说，在一个特定的日子，三家厂商的代表都有机会对合同提出最终的申请。

其中一家厂商的代表抵达的时候正患着严重的咽炎。“轮到我去会见那些高级职员的时候，”这位先生在训练班上叙述事情的经过时说，“我嗓子已经哑了，几乎一点声音也发不出来。

“汽车公司的几位高级职员都围坐在一张桌边，这时，我只好在一张纸上写着：‘诸位，我的嗓子哑了，说不出话来。’

“‘我来替你说吧！’汽车公司的董事长说。于是，他展示我的样品，代替我称赞它们的优点。一场热烈的讨论展开了。讨论的是我那些样本的优点。而那位董事长，因为是代表我说话，在讨论的时候就站在我的一边。我听着他们的讨论，只是微笑、点头、做几个手势而已。

“这次特殊会议的结果，使我得到了合同，50万码的坐垫布匹，总值160万美元——我所得到的一笔最大的订单。

“事后我想，如果自己不是哑了嗓子，就不一定能这么顺利地得到这笔订单。这事使我很偶然地发现，有时候让对方来讲话，可能得到预料不到的收获。”

法国哲学家罗西法考说：“如果你要树敌，就表现得胜过你的朋友；但如果你要得到朋友，那就让你的朋友胜过你。”事实上，即使是朋友，也宁愿对我们谈论他们自己的成就而不愿听我们吹嘘自己的成就。

如果有几个朋友聚在一起谈话，当中只有一个人口若悬河地滔滔长谈，其他的人只是呆呆地听着，这就不称其为谈话。每一个人都有着自己的发表欲。小学生见到先生提出一个问题，大家争先恐后地举起手来，希望教师叫他回答。即使他对于这个问题还不曾彻底地了解，只是一知半解，他还是要举起手来。成人们听着人家在讲述某一事件，虽然他们并不像小学生争先

恐后地举起手来，然而他的喉头老是痒痒的，他恨不得对方赶紧讲完了好让他来发表一下自己的观点。

如果阻遏他人的发表欲，就容易引起他人的反感，从而不会得到人家的同情。所以不但应该让人家有着发表意见的机会，还得设法引起人家的说话机会，使人家感觉到你是一位使人欢喜的朋友，这对你是只有好处而没有害处的。如果你愿意和人家疏远，暗地里遭受着人家的白眼，你只需在和人家说话的时候，专门讲述你自己的话，不要听人家所讲的，而且，也不要给人家说话的机会。现实中这种人多得很，这样你将不会受人欢迎，大家以后见到你就会避开了。

著名的记者麦克逊说："不善于倾听，这是不受人欢迎的原因之一。一般的人，他们只注意自己应该怎样地说，绝不管人家。须知世界上多半是欢迎专门听人说话的人，很少欢迎爱说自己话的人。"这几句话是确确实实的。

假如一个商店的售货员，拼命地称赞他的货物怎样好，而不给顾客说一句话的机会，未必就能做成这位顾客的生意。因为顾客认为你天花乱坠地说话，不过是一种生意经，绝不会轻易相信而就购买的。反过来，如果给顾客说话的机会，使他对货物有了批评的机会，你成为和他对此货物互相讨论的人员，你的生意就容易做了。因为上门的顾客，他早有选择和求疵的心理，他尽管把货物批评得不好，他选定了自然会掏出钱来购买的。你一味地只是夸耀自己的货物，或是对顾客的批评加以争辩，这无异于说顾客没有眼光，不识好货，不是对顾客一个极大的侮辱吗？他受了极大的侮辱，还会来买你的货物吗？所以，与其自己唠唠叨叨地多说废话，还不如爽爽快快，让人家去说话，反而会得到意想不到的效果。

你如果能够给别人说话的机会，你就给人留下了一个好印象，以后，人家和你谈话绝不会见你讨厌而避开。

查尔斯·古比里就在他的面试中运用了此法。在去面谈以前，他花了许多时间去华尔街，尽可能地打听有关那个公司老板的情况。在与公司老板面谈时，他说："如果能替一家你们这样的公司做事，我将感到十分骄傲。我知道你们在 28 年前刚成立的时候，除了一个小办公室、一位速记员以外，什么也没有，对不对?"

几乎每一个功成名就的人，都喜欢回忆自己多年奋斗的情形，当然，这位老板也不例外。他花了很长时间，谈论自己如何以 450 美元和一个新颖的念头开始创业。他讲述自己如何在别人泼冷水和冷嘲热讽之下奋斗着，连假日都不休息，一天工作 16 个小时。他克服了无数的不利条件，而目前华尔街生意做得最好的那几个人都向他索取资料和请教。他为自己的过去而自豪。他有权自豪，因此，在讲述过去时十分得意。最后，他只简短地询问了一下古比里的经历，就请一位副董事长进来，说："我想这是我们所要找的人。"

古比里先生花了很大工夫去了解他未来老板的成就，表示出对对方感兴趣，并鼓励对方多说话，从而给人留下了一个很好的印象。

想要赢得朋友，这也是一个很好的方法。

纽约的亨丽耶塔便是例子。她是一家经纪公司的雇员。上班前几个月，她在公司里交不到一个朋友。原因何在? 因为每天她总要向同事吹嘘自己取得多少生意，开了多少户头，还有种种其他的成就，等等。

"我深以自己的工作绩效为傲。"亨丽耶塔说道，"但我的同事并没有兴趣分享我的成就，反而显得极不高兴。我也希望在公司里受到欢迎，与大家成为好朋友。来训练班上过几堂课之后，我发现了自己的问题所在，便改变了待人的方式，尽量少谈自己，而多听别人讲话。别人也有许多事情想吹嘘一番。这比只听我个人吹嘘有意思多了。现在，只要一有聊天的机会，我都要求他们把自己的欢乐拿出来分享，而我只在他们提出要

求的时候，才谈一点自己的成就。这样一来，大家便开始与我接近，因而很快我就交了许多朋友。”

无声胜有声

⊙不指责对方的失败和错误，而是采取沉默的态度，等于是给对方提供了扪心自问、冷静反思的机会。

一位高中棒球队的教练曾经讲过这样一个故事：有一次，一个选手未经教练许可，擅自离队去看电影。后来，事情被发现了，他想这次一定会受到教练的严厉斥责，结果出乎他的预料，教练一句话也没说。从此以后那个选手再也没有逃脱过训练。当教练在选手们的聚会上见到了已经步入社会的他时，他深切地说：“那时，虽然教练没有批评我，但那比批评还难受。”

像这样不指责对方的失败和错误而是采取沉默的态度，是一种极具效果的说服术。这样就等于是给对方提供了扪心自问、冷静反思的机会。

一家著名的电机制造厂召开管理员会议，会议的主题是“关于人才培养的问题”。会议一开始，瑞恩斯董事就用他那特有的声音提出自己的意见：“我们公司根本没有发挥人才培训的作用，整个培训体系形同虚设，虽然现在有新进职员的职前训练，但之后的在职进修却成效不显。职员们只能靠自己的摸索来熟悉自己的工作，很难与当今经济发展的速度衔接在一起，因而造成公司职员素质水平普遍低下、效益不高。所以我建议应该成立一个让职员进修的训练机构，不知大家看法如何？”

“你所说的问题的确存在，但说到要成立一个专门负责培训职员的机构，我们不是已经有职员训练组织了吗？据我了解，它也发挥了一定的作用，我认为这一点可以不用担心……”

“诚如总经理所说，我们公司已经有职员训练组织，但它是否发挥实际作用了呢？实际上，职员根本无法从中得到任何指导，只能跟着一些老职员学习那些已经过时的东西，这怎么能够将职员的业务水平迅速提升呢？而且我观察到许多职员往往越做越没有信心、越做越没干劲。所以还是坚持……”

“瑞恩斯，你一定要和我唱反调吗？好，我们暂时不谈这个话题，会议结束后，我们再做一番调查。”

就这样，一个月后公司主管们重新召开关于人才培训的会议。这次总经理首先发言：

“首先我要向瑞恩斯道歉，因为我错怪了他。他的提案中所陈述的问题确实存在。这个月我对公司的职员培训进行了抽样调查，结果发现它竟然未能发挥应有的功效。因此，今天召集大家开会是想讨论一下应该如何改变目前人才培养的方法。请大家尽量发表意见吧！”

总经理的话一出口，大家就开始七嘴八舌地提出建议，但令人奇怪的是，这一次瑞恩斯董事却始终一语不发地坐在原位，安静地聆听着大家的意见，直到最后他都没说一句话。

会议结束以后，总经理把瑞恩斯董事叫进社长办公室晤谈：“今天你怎么啦？为什么一句话也不说？这个建议不是你上次开会时提出来的吗？”

“没错，是我先提出来的。不过上次开会我把该说的都说了，其实那无非是想引起总经理您对这问题的重视罢了，现在目的已经达到，我又何必再说一次呢？还不如多听听人家的建议。”

“是吗？不错，在此之前我反对过你的提议，你却连一句辩解也没有。今天大家提出的各种建议都显得很空洞，没有实际的意义，反倒是你的沉默让我感到这个问题带来的压力。这样吧，这件事就交给你去办好了！今天起由你全权负责公司的人才培训工作。请好好努力吧！”

“是，谢谢您对我的信任，我一定会努力把这件事做好！”

第五章　做好一生的规划

目标是人生的灯塔

⊙心中拥有目标，便会使自己不会太留意与之不相关的烦恼，不会与一般的不相关的小麻烦计较，这会使你变得豁达、开朗。

⊙一个人之所以伟大，首先在于他有一个伟大的目标。

每一个奋斗成才的人，无疑都会有一个选择、确定目标的问题。正如空气、阳光之于生命那样，人生须臾不能离开目标的引导。

有了目标，人们才会下定决心攻占事业高地；有了目标，深藏在内心的力量才会找到“用武之地”。若没有目标，绝不会采取真正的实际行动，自然与成功无缘。

首先，心中拥有目标，给人生存的勇气，在困苦艰难之际赋予我们坚忍不拔的毅力。有了具体目标的人少有挫折感。因为比起伟大的目标来说，人生途中的波折就是微不足道的了。因此，拥有科学的目标可以优化人生进程。

其次，由于目标事物存在脑海某处，所以即使我们从事别的工作，潜意识里依然暗自思量图谋对策，在不觉之间接近目标，终于梦想成真。拥有目标的人成功立业的概率，无疑要比缺乏志向的人高。目标激励人心，产生活动能源。

再者，实现目标好像攀登阶梯一般，循序渐进为宜，尽管前途险阻重重，也要自我勉励，不断做出更大的挑战。当时认为不可能做到的事情，往往几年之后，出乎意料地简单达成了。

卡耐基说不甘做平庸之辈的人，必须要有一个明确的追求目标，才能调动起自己的智慧和精力。

心中拥有目标，便会使自己不会太留意与之不相关的烦恼，不会与一般的不相关的小麻烦斤斤计较，这会使你变得豁达、开朗。因为人的注意力是很有限的，一旦他全身心地为自己的目标而努力，去冥思苦想时，其他的事情是很难在其脑子里停留的，这个道理极其明显。

心中有了目标，人就会专门去找一些相关的麻烦来解决，以便自己为实现目标而进行一些必要的锻炼，这样，使人在不知不觉中培养起了积极的人生态度和勇于迎接困难的优良品质。

在现实生活中，确有许多“平庸之辈”有不甘平庸之心，这是一个积极入世的人不容回避的问题。作为一个平凡的人，尽管不可能都轰轰烈烈，但是能使平凡的人生较常人稍许不平凡一些，尽可能比别人强一些，是肯定能办到的。

我们需要提升生存的智慧，思考成功，追求卓越，对人生的意义、人生的价值、人生的幸福等问题交出较完美的答卷。不甘平庸，崇尚奋斗，正是人生之歌的主旋律。

没有明确的目标，没有目标的努力，显然如竹篮打水，终将一无所有。

目标是获得成功的基石，是成功路上的里程碑。目标能给你一个看得见的靶子，你一步一个脚印去实现这些目标，你就会有成就感，就会更加信心百倍，向高峰挺进。

成功，是每一个追求者的热烈企盼和向往，是每一个奋斗者为之倾心的夙愿。在目标的推动下，人就能够被激励、鞭策，处于一种昂扬、激奋的状态下，去积极进取、创造，向着美好的未来挺进。

目标是一种持久的热望，是一种深藏于心底的潜意识。它

能长时间调动你的创造激情，调动你的心力。你一旦想到这种强烈的愿望，就会产生一种原子能般的动力，就会有一种钢铸般的精神支柱。一想到它，你就会为之奋力拼搏，就会尽力完善自我，在艰难险阻面前，决然不会轻易说“不”字。为了目标的实现，去勇敢地超越自我，跨越障碍，踏出一条坦途。

目标是信念、志向的具体化，奋斗者一定要有梦想，并敢于做“大梦”，梦想正是步入成功殿堂的动力源。许多精英俊杰都是出色的梦想者，他们无一不是笃信大梦能成真的。他们梦想的目标一旦确立，就会万难不屈、坚毅果敢，充分发掘自己的潜能，将自己的才华优势发挥到极致，以百倍的努力冲刺、攀登。

正如美国成功学家拿破仑·希尔所言：“你过去或现在的情况并不重要，你将来想获得什么成就才最重要。除非你对未来有理想，否则做不出什么大事来。一有了目标，内心的力量才会找到方向。”

可以说，一个人之所以伟大，首先在于他有一个伟大的目标。

在人的成长过程中，必经历胎儿期、继承期、创造期和发展期几个阶段，在第二、第三阶段中，有一个目标选择期。即从学校毕业到就业前后，是确定奋斗目标的阶段。

一个人能否成功，确定目标是首要的战略问题。目标能够指引人生，规范人生，是人成功的第一要义。目标之于事业，具有举足轻重的作用。忽视目标定位的人，或是始终确定不了目标的人，他的努力就会事倍功半，很难达到理想的彼岸。确立目标，是人生设计的第一乐章。

确立人生的起跑点

⊙不少人青年时代就功成名就，不能不说与他的人生起跑点选择得准确有关。

人生的全流程，虽是一个连续不断的时空整体的客观存在，但它明显地划分为几个阶段。把人生流程中生理年龄、人的成熟和发展过程以及主要内容的更替综合起来看，分为 4 个大阶段较为科学，每个大阶段内又分几个小段。自降生至 18 岁，我们称为人生流程的补建期。如果说任何人对自己所获得的遗传因素、母体条件都无法选择，那么我们就可以以降生为界。降生以前主要是获得先天的生理预应力，出生后社会环境便开始施加影响以造就其社会适应力，以使他提高对社会的适应能力。第二个阶段是成熟期，即 18～ 25 岁左右，是充满理想、浪漫色彩和激情的青年期。这个时期，努力总结在补建期所得到的一切知识和社会经验、实践体会，中心任务是使自己初步成熟起来。这一时期有两个明显标志：一是初步形成世界观，即获得社会观、人生价值观，认识方法协调统一化，形成对客观世界的整体性认识；二是基本选定了一生所从事的事业的目标。在这个阶段上，人生的中心任务就是要全力促进成熟，早成熟早立志，就可以早进入创造期，早出成果，为社会多做贡献。第三个阶段是创造期，即 25～ 55 岁左右这个年龄段。这是人生全程中的黄金时代，无论从事什么工作的人，这个阶段都是进行创造性工作的最佳时期。不仅因为这个年龄段上的人年富力强，也因为他们积累了丰富的经验，历经了磨炼，使他们有稳定的情绪和持久的耐力。第四个阶段是总结期，即 55 岁以后。这个时期，因年龄增长所发生的心理变化，以及体力精力的减退，迫使人不得不离开第一线，做一些总结切身经验的工作。

如果把人生比做是运动场上的竞赛，那么，补建期就好像运动员竞赛前的预备活动期，而成熟期就是运动员在选择自己的起跑点，创造期就是正式竞赛中的角逐。不同点在于，运动上的竞赛是练兵千日于瞬间决一雌雄，而人生的竞争则是集千万个瞬间的科学灵感和运动场上的冲刺比高低。要说哪一个容易哪一个难，不好分辨。但有一点可以肯定：人生漫长的征途上更需要持久的耐力。

人生起跑点的选择，对于一生有重要作用。如果一开始起跑点就选得准确，总比几经周折年近迟暮还在徘徊之中要好得多，不少人青年时代就功成名就，不能不说与他的人生起跑点选择的准确有关。

有的人说“选择目标，实际上是自己设计自己的过程”，“自己设计自己，首先要考虑社会的需要，时代的需要，还要考虑自己的所长和爱好”。持这种主张的人认为，选择人生目标就是自己设计自己。我们并不完全同意这种主张，因为选择人生目标仅仅是人生设计的一项内容，而不是人生设计的全部内容，人生设计除目标设定外，还包括阶段规划、环境分析、反馈和核心内容的研究等。而目标的选择，仅是确定人生起跑点的前提之一。

该如何确定自己的人生起跑点呢？用我们的话来说，就是在对自身条件优劣和环境利弊的自觉认识的基础上，根据扬长避短的原则，按照社会需要所指示的方向，在环境的最大容许度上确立自己的人生起跑点较为妥当。

身处顺境，依自己对于宏观和微观的自觉认识的水平，对自己的长处短处的自觉认识，确立一生所从事的事业（范围或更具体到特定项目）的目标，这就是人生起跑点。

身处逆境，同样也应依照对环境和自身的自觉认识水平，确立一生所从事的事业的目标，不过有两种情况：一种是在微观环境容许度以内确立，叫做安全性人生起跑点；另一种是在微观环境容许度之外，依自己对宏观需要的自觉认识确立所从事的目标，叫做风险性人生目标。

上述关于人生起跑点的思想在确立过程中所涉及的因素和判断过程是一致的，不同仅在于担风险还是找安全。

描绘生命的蓝图

⊙成功人士与平庸之辈的差别，就在于前者为生命计划，决定一生的方向。

⊙只有你知道需要什么，这样你才能直达目标。

生命比盖房更需要蓝图，然而很多人从来没有计划过生命，每天只是醉生梦死地度过。

成功人士和平庸之辈的差别，就在于前者为生命计划，决定一生的方向。我们可以为生命做出计划，如拟订 10 年、5 年、3 年的计划；或拟订最接近此刻的为期一年的计划；最后是短期的计划，如一月、一周、一天。

1. 订出一生大纲：你这一辈子要做什么？当然，有很多事只能订出个大概，但你可以好好选择自己所喜欢做的事。

你退休后要做什么？你的第二阶段要怎么过？也许你要终日徜徉于山水之间。如果现在你还不到 30 岁，以后也不想退休，那就不必为这些烦恼。

2. 20 年大计：有了大概的人生方向，就可以拟订细节。第一步是 20 年。订下这 20 年内你要成为什么样子，有哪些目标完成。然后想想从现在起，十年后你要成为什么样的人。

3. 10 年目标：20 年大计一定要 20 年才能完成吗？不一定。

4. 5 年计划：只需要一台计算机和几秒钟时间，你就知道五年内要赚多少钱。

5. 3 年计划：3 年是重要的一环，一生大计通常只是简单的

方向，而 3 年计划是最重要的决定点。

6. 下年计划：这是你每周至少要检视一次的预算表和工作计划。每年都要有计划，尽量简单扼要，以数字为主。像赚得的金额、认识的人数等。12 个月的计划不是论文，而是行动大纲。

7. 下月计划：认真地执行下个月的计划。以每月 15 号开始算起，是最适合的日子。

8. 下周计划：这对大多数人而言，这是时间计划的关键所在。

9. 明日计划：这是最具体的生命计划。

别被 20 年大计吓倒了，好好写下来，修改是难免的。订计划是件愉快的事，而非一项任务，如果你的计划是一串上升的数字，你很快会对它产生兴趣。

如果短期计划超过了 90 天，你会对它丧失兴趣，把它分散成单项，然后逐一在 90 天内完成。

只有你知道自己需要什么，这样你才能直达目标。

拥有自己的计划

⊙谁没有用以检查其行为标准的计划，那他的行为就会被眼前的影响所支配；他认为今天所寻求到的自信说不定明天就又会失去。

⊙有了计划，就意味着有了保障。

一位著名的外交官曾说过，“日常事情一件一件地向我们涌来。如果我们没有一个可以将之加以检查的计划，那么我们就会遇到许多困难。”

他所陈述的这种道理在外交、政治以及我们每个人的工作和生活中统统适用。应该按照自己的标准，去检查每天发生在我们身边的事情，谁若不懂得这一点，谁就将陷入不稳定的旋涡之中。他自己的个人意愿将难以实现，所定目标也将停滞不前。

所以，影响我们生活的有两件事情。其一就是日常之事，这是我们社会不断强加给我们的对立；其二就是拥有一份计划，我们按照这份计划来评判日常之事对我们自己是否有利，我们是否有能力处理好这些事情。

谁没有用以检查其行为标准的计划，那他的行为就会被眼前的影响所支配；他认为今天所寻求到的自信说不定明天就又会失去。

谁拥有一份长期计划，谁就会凭借它创造有利的前提，正确看待眼前的一切诱惑。

在此，还应进一步说明一下，拥有一份检视我们行为的计划到底有哪些好处：

拥有一份计划并贯彻它，意味着可以事先知道应该怎样度过这繁忙的一天。

拥有一份长期计划，就如同建立了一个安全网，当我们在日常生活中遇到困难时，它会及时地给予我们保障，就如空中飞人表演遇险而由安全网接住一样。

也意味着，可以及时界定我们的能力和可能性的范围，以期更接近我们所期望的目标。这样，我们就不会受外界影响和诱惑。

谁没计划，谁就会陷入危险之中。

在过去的几年里我遇到过一些人，他们给我留下的印象是：他们生活得比别人好，这时我总会向他们讨教几招。其中一个人给我举了一个印象颇深的例子。这个例子说明，计划如何帮助人们去克服生活中大大小小的问题。

我有一个朋友，他是在乡下一个贫苦的家庭中长大的，他父亲早逝。之后他上了大学，毕业后当了一名法官，再之后又

当了外交官和部长。

当我在他的办公室拜访他时，我问他："您曾经说过，您是个心满意足的人。您是怎样做到这一点的呢？"

他思考了一会，然后以他那独特的、从容不迫的方式回答道：

"严格地说，我几乎可以称得上是个心满意足、十分幸福的人。这当然有多方面的原因。但其中有两点是肯定的：人必须自信。同时也必须能够独立做事，而且不要过分依赖于外部事物。"

对某些人来说，读了这几句话后，会感觉它们只是空洞的说教或者只是抽象的愿望、幻想。但对以它为原则而生活的我的朋友来说，这是他获得几乎可以称得上是心满意足、十分幸福的生活的关键因素。从这个伟大的生活计划中，他推导出解决日常问题的许许多多小计划。

举一个他向我讲述过的例子，是关于他怎样控制体重的。当别人都在大量地吞服药片或偶尔接受减肥疗法并向别人推荐时，他却用自己的方式来解决问题：

"每周日洗完澡后，我就称体重。如果称的是 80 公斤，那么在接下来的一周内，我接着吃与上周同量的东西；如果称得的体重大于 80 公斤，那么一周内我只吃一半的东西。在这段时间内，我的体重又可以减到适合于我的体型的最理想的 80 公斤。"

您或许会问："这样一件无关紧要的小事和他幸福的计划有什么内在的联系？"

非常之简单：举一反三。他说："人必须自信并且不要过多地依赖于外部事物。"

他不问："谁帮我解决我的体重问题呢？哪些药片能帮我，哪些疗法能有效呢？"而是更多地去寻求一种不依赖于任何人的解决之道。

他控制自己每天吃多少东西，不受偶然因素或所提供的食物的影响，而是严格按照计划行事。他这样做使他充满自信。

这是考察内在联系的一个方面。

在前面，我列举了大量事例，阐述了如何制订一个最适合自己的计划，同时也阐述了坚定不移地贯彻计划的优点。但您要认识到，计划并不是一副灵丹妙药，光靠它还不能解决问题，它只是为解决问题而创造尽可能最好的前提条件。

有了计划，就意味着有了保障。由此而得出的最重要的结论是：

我不再相信，当自己碰到问题时，总能想出解决问题的办法或者总会有贵人相助；或者认为“还没这么糟糕！”或者“到目前为止，一切都挺好！”而是为解决问题做好充分准备。不靠碰运气，不只顾眼前，不依赖别人，而是自己为此担负起责任。

拥有一份计划就意味着：

今天就考虑好明天和后天会出现什么样的情况及应对策略。就像一个优秀的战略家，在真正采取行动之前，先练习沙盘作业，直至他认为已能圆满完成任务为止。或者像一名消防队员，平时坚持不懈地练习，以使自己在紧急情况下能应付自如。

一旦真的发生紧急情况，他早已做好了充分准备。他很清楚自己应做什么，并投入全部精力尽量做好，而不是惊慌失措，急于为自己的失败找替罪羊或为自己寻找托词。

这就是有计划的优点之一。另一个优点是，知道自己想做什么。在这种情况下，我可能这样做，而另一种情况下也许会采取完全相反的做法。不管怎样，我每次只做有利于更接近我所设定的目标的事情。

在这儿，我就不一一列举其他优点了，为的是您能自己勾画自己的生活，而不是让别人牵着鼻子走。

所有该说的，我想，我都已经说过了。

现在就看您的了。读到这儿，如果您只说一句：“是的，是的，这样活着，就不错了！”这是远远不够的。之后，您会很快

就翻过这一页，而不是尝试着去实际做点什么。您也许会说："听起来都很美，但是……"还会成百上千次地说"如果"和"但是"，您应该知道，说这些都没用，坐着说，不如起来行动。

如果您已确定了一个目标，制订了一份最适合您的计划并下定决心：从今天开始，没有任何事情可以阻止我去执行我的计划，那么您就已经向成功又迈进了一大步。

如果您制订了这项计划，您就将它写在一张纸上，放在书桌上。这样您就可以每天早上和晚上都能看到它了。早上您会说："我要这样去做。"晚上，您会问："我是这样做的吗？"

当然，您可在下周利用一周的时间，每天晚上都回顾一下自己的生活。之后，确定新的目标，并制定出实现目标的方案。

或者您现在就开始，寻找每次失败的原因。从自己的认识出发，制定出具体的方案，以使自己在以后的日子里不会重蹈覆辙。

对自己进行"盘点"

⊙这些问题的目的，在于使你发现哪些地方应进行改善，而不是要给什么奖赏。

⊙没有人是一夜之间就成功的。想要获得成功是需要花时间的。

对自己提出下列问题并诚实作答，切勿故意说假话来满足自己的虚荣心，因为这些问题的目的，在于使你发现哪些地方应进行改善，而不是要给什么奖赏。

1. 你确定了明确的目标了吗？制订执行计划了吗？每天花多少时间在执行计划上？主动执行或是想到了才执行？

2. 你的明确目标是一种强烈欲望吗？多久振奋一次这个欲望？

3. 为了达到明确目标你做了什么付出？正在付出吗？何时开始付出？

4. 你采取了什么步骤来组织智囊团？你多久和成员接触一次？你每个月、每周、每天和多少成员谈话？

5. 你有接受一些小挫折作为促使自己做更大努力之挑战的习惯吗？你从逆境中找出等值利益的种子的速度有多快？

6. 你是把时间花在执行计划上还是老想着你所碰到的阻碍？

7. 你经常为了将更多的时间用来执行计划而牺牲娱乐吗？或者经常为了娱乐而牺牲工作？

8. 你能把握每一分钟时间吗？

9. 你把你的生活看成是你过去运用时间的方式的结果吗？你满意你目前的生活吗？你希望以其他方式支配时间吗？你把逝去的每一秒钟都看成是生活更加进步的机会吗？

10. 你一直都有积极的心态吗？是大部分时候都保持积极的心态或有的时候积极？你现在的心态积极吗？你能使自己的心态立刻积极起来吗？积极之后呢？

11. 当你以行动具体表现了积极的心态时，经常会展现你的个人进取心吗？

12. 你相信你会因为幸运或意外收获而成功吗？什么时候会出现这幸运或意外收获呢？你相信你的成功是努力付出所换得的结果吗？你何时付出努力？

13. 你曾经受到他人进取心的激励吗？你经常受到他人的影响吗？你经常真正地以他作为榜样吗？

14. 你何时表现出多付出一点点的举动？每天都为付出或只有在他人注意时才会表现多付出？你在表现多付出一点点的举动时心态正确吗？

15. 你的个性吸引人吗？你会每天早晨照镜子，并且改善你的微笑和脸部表情吗？或者你只是单纯的洗脸刷牙而已？

16. 你如何应用你的信心？你何时奉行得自无穷智慧的激励

力量？你经常忽视这些力量吗？

17．你培养自己的自律能力吗？你的失控情绪经常使你失去做一些会令你很快就感到遗憾的事情吗？

18．你能控制恐惧感吗？你经常表现出恐惧吗？你何时以你的信心取代恐惧？

19．你经常以他人的意见作为事实吗？每当你听到他人的意见时你会抱着怀疑的态度吗？你经常以正确的思考来解决你所面对的问题吗？

20．你经常以表现合作的方式来争取他人的合作吗？你在家里？在办公室？在你的智囊团？

21．你给自己发挥想象力的机会吗？你何时运用创造力来解决问题？你有什么需要靠创造力才能解决的问题吗？

22．你会放松自己，运动并且注意你的健康吗？你计划明年才开始吗？为什么不现在开始？

这份检讨问题单的目的，在于促使你对自己做番思考。你对于各项事情的运用方式充分反映出你将成功原则化为你生活一部分的程度。如果你对上述问题的回答不能令你满意时，请不要气馁。曾经有好几百万人买过我的书，而且我也对成千上万人举行过演讲。虽然这些人当中有许多人都获得成功，但是没有人是一夜之间就成功的。想要获得成功是需要花时间的。

不断调整人生目标

⊙执着的追求是应该嘉许和称道的。但如明知道不行，却仍一条巷子走到黑，或明知客观条件造成的障碍无法逾越，还要硬钻牛角尖，这就不可取了。

⊙为目标下定义，不断修正，相信它会实现——成果就这样出现了。

执着的追求是应该嘉许和称道的。但如明知道不行，却仍一条巷子走到黑，或明知客观条件造成的障碍无法逾越，还要硬钻牛角尖，这就不可取了。

目标、志向的调整，实际上是一种动态调整，是随机转移的。若发现你原来确定的目标与自己的条件及外在因素不适合，那就得改弦易辙，另择他径。

这种动态调整有以下的基本形式：

一是主攻方向的调节。若原定目标与自己的性格、才能、兴趣明显相悖，这样，目标实现的概率趋向为零。这就需要适时对目标做横向调整，并及时捕捉新的信息，确定新的、更易成功的主攻目标。

扬长避短是确定目标、选择职业的重要方法。在科学、艺术史上，大量人才成败的经历证明，有的人在某一方面具有良好的天赋和能力，但他不可能有多方面的强项；有的人在研究、治学上是一把好手，而一到管理、经营的岗位，他就一筹莫展，能力平平，甚至很差。

二是在原定目标基础上的调节。这是主攻方向不变，只是变革层次的调整。若是原目标定得过高了，只有很小的实现可能，必须调低，再继续积累，增强攻关的后劲。若原目标已实现，则要马不停蹄地制定新的更高层次的目标。若原目标定得太低，轻易就已跃过，则要权衡自己的能力、水平，将目标向上升级。

实现目标自然需要长期的努力。在为人生目标奋斗时，不能幻想一劳永逸，而要务实笃行、稳扎稳打、奋力前行。同时，也要看到，每取得一点成功，都是向总目标靠近一步。取得了全局性的成功，也不是目标的终止，而恰恰是向更高一级目标攀登的开始。

三是在获得信息反馈之中调节。即在原定目标中受挫而幡然醒悟，调整通道，重新把目标定在自己拿手的领域。美国科

学家迈克尔逊，青年时曾入海军学校，但他学习成绩很差，特别是军事课，长期不及格。学校多次批评教育，仍然不起作用，最后学校不得不把他开除。但是，他对物理实验却非常感兴趣，被开除后，他投入对物理的学习和研究，很快显示出才华。他长期孜孜不倦，苦苦钻研，不断攀登了一个又一个高峰，终于做出被荣称为“迈克尔逊光学实验”的伟大创举，为相对论奠定了实验基础，成为美国第一个获得诺贝尔奖的人。

四是从预测未来中进行调节。社会的需要和个人的兴趣、才能、性格等都经常会发生变化。要善于打一个“提前量”，进行预测。如才能的发展与年龄大小关系极大。任何才能都有其萌发期、发展期和衰退期，这样顺势而为，做出设想、规划，显然对目标定向是大有益处的。

五是对具体阶段目标视情况进行调节。大的目标要终生矢志追求，而小的阶段目标则可以进行适当的调节。科研人员在研究方向的选择上，有时为了能快出成果，改变思路而取得成功的结果，在科学史上不乏先例。

那么目标在什么情况下需要适时调整呢？一般来说如下几种情况必须调整人生目标：

第一，环境发生重大变化的时候，任何人的人生目标都是特定时代特定环境的产物，而各种环境中主要是社会环境对人生目标具有决定作用。社会环境、自然环境的变化，会影响人生目标的变化，特别是重大的环境变化，常造成人生目标的重大改变。

所谓环境的重大变化时刻，是指两个方面发生的重大变化：一是国内外经济、政治、思想文化领域的大动荡；二是人们的家庭的经济、政治、亲属关系等发生重大变化。这两个方面发生的重大变化，对人生目标都将发生影响。我们的原则是，无论环境发生什么变化，具体的目标（某个阶段的目标或某个方面的目标）可以变通，随时做好调节，但总目标应该矢志不移。

第二，在人才竞争的胜败转折的时刻。奋斗中的成与败，常常形成人生道路的转折点，这已为无数事实所证明。

第三，人生总流程中，前后两个阶段相更替的时刻。这种时刻，称为人生转折时刻。这种转折，或发生在人的生理发生转折时（发育和疾病造成的），或发生在人的社会地位发生突变的时候，或发生在人的社会智能结构发生质变前后，总之，是人自身某种或某些条件发生重要变化的时刻。这个时刻，也是容易引起人生目标发生改变的时刻。我们应努力防止在人生转折时刻发生人生目标的不良转变，防止因社会地位升高或降低而腐化或丧志，因疾病而颓丧，或因智能提高而骄傲，应使人生目标始终保持正确的大方向，具体目标始终切实可行。

为目标下定义，不断修正，相信它会实现——成果就这样出现了。任何人都能完成他们所想的，你也一样。但第一步，你必须知道这伟大的成就是什么；下一步就是设计许多能令你保持高昂情绪的小目标，让它们逐步引导你迈向成功。

每天对工作选择实行，对优先顺序做了解，对你大有助益。确信自己的努力没有白费，而且要求事半功倍。谨慎而自觉地决定事情先后，一般人从不这样做。他们只是任性而为，随波逐流。他们是基于恐惧、气愤和报复，而非为了活得更好而努力。他们不求提高效率，而周旋于私人党派或政治成功的梦想，幻化为泡影。

了解自己的需要和如何得到自己所想的。明了这些事情的轻重缓急，你可以按部就班地计划自己的一天。

第六章　与金钱和睦相处

聪明地运用金钱才能使人感到快乐

⊙很少人能聪明地运用金钱，人们对金钱有许多自以为是的错误看法，其中有些甚至荒谬极了。

⊙钱能够对提高我们的生活品质起到多少作用，要看我们能多聪明地运用手上的钱，而不是看我们到底有多少钱。

虽然很少有人真正知道自己想从生活中获取什么，但大部分的人却坚定地宣称，有了很多钱就可以使他们得到想要的一切。他们不仅错失了生活的本质，也曲解了金钱本来的意义。钱常被误用、滥用，很少人能聪明地运用金钱，人们对金钱有许多自以为是的错误看法，其中有些甚至荒谬极了。

长久以来，人们一直受物质主义的主宰和操纵，不断地以追求财富、积累金钱作为奋斗的目标，认为拥有了巨大的财富就拥有了快乐。诚然，金钱对人们的生活的确有作用，但是并不像大多数人想的那么重要。

人们对金钱最为普遍的一种错误认识是，钱可以使他们快乐。实际上，金钱聚积过多，不仅不会带来快乐，反而成为仇恨、相争等烦恼的根源。

皮德鲁幸运地中了500万美元的彩券，当他发横财的时候其他人正在失业。在一般人的眼里，皮德鲁真是走了大运，有了这么多钱，他一定快乐得不得了。然而事实是，皮德鲁不仅没有得到快乐，反而陷入了不幸。自从皮德鲁中了彩券后，他就再也没见过自己的女儿，而且好多亲朋好友也都离他而去，原因是他没有把这一大笔天降横财分给他们。皮德鲁说："我现在要什么东西就可以买什么东西，但除此以外，我比其他任何人还要痛苦……我买不到感情和人心。有了这一大笔钱，我反而成了忌妒和仇恨的对象，人们不愿和我接近，我也时刻在担心有人接近我只是为了钱，我累极了……有朋友就是有朋友，没有就是没有，爱是买不到的，爱一定要建立。"

现实生活中，许多人通过努力工作、继承遗产、运气或是不合法的手段得到了大笔钱，然而，或者是因为不满足，或者是因钱而导致朋友的纷争、感情的背离，或是因为钱已够多而失去了目标，总之，他们都没有得到快乐。许多有钱人拥有一切物质上的享受，却过着自暴自弃的生活。

不管人们处于何种地位，钱都是生存的必需品，钱也是增进休闲方式、提高生活品质的一种途径。然而，不幸的是，人们都被贪婪蒙住了眼睛，把钱视为生活的目的，而不是改善生活的手段。把金钱本身当成了目的，人们就会陷入失望和不满，并且永远无法达到提升生活品质的目标。

对钱的另外一种误解是，人们把钱看作生活的保障和建立安全感的基础，就会制约我们去相信应该一心一意地积蓄物质财富，作为我们退休或遭到意外时的保障。如果你开始把钱看成完全的保障，你对钱就会有问题，就像不能买爱、朋友和家人，你也买不到真正的保障。

人所能拥有的真正的保障应该是内在的保障。这种内在的保障来源于天赋、创造力、才能、健康的体魄等内在因素，使你相信你能够运用自身的条件，去应付或克服作为一个独立的人所要面对的一切问题和情况。你如果一旦拥有了这种内在的实际的保障，你就不会有那么多的惶恐和害怕，也不会将时间和精力专注于给自己建立外在的财务上的保障。最好的财务保障就是内在的

创造能力，这种保障任何人都夺不去，你永远都能想办法谋生。你的本质建立于你本身是什么人，拥有怎样的精神状态，而不是你所拥有的外在的物质。你即使失去了所拥有的，你也还是自己生活的中心，这使你能保持健康明朗的生活过程。

将个人的安全感建立在金钱上，不外乎修建空中楼阁。那些努力于为自己建立保障的人是最没有保障的人。情感上缺乏保障的人积累大量的金钱来抵御人格上所受的打击，填补空洞脆弱的内心，宣泄不愉快的感觉。追求保障的人本质上极为缺乏安全感，因此试图通过外部的事物，比如金钱、配偶、房屋、车子和名声，来求得心理上的安稳和平衡，他们一旦失去了自己所拥有的金钱财富，就失去了自己，因为他们的安全感、对自己的认同感，完全是以金钱为根本。

以物质和金钱追求为基础保障有很多褊狭之处，就算你是超级富翁，也可能遇车祸身亡，有钱人的健康状况和没钱的人一样会逐渐衰败，战争爆发影响穷人，也影响富人。以钱为保障的人还时刻担心金融崩溃时他们会失去所有的钱财。他们不仅没得到什么确实的保障，反而还增加了许多让他们恐慌的事。

那么，钱和快乐到底有什么关系？我们承认钱是生存的一项重要因素，但这并不能告诉我们，要多少钱才能够快乐。为这个社会主流所认同的那些成功人士，总是时时刻刻在宣扬，百万富翁才是生活的胜利者，也就是说，我们其他人都是失败者。很多事实证明，大部分财力平平的人比我们在报纸上读到的百万富翁更有资格当胜利者。

钱是生活中的权宜办法，钱能够对提高我们的生活品质起到多少作用，要看我们能多聪明地运用手上的钱，而不是看我们到底有多少钱。

在我们的社会中，很多人都认为钱代表权力、地位和安全，但其实钱在本质上没有一点能使我们快乐。要看清钱的本质，请做如下练习：现在把你身上或放在附近的钱拿出来，摸一摸，感觉它的温度。注意，它是冷冰冰的，晚上不能使你温暖。你和你的钱说话，它不会有任何反应，它的面目永远是那么僵硬，一成不变。不管你有多么爱它，它也不会给你一点回报。

麦克·菲力普曾是一位银行副总裁，他认为大多人把自己的身份牢牢地和钱结合在一起，在他的书《金钱七定律》中，他讨论了几种有趣的金钱观：

1. 如果你做了事情，钱自然会到你的手中。

2. 金钱是个梦——像传说中的花衣服吹笛手一样吸引人。

3. 金钱是梦魇。

4. 你永远都不能把钱当作礼物送走。

5. 有的世界里没有钱这个东西。

当然钱的确有很多用途，没有人会否认钱在社会上和商场上所扮演的重要角色，但是人人都可以推翻错误的观点——认为钱越多就会越快乐。每个人所要做的就是留心。

我通过对以下问题的观察，提出了几点重要的意见：如果钱使人快乐，那么……

1. 为什么年薪 7 万元以上的人当中，对自己薪水不满意的比率，比那些年薪 7 万元以下的人高？

2. 阿尔伯伊斯基通过华尔街地下交易非法聚敛了 1000 万美元，为什么他累 97 人性的弱点积到 200 万元或者是 500 万元的时候还不愿停止这种非法行为，却继续累积，直到被捕？

3. 为什么我所认识的一家人（他们的财产总值列居北美家庭的前 100 名）告诉我，他们如果中了彩票赢了大奖会有多么快乐？

4. 为什么纽约的一群中了彩票的人要组成一个自助团体来处理中奖后的各种痛苦和忧郁的症状，他们在赢得大笔奖金之前从来没有经历过这种严重的痛苦和忧郁？

5. 为什么这么多高薪的棒球、足球、曲棍球球员有毒品和酒精的问题？

6. 医生是最有钱的行业之一，为什么他们的离婚、自杀和

酗酒比例高于其他行业？

7. 为什么穷人捐给慈善事业的钱比富人捐得多？

8. 为什么有这么多有钱人犯法？

9. 为什么这么多有钱人去看精神科医生和心理治疗师？

以上只是提醒我们钱并不能保证快乐。

当我们满足了基本的生活需要后，钱不会使我们快乐，也不会使我们不快乐。如果我们每年挣到25000美元就能够快乐，并且能够妥善地处理各种问题，当我们比现在更有钱时，还是会快乐，还是能妥善地处理问题。如果我们一年只挣25000美元就使自己不快乐、神经过敏，而且不能很好地处理问题，那么即使年薪100万美元也是如此，还是神经过敏、不快乐，也不能好好地处理问题，差别只在于，我们是在豪华的住宅、丰富的物质享受里神经过敏、不快乐。

提升财商

⊙财商可以通过后天的专门训练和学习得以改变，改变你的财商可以连动地改变你的财务状况。

⊙财商是一个人最需要的能力，也是最被人们忽略的能力。

许多终日为钱辛苦、为钱忙碌的上班族，都曾有过一些共同的体验，眼看着成功人士穿着名牌服装，住在豪华别墅，开着名贵轿车，羡慕不已。然而在羡慕之余，他们可能也曾经想过："是什么使得他们能够拥有财富，而我却没有？"

一次调查结果表明，有47%以上的受访者认为"炒股票或房地产"是贫富差距拉大的主因；其次是"个人工作能力与努力"（34%）；第三是"家庭原因"（19%）。根据调查结果可以发现，大部分的受访者认为，造成贫富差距越来越大的主因并非个人努力的成果，而是运气、机会等不公平游戏的结果。

的确，造成贫富差距扩大的直接原因是“股票与房地产”“个人工作能力与努力”“家庭原因”，但是这些都是表面现象。人们习惯将贫穷的原因归咎于外在的因素，如制度、运气、机会等，或者用负面的说辞，为自己无所作为作解脱。他们认为有钱人大多是因为投资房地产或股票而致富，而造成财富增加主要是因为“拥有适当的投资”。

那么我们更深入一步提问，为什么他们拥有资金来投资房地产和股票，他们又是如何操作使他们能够不断赚钱的呢？到底那些富人拥有什么特殊技能，是那些天天省吃俭用、日日勤奋工作的上班族所欠缺的呢？他们何以能在一生中累积如此巨大的财富呢？

所有这些问题都不是用家世、创业、职业、学历、智商与努力程度等因素能解释得了的。

专家们经过观察、归纳与研究，终于发现了一个被众人所忽略但却极为重要的原因，那就是是否具有较高的财商。

每个人都有一个成功的梦想，一个创富的梦想。在市场经济社会里，金钱从某种意义上讲是成功的一种体现，财富也自然成为衡量成功的一个标尺。

不同的人有不同的追逐财富的方式，那么如何衡量一个人的理财能力呢？以往人们更多的是根据财富的多少来评价一个人的能力，但往往只能看到结果，而不能预先做出相对准确的评估。

财商则提供了一个新的维度，来衡量一个人的理财能力和创造财富的智慧。那么，什么是财商呢？

财商是指一个人在财务方面的智力，是理财的智慧。财商可以通过后天的专门训练和学习得以改变，改变你的财商，可以连动地改变你的财务状况。财商是一个人最需要的能力，也是最被人们忽略的能力。可以想象，一个漠视财商的人，一定是现实感很差的人。

财商包括两方面的能力：一是正确认识金钱及金钱规律的

能力；二是正确使用金钱及金钱规律的能力。财商并不仅是人们现实的唯一能健康发展的智能，而且是人为观念和智能中的一种，当然也是非常重要的一种。财商常常被人们急需，也被忽略。财商不是孤立的，而是与人的其他智慧和能力密切相关的。事实上，财商与智商、情商一样，都是一种指导人们行为的无形力量。而财商也是可以通过学习来获得的。

金钱是一种思想，有关金钱的教育和智慧是开启财富大门的金钥匙。财富是一个观念，因为观念可以变成财富。

当我决定去做一项房地产投资时，我参加了一个385美金的课程，去学房地产，更新自己关于房地产投资的知识。我花16个月的时间去看所有能购买的房地产。我的朋友到海边去玩冲浪，或者是打高尔夫球，或者是喝酒，而我是去看房地产。6个月之后，我终于获得一个交易。我第一个房地产是花1.8万元买的，我只付了1/10的预付款，那也是我跟人家借来的，所以事实上我一分钱都没放进去，这个事情好得不得了，所以我又借了两次1.8万元的美金，这样，以后我就有了三个这样的投资了。有一年，我就把这三个投资每个都卖了4.8万美金，加起来赚了9万美金。用这些利润，我又买了许多其他的房地产。

这件事情对于我来说，并不是说挣了多少钱，而是说赚钱首先应当改变自己的观点，并通过实践和行动，学到更多的东西。

思维和观念对现实有支配作用，金钱是一种思想，如果你想要更多的钱，只需改变你的思想。善于利用金钱的力量，是聪明人的重要财富。

在数以万计的前来向我咨询的人中，非常多的人是花了一生的时间来寻找大生意，或者试图筹集一大笔钱来做大生意，但是这是愚不可及的一种想法。我见到过太多的不老练的投资者将自己大量的资本投入一项交易，然后很快损失掉其中的大部分，他们可能是好的职员却不是好的投资者。

在我看来，有关金钱的教育和智慧是非常重要的。早点动手，买一本好书，参加一些有用的研讨班，然后付诸实践、从小笔金额做起，逐渐做大。我将5000美元现金变成100万美元资产，并每月产生5000美元现金流量，花了不到6年时间，但是我依然像孩子一样学习。我鼓励你学习，因为这并不困难，事实上，只要你走上正轨，一切都会十分容易。

我们每个人都有两样伟大的东西：思想和时间。当钞票流入你的手中，只有你才有权决定你自己的前途。愚蠢地用掉它，你就选择了贫困；把钱用在负债项目上，你就会进入中产阶层；投资于你的头脑，学习如何获取资产，财富将成为你的目标和你的未来。选择是你做出的，每一天面对每一元钱，你都在做出自己成为什么样的人的抉择。

高薪不等于富裕，改变固有的思维方式才能让你真正获得财务自由。人类最大的资产其实就是自己的脑子，但你最大的负债也是你的脑子。事实上，重要的不是你做什么，而是你想的是什么。一个房子可能是一个资产，也可能是负债。比如一个人住在价值500万美金的房子里，但是这房子仍旧可能是一项负债，因为每个月要花费两万美元来维护、支持这套房子。你可以看到，每个月钱都从他的兜里跑掉了。其实，资产可以是任何东西，只要它能给你带来现金收入。

节俭意味着明智

⊙节俭意味着科学地管理自己和自己的时间与金钱，意味着最明智地利用我们一生所拥有的资源。

⊙节俭的习惯表明人的自我控制能力，同时也证明一个人不是其欲望和弱点的不可救药的牺牲品，他能够支配自己的金钱，主宰自己的命运。

节俭不仅适用于金钱问题，而且也适用于生活中的每一件事，从明智地使用一个人的时间、精力，到养成小心翼翼的生活习惯。节俭意味着科学地管理自己和自己的时间与金钱，意味着最明智地利用我们一生所拥有的资源。

罗斯贝利勋爵在论述节俭时认为，所有伟大的帝国必须遵循的原则就是节俭。

"就拿伟大的罗马帝国来说吧，它有许多方面在历史上都是最伟大的，曾经一度雄霸世界。它因节俭而建国，然而当它奢侈浪费时，就开始衰退并走向灭亡。又比如普鲁士，它开始时是位于北欧的一个小而窄的沙滩地带。正如有人所说的，从普鲁士的地形到它全副武装的居民，所有这一切都使普鲁士咄咄逼人。弗雷德里克大帝赋予普鲁士以节俭的品格，他甚至通过近乎吝啬的节俭手段敛聚了巨额的财富，建立了庞大的军队。节俭最终成为普鲁士建立伟大基业的有力武器，并且今天的日耳曼帝国也由此发轫。再比如法兰西，在我看来，法兰西实际上是最节俭的国家。我不知道法兰西人是不是总把钱存在银行，是不是也像其他某些国家一样去计算有多少存款。然而，在1870年这个灾难的年头以后，当法兰西顷刻间被外国军队击败，因几乎没有一个国家能够承受的赔款而遭受重创时，你知道什么事情发生了吗？法兰西的农民把他们多年的积蓄统统献给了国家，在短得令人难以置信的时间内付清了巨额赔款和战争费用。罗马和普鲁士以节俭建国，而法兰西以节俭救国。"

节俭不仅是财富的一块基石，也是许多优秀品质的根本。节俭可以提升个人的品性，厉行节俭对人的其他能力也有很好的帮助。节俭在许多方面都是卓越不凡的一个标志。节俭的习惯表明人的自我控制能力，同时也证明一个人不是其欲望和弱点的不可救药的牺牲品，他能够支配自己的金钱，主宰自己的命运。

我们知道一个节俭的人是不会懒散的，他有自己的一定之规。他精力充沛，勤奋刻苦，而且比起那些奢侈浪费的人更加诚实。

节俭是人生的导师。一个节俭的人勤于思考，也善于制订计划。他有自己的人生规划，也具有相当大的独立性。

如果你养成了节俭的美德，那么就意味着你证明了自己具有控制自己欲望的能力，意味着你已开始主宰你自己，意味着你正在培养一些最重要的个人品质，即自力更生、独立自主、谨慎小心、深谋远虑，以及聪明机智和独创能力。换言之，就表明了你有生活的目标，你是一个非同一般的人。

一个作家在谈到节俭时说："节俭不需要超常的勇气，也不需要超常的智力和任何超人的本领，它只需要常识和抵制自私享乐欲望的能力。实际上，节俭不过是日常工作活动中的常识。它不一定要有强烈的决心，而只要有一点点耐心和自我克制。养成节俭习惯的方法就是马上开始厉行节俭！自我克制者越节俭，节俭就变得越容易，他们为此所做的牺牲就越快得到回报。"

节俭的别名不叫吝啬

⊙仅有少数人懂得节俭的真正意义。真正的节俭并非吝啬，而是经常的、有效率的节省用度，并非一毛不拔，而是用度适当。

⊙所谓节俭，从宽泛的角度讲，包含了深谋远虑和权衡利弊的因素。

我们崇尚节俭，同样我们也反对不恰当的节俭。所罗门说过："普种广收""没有投资就没有回报""小处节省，大处浪费""省一分油钱，毁一艘轮船"。还有许多家喻户晓的谚语都反映了错误的节约不仅无益反而有害的常识。美国作家约瑟·比林斯说："有几种节俭是不合适的，比如忍着痛苦求节俭就是一个例子。"

我认识一个富人，他就成了一个节俭的奴隶。比如，他老是为了节省 10 个美分而牺牲大好光阴，他常把半页未曾写过字的信纸撕下来，并裁下信的背面，作为稿纸。他这种浪费宝贵的时间去节省细小东西的做法，确实是得不偿失。他甚至在经营商业的时候，也有此种过度节省的吝啬精神。他对雇员们说，包扎时不论如何都要节约一些绳索，并把这一条作为公司的规定。即使由于这一条规定而浪费的时间要远远超过一绳一索的价值，但那位富人仍然在所不惜。像这一类的节省，其实是极度愚蠢的做法。

仅有少数人懂得节俭的真正意义。真正的节俭并非吝啬，而是经济的、有效率的节省用度，并非一毛不拔，而是用度适当。

善于节俭的人与不善节俭的人，其实有很大的不同。那不善节俭的人常常为了节省一分钱的东西，却费去价值一角钱的光阴。我从来没有见过斤斤计较的人成就了大事业。吝啬的节俭确实是最不合算的。而企图做大事业的人，一定要有度，切不可斤斤计较于一分一厘。只有靠理智的头脑、合理的处事，才能成功。

所谓节俭，从宽泛的角度讲，包含了深谋远虑和权衡利弊的因素。最聪明的节省，有时却常需要过分的消费，比如做大生意使用交际费并不是一种浪费，乃是一种大度的用法，是一种恰当的投资。

慷慨大度经常有助于人的雄心的实现，能够使人们获得多方面的收获，帮助我们在社会的阶梯中上升，这远比把金钱存入银行更有价值。因此，欲成大业者，应该做到深谋远虑，切勿因吝啬而妨碍自己希望的实现，使很好的机会丧失。

节省的习惯，假如行之过度，反而得不到良好结果，非但不能成为进身之阶，反而常常成为绊脚的石头。商人吝啬得不肯多花资金来经营，农夫吝啬得不肯在地里多播种，是同样不正确的节省。俗话说："种得少，收成也少。"

有一个人为了建造新房子，就把旧房子拆掉了，但他把旧地基留下来，因为他认为这样可以节省几百块钱。新房子要比旧房子高好几层，仅仅几个星期的时间就完工了，但是房子由于地基不牢，看上去摇摇欲坠，人还没住进去，就已经倒塌了。这样的人不止他一个，到处都有为了节省地基费用而铸成大错的人。

过去有些年轻人吝啬个人的教育投资，认为花那么多钱就是为了找个好职业不值得，因为他认为即使读了许多书，自己也不会成为什么了不起的人。有些年轻人在校期间就只选容易的题目做，跳过难题，只要求自己达到一个基本的底线就行了，而且还经常因为自己逃学、考试作弊等洋洋得意。还有的年轻人买东西不想给钱，不愿意为了提高自己的素养而牺牲暂时的娱乐。他们对工作敷衍了事，由于无知和缺乏必要的能力准备，他们在职业竞争中总是处于劣势，事业上难有发展。许多失败的人就是由于基础打得不牢，致使后来所作的努力都化为了泡影。

在我们的社会中，居然还有那么多的父母为了增加家庭收入，剥夺了孩子上大学的权利，竟然让他们半路出去工作，妄图让他们抓住只有接受高等教育才有可能抓住的机会！

在我们的社会中，居然还有那么多人为了在交友上省钱而忽略了朋友，为了在社交上省钱而借口没时间拜访别人，也没时间接待客人！我们省去了假期，直到工作太累而被迫休长假，而当我们那组织严密却脆弱无比的身体筋疲力尽时，任何关键部位出毛病都是很危险的。许多人总是恐惧"可怕的未来"而不敢享受现在，他们克制自己的种种欲望，声称掏不起那个钱。他们放弃了真正的生活，他们在今天活着，却渴望在明天来真正地生活和享受。如果他们出去休几天假，或者旅行一次，就好像有莫大的损失一样。他们连花一分钱都感到害怕，但实际上那是他们必须支出的费用和最起码的生活底线。

有一个商人，他曾在一战前出国游览过很多名胜古迹，但是他太吝啬了，连去历史建筑物里面看一看的门票钱都舍不得花。例如，他去过很多名人故居所在的地方。在那些国家，那些名人故居被认为是但凡去过该国的人都要朝拜的圣地。但是他却从来没有进去过，因为他舍不得买门票。他说在建筑物外面看看就足够了。所以，此人虽然去过相当多的地方，但他却不能颇有见地地谈论他所到过的任何一个地方。

慷慨大方对于年龄不大的人来说可能是奢侈，但它有时却是一种最佳的节约。友好的帮助和激励，以及与有教养的人交际都是用钱买不来的。

一个人是否能拿得出15美元参加一次宴会，这本身并不是什么问题。他可能为此花掉了15美元，但他也许通过与成就卓著的客人结交，获得了相当于100美元的鼓舞和灵感。那样的场合常常对一个人的雄心壮志有巨大的刺激作用，因为他可以结交到各种博学多闻、经验丰富的人。在自己力所能及的情况下，对任何有助于增进知识、开阔视野的事情进行投资都是明智的消费。

当然，我不鼓励任何人都将其知识商业化，或者以见不得人的方式出售其脑力，但我确实想建议奋发向上的年轻人结交那些能鼓励和帮助他的人。与厉行节俭、精力充沛、事业有成的人建立亲密关系，对一个人的高远志向有着巨大的激励作用，我们由此可能做得更好，充分挖掘出自己的潜力。因此，与这样的人相识相知是年轻人最有利的投资。如果一个人要追求最大的成功、最完美的气质和最圆满的人生，那么他就会把这种消费当作一种最恰当的投资，他就不会为错误的节约观所困惑，也不会为错误的“奢侈观念”所束缚。

我认识一个年轻的商人，他总是在小的方面过度吝啬，结果竟然使他的生意失败。他的一套衣服和一条领带，非到破旧不堪才肯抛弃。他从没想到过，邀请一个有密切业务往来的客户吃一顿饭，在旅行时即便与熟悉客户偶然相遇，也从不替客户付一次旅费。于是，他落得个吝啬的名声，结果大家都不愿与他做交易。而他竟然还不知道，使他蒙受极大的损失的就是他那过度节省的习惯。

很多人为要节省些小钱，竟损坏了自己的健康。要想在职业上获得成功，必须防止不正确的节省。不论怎样贫穷，都不可在食物上节省，因为食物是健康的基础，也是成功的基础。

过度的、不当的节省，常常会消耗人的体力和精力。许多人身体患着疾病，但为了节省金钱竟不去求医，不但受着痛苦，并且由于身体病弱，在自己的职业上也做不出出色的业绩来。

凡是足以阻碍我们生命前进的，不论是疾病还是其他障碍物，我们应当不惜一切代价来设法诊治和补救，这是我们生命中最重要的事情。

应当将增进我们的体力和智力作为目标，凡可增加体力和智力的事情，不管耗费多少代价，都要去做。那些可以促进我们成功、有利于我们事业的，我们在金钱方面一定不可吝啬。

英国著名文学家罗斯金说："通常人们认为，节俭这两个字的含义应该是'省钱的方法'；其实不对，节俭应该解释为'用钱的方法'。也就是说，我们应该怎样去购置必要的家具；怎样把钱花在最恰当的用途上；怎样安排在衣、食、住、行，以及生育和娱乐等等方面的花费。总而言之，我们应该把钱用得最为恰当、最为有效，这才是真正的节俭。"

减少消费，你也做得到

⊙要想达到经济独立，首先你就得明确经济独立的定义。

⊙只要稍微谨慎一点用钱，大多数人都能减少可观的花费。

杰里·吉果斯在他所著的《钱爱》一书中提出的一种观点

就是，你可以把借来的钱当作自己的收入。如果你一时还无法接受这种观点，是因为你觉得用自己的钱才能心安理得，才能真正轻松自在，那么你必须达到经济独立。要达到真正的经济独立以享受自在的生活，其实并不像人们通常想象的那么难，这并不是以庞大的财力为基础。

要想过悠闲轻松的快乐生活，并不一定要住大厦、开名车、穿金戴银。重要的是，你拥有什么样的生活态度。如果有了健康正确的心态，你即使靠着借来的钱，也能舒舒服服、痛痛快快地享受人生。

要想达到经济独立，首先你就得明确经济独立的定义。你可以不用增加收入或财产就能达到经济独立，你所要做的只是改变自己的想法，重新想想什么是经济独立，什么不是经济独立。为了明确你对经济独立的认识，你可以看看下面的几项选择中哪一项是达到经济独立的重要因素。

1. 中了百万元的奖券？
2. 有一大笔公司退休金再加上政府的养老金？
3. 继承有钱亲戚的巨额遗产？
4. 和有钱人结婚？
5. 找财务顾问来协助做正确的投资？

我曾做过一项调查，发现将要退休的人最关心的事，以重要性依次排列是：财务保障、身体健康和可以共同分享退休生活的配偶或朋友。然而，有趣的是，这些人退休之后不久通常就改变了想法。健康成为他们最关注的头等大事，而经济状况则下降到了第三位：很明显，虽然他们所预期的收入还是不变，但他们对经济的看法却已经改变了。

调查结果显示，人们退休之后实际生活所需比他们原先想象的少得多，钱对高品质的生活没有那么大的影响和作用，同时，这个结果也证明了上述的几项因素没有一个是真正经济独立的必要条件。

多明奎兹，1940 年生于美国科罗拉多州一个富豪之家，从小过着优裕的生活。然而随着年龄的渐渐增长，他不愿再依赖家里。18 岁的时候，多明奎兹靠着一份极其微薄的薪水实现了经济独立。在其他人尤其他家里人的眼中，这样的收入比贫民还不如。但多明奎兹觉得，只要自己愿意，不管收入多少，都可以达到经济独立。不要以为百万富翁才具有经济独立的能力，一个月 500 美元或者低于 500 美元就可以达到经济独立。如何能够？他说："真正的经济独立无非是量入而出，如果你每个月只挣 500 美元，但能够把开支控制到 499 美元，你就是经济独立了。"多明奎兹多年来每个月就靠 500 美元生活，并拒绝家里人的援助。到 1969 年他 29 岁的时候，就经济独立地退休了。退休之前，他是华尔街的股票经纪人，看到许多人虽然社会地位颇高，收入丰厚，但却活得艰辛劳苦，一点也不快乐，这使他感到这种生活一点也没有意思。多明奎兹决定脱离这种工作环境，于是他设计了个人的财务计划，过一种简化的生活方式。他的生活舒适轻松，而且从来没有什么负担和压力，但一年却只需要 6000 美元，这是他把积蓄投资在国库债券的利息。由于多明奎兹的生活中没有过多的物质需求，他把从 1980 年以来主持公开研讨会"扭转你和钱的关系并达到真正经济独立"的额外收入，以及在《新生活杂志》上发表指导人们正确运用金钱的文章时获取的稿费，全数捐给了慈善机构。

我们其实不需要那么多物质和财富，对于金钱，只要使我们能吃饱肚子、有水喝、有衣服取暖再加一个可以遮风避雨的地方足矣。现代人大都过着奢侈的生活却不自觉。两套以上的替换衣服可以算是奢侈，拥有一幢房子也是奢侈，一台电视机是奢侈品，一辆车也是奢侈品。很多人会大声疾呼这些都是必需品，但它们并不是必需品，如果它们是，在还没有这些东西出现的古代，人们是不是无法生活了，至少也是无法快乐。显而易见，事实并不是这样。

当然，我并不是要每个人的思想都必须有 180 度的大转弯，只维持最起码的需求，更不是要人们都去当清教徒、苦行僧。我自己在过去几年来也时常收入低微，生活里还是保持着某些奢侈享受，而且不愿放弃。重点是在于，一般人至少可以减少一些花费。许多奢侈品其实没有任何意义，只能带给人们虚伪的自我膨胀。招摇阔绰地展示奢华和富有是一种浅薄的手段，想要借着炫人的财富——大过所需的房子、移动电话、豪华轿车以及最先进的音响——在别人面前，尤其是比较没有钱的人面前，证明自己高人一等。这种行为显示出缺乏自尊和内在本质。

人们那种追求金钱、炫耀金钱的虚荣心态实在该改一改了，疯狂地攫取金钱，买一些只能说是垃圾的东西，目的就是展现给别人看，以此来显示自己的价值，而实际上却失去了生命中更为宝贵的东西：本质、自尊以及真实的生活。

住在阿巴达锁镇阿巴达街的莫瑞德夫妇，有两个小女儿，他们是一个真正经济独立但并不富裕的家庭。他们靠着一份差不多只有一半的收入，就过着很好的生活。莫瑞德夫妇都是受过专业训练的学校老师，如果他们想，一年加起来可以挣 10 多万美元，可是只有丈夫布兰特在工作，而且是一份半职的工作，他们一家四口，一年只用不到 3 万美元就过得很舒服，因为他们学会了聪明地花钱，所以能够达到经济独立。莫瑞德一家过去 10 年来都过着简单的生活，他们说这种生活一点都不难过，他们觉得自己很好，因为他们对环保尽了一份力量。事实上，他们的哲学已经变成了“少就是多”。他们的收入虽然比一般人低，但却买到了一个珍贵的东西，很多收入比他们高上 10 倍的人却还买不起这个东西。这个珍贵的东西就是大量的休闲时间，他们可以用来做自己想做的事情。

只要稍微谨慎一点用钱，大多数人都能减少可观的花费，人们如果能充分运用创造力和机智，不花什么钱，都可以过上逍遥快活的生活。

第七章　学会“享受”工作

工作是生活的第一要义

⊙生活的准则可以用一个词表达：工作。工作是生活的第一要义；不工作，生命就会变得空虚，就会变得毫无意义，也不会有乐趣。

⊙无论世事如何变化，也要坚持这一信念。它就是，在充分考虑自己的能力和外部条件的前提下，进行各种尝试，找到最适合自己做的工作，然后集中精力、全力以赴地做下去。

在古希腊，有一个人看到蜜蜂从一朵花飞到另一朵花，四处采集花粉，辛苦异常，顿生怜悯之心。他把各种花堆积在家中，把蜜蜂的翅膀剪掉，放在花上。结果，蜜蜂酿不出一点蜂蜜。飞上很远的距离，从远处收集花粉，然后酿出甘甜的蜜，这是自然的法则。

生活是什么？菲利浦斯·布鲁克斯这样回答：“当一个人知道他要做什么，他就可以大声地说：‘这就是生活！’”这并不是说，一个人必须工作到筋疲力尽，在工作中尝尽了酸甜苦辣，才叹息道：“这只是为了生活。”

即使是最卑微的职业，人们也能从自己的工作中体验到快乐与满足。在每个人的心灵里，都会不时受到悲伤、悔恨、迷惑、自卑、绝望等不良情绪的侵扰，如果此时能集中精力于工作上，这些让自己无法正常生活的负面影响就会被抛在一边。

它们就像弹簧一样，当你用力挤压时，它们自然会弱下去。此时，人也真正成了坚强、自尊的人。在劳动中，幸福的荣光会从心底迸发，像火一样温暖着自己和周围的人。

“生活中有一条颠扑不破的真理，”英国哲学家约翰·密尔说，“不管是最伟大的道德家，还是最普通的老百姓，都要遵循这一准则，无论世事如何变化，也要坚持这一信念。它就是，在充分考虑自己的能力和外部条件的前提下，进行各种尝试，找到最适合自己做的工作，然后集中精力、全力以赴地做下去。”

“重要的是参与，而不是赢得赛后的奖励。”

古希腊取得奥林匹克比赛胜利的运动员，会得到一个象征着荣耀的花环。其价值不在于花环本身，而是一种象征，让人的精神得到极大的满足。工作对于我们的价值也是如此。不管工作多么体面，或从中得到多少报酬，与从工作中得到的快乐相比，简直是微不足道的。积极参与到比赛中能够与戴上胜利的桂冠一样伟大。

爱默生说：“只要你勤奋工作，就必有回报。”

“人们认为日常生活中应尽的职责是枯燥乏味的，”诗人朗费罗则说，“但是它们非常重要，就像时钟的发条一样，可以让钟摆匀速地摆动，让指针指示正确的时间。当发条失去动力时，钟摆就会停止，指针也不再前进，时钟静静地躺在那里，也不会有任何价值的。”

英国政治家布鲁厄姆勋爵说过，当他在晚上反思一天的工作时，如果一事无成，就觉得非常难受，是在虚度时光。他认为，认真履行职责、努力工作是一个人的护身法宝，不但可以保持健康的心灵，而且可以强身健体。

许多医师常常散播这样的观念——认为过度工作会伤害人的身体，而休息则有益人体的健康。但是，也有不少医师持不同的看法。英国伯明翰大学医学院的阿诺德教授便认为过多的休息其实对人体有害。他指出："至今尚没有什么证据可以证明工作会影响人体组织……辛劳的工作，只要不具有危险性，不影响睡眠或健康等……都不会伤害人体健康。相反地，却是对人大有帮助。"

是的，辛苦的工作不会是致命的，但是忧虑和高血压却会。跟传统看法相反，那些猝然倒地而亡、罹患各种溃疡症、行色匆匆、肩负重任的工商业主管，并不是因过度工作所致。他们每天的工作对精力的消耗并算不了什么。但是伴随着工作一起到来的紧张的气氛和压力、痛苦的失眠、畏惧竞争的失败、无休止的焦虑，却形成恶性循环，疯狂地吞噬着他的生命力。这样，他只好借助酒精、安眠药、苯丙胺和去高尔夫球场或手球场上疯狂地运动来逃避，但是身体和神经系统最后只能以死亡或精神崩溃来结束这种折磨。

现在，美国所有医院的病床有一半以上都被精神方面的病人所占据——远高于小儿麻痹症、癌症、心脏病和其他所有疾病病人相加的总和——这个可怕的事实表明，一定是哪儿出了问题，而出问题的原因绝不在于工作的辛苦与否。

美国是世界上生活水平最高的国家。科学上的进步使我们摆脱了我们的祖辈们视为生活中必要的一部分的辛苦工作，即使技术含量很低的职业，其工作环境也有了改善，工薪阶层的工作时间缩短，机器取代了过去由人力或畜力完成的工作。我们的休闲时间比以前更多了。所以，我们不能说是工作的辛苦导致我们身处痛苦的境地。

日常工作对一个人影响最大。可以使他肌肉发达，身体强壮，血液循环加快，思维敏捷，判断准确；也可以在工作中唤醒他那沉睡已久的创造力，激发他的雄心，把更多的聪明才智发挥到工作中去。正是工作，使他觉得自己是一个人，必须从事工作，承担责任，这才能显示出人的尊严与伟大。

你可以让儿子继承万贯家财，但是你真正给了他什么呢？

你不能把自己的意志、阅历、力量传给他；你不能把取得成就时的兴奋、成长的快乐和获取知识的骄傲感传给他；也不可能把经过苦心训练才得来的严谨作风、思维方法、诚实守信、决断能力、优雅风度等传给他。那些隐含在财富之中的技巧、洞察力和深思熟虑，他是感受不到的。那些优良品质对于你十分重要，但是对于你的继承人来说，没有一点用处。为了挣得巨额财富，保住自己高高在上的地位，你培养出了坚强的毅力和苦干的精神，这都是从实际生活中逐步锻炼和塑造出来的。对于你来说，财富就是阅历、快乐、成长、纪律和意志。而对于你的继承人来说，财富则意味着诱惑，可能会让他更焦虑、更卑微。财富可以帮助你取得更大的成功，但对于他来说，则是个大包袱；财富可以使你得到更大的力量，更积极进取，但却会使他松懈怠惰，好逸恶劳，萎靡不振，变得更加软弱、无知。总之，你把最宝贵的也是他最需要的上进心，从他那儿拿走了。而正是这种力量激励着人类取得了巨大的成绩，将来也还是如此。

迪恩·法拉说：“工作是人类与生俱来的权利，至今仍保存完好，它是最有效的心灵滋补剂，是医治精神疾病的良药。这从自然界就可以得到体现。一潭死水会逐渐变臭，奔流的小溪会更加清澈。如果没有狂风暴雨，没有飓风海啸，地球上全部是陆地，空气静止不动，这样的世界就毫无生趣。在气候宜人、四季温暖如春的地方，人们十分惬意地享受着生活，自然容易无精打采，甚至对生活产生厌倦。但是，如果他每天要为自己的生计奔波，与大自然作殊死的搏斗，他就会精神抖擞，经受各种锻炼，发展出最强的力量。”

“每天早晨起床后，”金斯利说，“不管你喜不喜欢，你都得有事做，强迫自己工作并尽最大努力做好，可以培养自控能力、勤奋、意志力等各种美德。在懒惰的人那里，是没有这些优点可言的。”

千百年来，除了勤奋工作，还有什么能够给我们带来繁荣充实呢？它为贫穷的人开创了新的生活，它使千百万人免于夭折，特别是拯救了那些精神上有问题、甚至企图自杀的人。

古希腊著名的医生加龙说：“劳动是天然的保健医生。”

美国小说家马修斯说：“勤奋工作是我们心灵的修复剂，可以让生理和心理得到补偿。可惜的是，人们常常只对受人关注的行业和要职感兴趣，而不再愿意经受艰辛劳作的磨炼。但是，它却是对付愤懑、忧郁症、情绪低落、懒散的最好武器。有谁见过一个精力旺盛、生活充实的人会苦恼不堪、可怜巴巴呢？英勇无敌、对胜利充满渴望的士兵是不会在乎一个小伤的。出色的演说家不会因为身有小恙就口齿木讷，词不达意的。这是为什么呢？当你的精神专注于一点，心中只有自己的事业时，其他不良情绪就不会侵入进来。而空虚的人，其心灵是空荡荡的，四门大开，不满、忧伤、厌倦等各种负面情绪，就会乘虚而入，侵占整个心灵，挥之不去。”

俾斯麦把勤奋工作看是一个人拥有真正生活的保护神。在他去世的前几年，当被问及用一句简单的话概括生活的准则时，他说：“这条准则可以用一个词表达：工作。工作是生活的第一要义。不工作，生命就会变得空虚，就会变得毫无意义，也不会有乐趣。没有人游手好闲却能感受到真正的快乐。对于刚刚跨入生活门槛的年轻人来说，我的建议只是三个词：工作，工作，工作！”

“劳动永远是光荣与神圣的。”卡莱尔说，“劳动是一切完美的源泉。没有艰辛的劳动，没有谁能有所成就，或者能成为一个伟人。懒散、无聊、无事可做，就像传染病一样，会迅速蔓延，使人类的灵魂失去依托。”

有的人声称现代工业文明的突飞猛进已扼杀了工作本身的创造性，无非就是机械化的动作，不断地重复一个动作而不必了解整个过程的工作有什么好得意的呢？他们说，当一个人痛苦不堪地在生产装配线上忙碌时，他足以自傲的成就感又从何而来呢?

以我自己的亲身经验，我可有几句话要说。好几年前，我在一家大公司担任打字员，主要的工作便是打字——一大堆的财务报告，日复一日，月复一月，好像永远也做不完。这项工作首要是正确性，其次是速度。由于这做起来并不容易，而且单调无聊，因此我并不喜欢这份工作。

但是，老实说，当我把这份工作做得近乎完美的时候，还是颇能引以为荣。因为这项工作虽然呆板，却需要精练的技术，因此在达到所要求的标准之后，实在有一种满足感。虽然在整个公司的运作过程中，我所担任的工作显然十分渺小，但它对我个性的成长却十分有益，使我在处理每件小事的时候，都能力求正确、完美。

契斯特顿有句十分动人的隽语：“要想不再当秘书的最好办法，便是尽量把现任的秘书职务做好。”

有许多家庭主妇把每天的家务事当成是不可忍受的苦差事，如洗碗碟等。但是，有一名妇女却将此看作有趣的遭遇。她的名字叫波西德·达尔。达尔女士是个职业作家，曾写过一本自传和许多其他著作，并且为杂志撰写文章。她曾失明多年，等到视力稍微恢复之后，根据她的说法，她把每日的家务杂事当成有趣的奇迹来看，并为此衷心感谢上苍。她说：“从我厨房的小窗户，我可以看见一小片蓝天，而透过洗碗槽上飞舞的肥皂泡沫，那五颜六色彩虹般的美丽景观，更使我百看不厌。经过多年不见天日的黑暗生活，能在做家务的时候再重新体会这世界美丽的色彩，真使我衷心感激不尽。”

不幸的是，我们大部分人虽然都拥有健康的眼睛，却对周遭的环境视而不见。我们不但没有达尔女士所具有的成熟想象力，也不能从日常工作中捕捉到对我们最有意义的价值。

住在德州的丽达·强森女士，以她亲身的经历向我们说明：

如何因勤奋工作而解除了精神上的危机。

1941 年，强森先生和太太带着两个小孩，搬到新墨西哥一处约有 360 英亩大的农庄里。根据强森太太记载："没想到，那个农庄其实是个大蛇坑，住了许多可怕的响尾蛇，我们实在吓坏了。"

"那时，我们的农舍还没有水电和瓦斯，但这些不便倒不令我担心，我日夜所忧虑的，是那些可怕的响尾蛇。万一有一天家人被蛇咬了，该怎么办呢？我夜里经常梦见孩子遭到不幸，白天也一直担心在田里工作的丈夫。只要有片刻不见家人的踪影，我就紧张不已。

"这种持续的恐惧，使我的精神近乎崩溃。若不是我开始勤奋工作，相信早就支撑不住了。我把玉米粒刮下来播种，直到双手起茧为止；我为小孩缝制衣服，把多出来的食物装罐收藏好——我不停地工作，直到疲累地倒在床上为止。如此我便没有精力担忧其他的事了。

"一年之后，我们搬离那个农庄，全家大小都安然无恙，没有人被蛇咬过。虽然自此以后我不再那么辛劳工作，但我一直为那段时间的境遇感谢上帝。那一年，辛劳的工作确实拯救了我的理智。"

正如强森太太的亲身经历一样，我们若能从困境中体会到辛勤工作所能产生的力量，往后若再遭遇危机，便有坚利的武器可以自我防卫了。工作通常可以支持我们渡过难关、危机、个人不幸、或失去所爱的人等。

爱德蒙·伯克说过："永远不要陷入绝望。但是当你产生绝望情绪时，就去工作。"爱德蒙·伯克的话可不是空谈——他是有过亲身经历的。他曾经痛失爱子，他经过悉心研究之后，开始痛苦地深信文明快要堕落了。工作对他而言，就像对其他很多人一样，成为这个疯狂的世界上唯一清醒的标志。因此他不断地工作，即使在他绝望之时。

是的，工作是生活第一要义。不管我们出于什么原因离开工作，都会受苦。

树立正确的工作态度

⊙一个人的态度直接决定了他的行为，决定了他对待工作是尽心尽力还是敷衍了事，是安于现状还是积极进取。

⊙态度就是你区别于其他人，使自己变得重要的一种能力。

每个人都有不同的职业轨迹，有的人成为公司里的核心员工，受到老板的器重；有的人一直碌碌无为，不被人所知晓；有些人牢骚满腹，总认为自己与众不同，而到头来仍一无是处……众所周知，除了少数天才，大多数人的禀赋相差无几。那么，是什么在造就我们、改变我们？是“态度”！态度是内心的一种潜在意志，是个人的能力、意愿、想法、价值观等在工作中所体现出来的外在表现。

要看一个人做事的好坏，只要看他工作时的精神和态度。某人做事的时候，感到受了束缚，感到所做的工作劳碌辛苦没有任何趣味可言，那么他决不会作出伟大的成就。

在企业之中，我们可以看到形形色色的人。每个人都持有自己的工作态度。有的勤勉进取；有的悠闲自在；有的得过且过。工作态度决定工作成绩。我们不能保证你具有了某种态度就一定能成功，但是成功的人们都有着一些相同的态度。

企业中普遍存在着三种人。

第一种人：得过且过。

玛丽的口头禅是：“那么拼命干什么？大家不是都拿着同样的薪水吗？”

玛丽从来都是按时上下班，按部就班，职责之外的事情一概不理，分外之事更不会主动去做。不求有功，但求无过。

一遇挫折，她最擅长的就是自我安慰："反正晋升是少数人的事，大多数人还不是像我一样原地踏步，这样有什么不好?"

第二种人：牢骚满腹。

史密斯永远悲观失望，他似乎总是在抱怨他人与环境，认为自己所有的不如意，都是由环境造成的。

他常常自我设限，使自己的无限潜能无法发挥。他其实也是一个有着优秀潜质的人，然而，却整天生活在负面情绪当中，完全享受不到工作的乐趣。

他总是牢骚满腹，这种消极情绪会不知不觉地传染给其他人。

第三种人：积极进取。

在企业里，人们经常可以看到桑迪忙碌的身影，他热情地和同事们打着招呼，精神抖擞，积极乐观，永争第一。

桑迪总是积极地寻求解决问题的办法，即使是在项目受到挫折的情况下也是如此。因此，他总能让希望之火重新点燃。

同事们都喜欢和他接触，他虽然整天忙忙碌碌，但却始终保持乐观的态度，时刻享受工作的乐趣。

一年后，玛丽仍然做着她的秘书工作，上司对她的评价始终不好不坏。一年一度的大学生应聘热潮又开始了，上司开始关注起相关的简历来，也许新鲜的血液很快就会补充进来，玛丽的处境似乎有些不妙。

人们已经很久没有见到史密斯，去年经济不景气，公司裁员，部门经理首先就想到了他。经济环境不好，公司更需要增加业绩、团结一致，史密斯却除了发牢骚，还是发牢骚。第一轮裁员刚刚开始，史密斯就接到了解聘信……

而桑迪还是那么积极进取，忙碌的身影依然随处可见，他已经从销售员的办公区搬走，这一年，他被提升为销售经理，新的挑战才刚刚开始。

在公司里，员工与员工之间在竞争智慧与能力的同时，也在竞争态度。一个人的态度直接决定了他的行为，决定了对待工作他是尽心尽力还是敷衍了事，是安于现状还是积极进取。态度越积极，决心越大，对工作投入的心血也越多，从工作中所获得的回报也就相应地更为理想。

玛丽、史密斯、桑迪三人，一个面临失业的危险，一个已经被解聘，一个得到晋升。这并不是说得到晋升的桑迪比史密斯、玛丽在智力上更突出，而是不同的工作态度导致的。尤其是在一些技术含量不高的职位上，大多数人都可以胜任，能为自己的工作表现增加砝码的也就只有态度了。这时，态度就是你区别于其他人，使自己变得重要的一种能力。

如果一个人轻视他自己的工作，而且做得很粗陋，那么他绝不会尊敬自己。如果一个人认为他的工作辛苦、烦闷，那么他的工作绝不会做好，这一工作也无法发挥他内在的特长。在社会上，有许多人不尊重自己的工作，不把自己的工作看成创造事业的要素，发展人格的工具，而视为衣食住行的供给者，认为工作是生活的代价、是不可避免的劳碌，这是多么错误的观念啊！

人往往就是在克服困难过程中，产生了勇气、坚毅和高尚的品格。常常抱怨工作的人，终其一生，决不会有真正的成功。抱怨和推诿，其实是懦弱的自白。

在任何情形之下，都不要允许你对自己的工作表示厌恶，厌恶自己的工作，这是最坏的事情。如果你为环境所迫，而做着一些乏味的工作，你也应当设法从这乏味的工作中找出乐趣来。要懂得，凡是应当做而又必须做的事情，总要找出事情的乐趣来，这是我们对于工作应抱的态度。有了这种态度，无论做什么工作，都能有很好的成效。

各行各业都有发展才能、提升地位的机会。在整个社会中，实在没有哪一个工作是可以藐视的。一个人的终身职业，就是他亲手制成的雕像，是美丽还是丑恶，可爱还是可憎，都是由他一手造成的。而人的一举一动，无论是写一封信，出售一件货物，或是一句谈话，一个思想，都在说明雕像的或美或丑，可爱或可憎。

不论做何事，务须竭尽全力，这种精神的有无可以决定一个人日后事业上的成功或失败。如果一个人领悟了通过全力工作来免除工作中的辛劳的秘诀，那么他也就掌握了达到成功的原理。倘若能处处以主动、努力的精神来工作，那么即便在最平庸的职业中，也能增加他的权威和财富。

当一个人喜爱他的工作时，你可以一眼看出来。他非常投入，他表现出来的自发性、创造性、专注和谨慎，十分明显。而这在那些视工作为应付差事、乏味无聊的人那里，是根本看不见的。

即使是补鞋这么个低微的工作，也有人把它当作艺术来做，全身心地投入进去。不管是一个补丁还是换一个鞋底，他们都会一针一线地精心缝补。这样的补鞋匠你会觉得他就像一个真正的艺术家。但是，另外一些人则截然相反。随便打一个补丁，根本不管它的外观，好像自己只是在谋生，根本没有热情来关心自己活儿的质量。前一种人热爱这项工作，不总想着会从修鞋中赚多少钱，而是希望自己手艺更精，成为当地最好的补鞋匠。

我知道 100 多年前有一位家住罗德岛的人，他殚精竭虑，砌了一堵石墙，就像一位大师要创作一幅杰作一样，其专注程度甚至有过之而无不及。他翻来覆去地审视着每一块石头，研究这块石头的特点，思考如何把它放在最佳的位置。砌好以后，站在附近，从不同的角度，细细打量，像一位伟大的雕刻家，欣赏着粗糙的大理石变成的精美塑像，其满足程度可想而知。他把自己的品格和热情都倾注到了每一块石头上。每年，到他的农庄参观的人络绎不绝，他也很乐意解说每一块石头的特点，以及自己是如何把它们的个性充分展现出来的。

你会问砌一堵石墙有什么意义呢？这堵围墙已经存在了一个多世纪，这就是最好的回答。

伟大的事业因工作的热忱而获得成功

⊙对工作热忱，是一切希望成功的人，必须具备的条件。

⊙对任何事都热忱的人，做任何事都会成功。

⊙有史以来，没有任何一件伟大的事业不是因为热忱而成功的。

已故的佛里德利·威尔森曾是纽约中央铁路公司的总裁，有一次他在广播访问中，被问到如何才能使事业成功，他回答：“我深切地认为，一个人的经验愈多，对事业就愈认真，这是一般人容易忽略的成功秘诀。成功者和失败者的聪明才智，相差并不大。如果两者实力半斤八两的话，对工作较富热忱的人，一定比较容易成功。一个不具实力而富热忱，和一个虽具实力但不热忱的人相比，前者的成功也多半会胜过后者。

“一个热忱的人，不论是在挖土，或者经营大公司，都会认为自己的工作是一项神圣的天职，并怀着深切的兴趣。对自己的工作热忱的人，不论工作有多么困难，或需要多么艰苦的训练，始终会用不急不躁的态度去进行。只要抱着这种态度，任何人都会成功，一定会达到目标。爱默生说过：‘有史以来，没有任何一件伟大的事业不是因为热忱而成功的。’事实上，这不是一段单纯而美丽的话语，而是迈向成功之路的指标。”

因此，对工作热忱，是一切希望成功的人——像创造杰作的艺术家、卖肥皂的人、图书馆的管理员，以及追求家庭幸福的人——必须具备的条件。

热忱这个字眼，源自希腊语，意思是“受了神的启示”。

对工作热忱的人，具有无限的力量。威廉·费尔波是耶鲁最著名而且最受欢迎的教授之一。他在那本极富启示性的《工作的兴奋》中如此写道：“对我来说，教书凌驾于一切技术或职业之上。如果有热忱这回事，这就是热忱了。我爱好教书，正如画家爱好绘画，歌手爱好歌唱，诗人爱好写诗一样。每天起床之前，我就兴奋地想着有关学生的事……人在一生中所以能够成功，最重要的因素就是对自己每天的工作抱着热忱的态度。”

任何一项事业的老板，都知道雇用热忱者的重要，也知道这种人难以物色。亨利·福特说过：“我喜欢具有热忱的人。他热忱，就会使顾客热忱起来，于是生意就做成了。”

“十分钱连锁商店”的创办人查尔斯·华尔渥兹也说过：“只有对工作毫无热忱的人才会到处碰壁。”查尔斯·史考伯则说：“对任何事都热忱的人，做任何事都会成功。”

如果没有热忱，那就几乎不可能保持你成为不可阻挡的人所需要的巨大能量和意志。实际上，没有了热忱，一个人就会将生活简化为仅仅是存在、平庸和漠不关心。

怎样选择全在于你自己。你可以选择保持你的生命力，方法是想好你的目标，并努力从事点燃你热忱的活动。或者你也可以选择像我们生活中大多数人一样，用忍受的心态在生活中艰难跋涉，错过了他们经历的大多数事情。这种人观察生活但却没有体会到生活的乐趣。如果生活是一部交响乐，那么，他们只是听到了其中的音符，却感受不到整个乐曲的内涵；如果生活像一块稀世宝石，那么，他们只是看到了它的颜色，却无法看到那复杂的构造；如果生活像一部小说，那么，他们只理解其中的情节，却忽略了微妙的形象和寓意。

怀有热忱的人们极少用“工作”这个词来说明他们从事的事业。这种人是在追求他们最喜欢做的事和对个人受益匪浅的事，每个人的时间都是有限的。我们生活的每时每刻，不论是在工作、玩耍，还是在抱怨、感谢时，我们都已花费了时间。

在我们的人生中，没有什么东西比剩余的时间更宝贵了。当我们在热忱鼓励下从事某项事业时，我们不仅仅是为了达到某个目标而努力，因为追求目标的过程和目标的实现同样使人受益。这样，当我们走到生命的尽头时，我们就能说一句“我热爱过我的生命”——这就是我们成功的最高概括。

热忱是一种意识状态，能够鼓舞及激励一个人对手中的工作采取行动。而且不仅如此，它还是有感染性的，不只对其他热心人士产生重大影响，所有和它有过接触的人也将受到影响。

当然，这是不能一概而论的。譬如，一个对音乐毫无才气的人，不论如何热忱和努力，都不可能变成一位音乐界的名人。话说回来，凡是具有必需的才气，有着可能实现的目标，并且具有极大热忱的人，做任何事都会有所收获，不论物质上或精神上都是一样。

即使需要高度技术的专业工作，也需要这种热忱。爱德华·亚皮尔顿是一位伟大的物理学家，曾协助发明了雷达和无线电报，也获得了诺贝尔奖。《时代》杂志引用他的一句具有启发性的话：“我认为，一个人若想在科学研究上有所成就的话，热忱的态度远比专业知识来得重要。”

这句话如果出自普通人之口，可能会被认为是外行话，但出自亚皮尔顿这种权威性的人物，意义就很深远了。如果在科学的研究上热忱都这么重要，那么对普通的职员来说，岂不是占着更重要的地位吗？

关于这点，我们可以引用著名的人寿保险推销员法兰克·派特的一些话加以说明。他那本《我如何在推销上获得成功》，在销路上，打破以往任何一本有关如何推销的书籍。

以下是派特在他的著作中所列出的一些经验之谈：

“当时是 1907 年，我刚转入职业棒球界不久，遭到有生以来最大的打击，因为我被开除了。我的动作不起劲，因此球队的经理有意要我离职。他对我说：‘你这样慢吞吞的，好像是在

球场混了 20 年。老实跟你说，法兰克，离开这里之后，无论你到哪里做任何事，若不提起精神来的话，你将永远不会有出路。'

"本来我的月薪是 175 美元，离职之后，我参加了亚特兰斯克球队，月薪减为 25 美元。薪水这么少，我做事当然没有热忱，但我决心努力试一试。待了大约 10 天之后，一位名叫丁尼·密亨的老队员把我介绍到新凡去。在新凡的第一天，我的一生有了一个重要的转变。

"因为在那个地方没有人知道我过去的情形，我就决心变成新英格兰最具热忱的球员。为了实现这点，当然必须采取行动才行。

"我一上场，就好像全身带电。我强力地投出高速度的球，使接球的人双手都麻木了。记得有一次，我以猛烈的气势冲入三垒，那位三垒手吓呆了，球漏接，我就盗垒成功了。当天气温高达华氏 100 度，我在球场奔来跑去，极可能中暑而倒下去。

"这种热忱所带来的结果，真令人吃惊，产生了下面的三个作用：(1) 我心中所有的恐惧都消失了，而发挥出意想不到的技能。(2) 由于我的热忱，其他的队员也跟着热忱起来。(3) 我没有中暑。我在比赛和比赛后，感到从没有如此健康过。

"第二天早晨，我读报的时候，兴奋得无以伦比。报上说：'那位新加进来的派特，无异是一个霹雳球，全队的人受到他的影响，都充满了活力。他那一队不但赢了，而且是本季最精彩的一场比赛。'

"由于我热忱的态度，我的月薪由 25 美元提高为 185 美元，多了 7 倍。

"在往后的两年里，我一直担任三垒手。薪水增加了 30 倍。为什么呢？就是因为热忱，没有别的原因。"

但后来，派特的手臂受了伤，不得不放弃打棒球。接着他到菲特列人寿保险公司当拉保险的人，整整一年多都没有什么成绩，因此他很苦闷。但后来他又变得热忱起来，就像当年打棒球那样。

目前，他是人寿保险界的大红人，不但有人请他撰稿，还有人请他演讲自己的经验。他说：“我从事推销，已经 30 年了。我见到许多人，由于对工作抱着热忱的态度，使他们的收入成倍地增加起来。我也见到另一些人，由于缺乏热忱而走投无路。我深信唯有热忱的态度，才是成功推销的最重要的因素。”

多年来，我的写作大都在晚上进行。有一天晚上，当我正专注地敲打打字机时，偶尔从书房窗户望出去——我的住处正好在纽约市大都会高塔广场的对面——看到了似乎是最怪异的月亮倒影，反射在大都会高塔上。那是一种银灰色的影子，是我从来没见过的。再仔细观察一遍，发现那是清晨太阳的倒影，而不是月亮的影子。原来已经天亮了。我工作了一整夜，但太专心于自己的工作，使得一夜仿佛只是一个小时，一眨眼就过去了。我又继续工作了一天一夜，除了其间停下来吃点清淡食物以外，未曾停下来休息。

如果不是对手中工作充满热忱，而使身体获得了充分的精力，我不可能连续工作一天两夜而丝毫不觉得疲倦。热忱并不是一个空洞的名词，它是一种重要的力量，你可以予以利用，使自己获益。没有了它，你就像一个已经没电的电池。

热忱是股伟大的力量，你可以利用它来补充你身体的精力，并发展成为一种坚强的个性（有些人很幸运地天生即拥有热忱，其他人却必须通过努力才能获得）。发展热忱的过程十分简单。首先，从事你最喜欢的工作，或提供你最喜欢的服务。如果你因情况特殊，目前无法从事你最喜欢的工作，那么，你也可以选择另一项十分有效的方法，那就是把将来从事你最喜欢的这项工作当作是你明确的目标。

缺乏资金以及其他许多种你无法当即予以克服的环境因素，可能迫使你从事你所不喜欢的工作，但没有人能够阻止你在脑海中决定你一生中明确的目标，也没有任何人能够阻止你将这个目标变成事实，更没有任何人能够阻止你把热忱注入到你的计划之中。

所以，任何人，只要具备这个“热忱”条件，都能获得成功，他的事业必会飞黄腾达。

乐队指挥鲍勃·克劳斯贝的儿子，曾被问到他父亲和他的叔叔平·克劳斯贝每天的生活情形。他回答：“他们永远都在愉快地工作。”

“那你长大之后的希望是什么呢？”好奇的人又问他。

“也是愉快地工作。”年轻的克劳斯贝毫不迟疑地回答。

别让激情之火熄灭

⊙如果你只把工作当作一件差事，或者只把目光停留在工作本身，那么即使是从事你最喜欢的工作，你依然无法持久地保持对工作的激情。但如果你把工作当作一项事业来看待，情况就会完全不同。

⊙保持长久激情的秘诀，就是给自己不断树立新的目标，挖掘新鲜感。

让我们先来看看美国前教育部部长、著名教育家威廉·贝内特的一段叙述：

一个明朗的下午，我走在第五大街上，忽然想起要买双短袜。于是，我走进了一家袜店，一个年纪不到 17 岁的少年店员向我迎来。

“您要什么，先生？”

“我想买双短袜。”

“您是否知道您来到的是世上最好的袜店？”他的眼睛闪着光芒，话语里含着激情，并迅速地从一个个货架上取出一只只盒子，把里面的袜子逐一展现在我的面前，让我赏鉴。

“等等，小伙子，我只买一双!”

“这我知道，”他说，“不过，我想让您看看这些袜子有多美，多漂亮，真是好看极了!”他脸上洋溢着庄严和神圣的喜悦，像是在向我启示他所信奉的宗教。

我对他的兴趣远远超过了对袜子的兴趣。我诧异地望着他。“我的朋友，”我说，“如果你能一直保持这种热情，如果这热情不只是因为你感到新奇，或因为得到了一个新的工作。如果你能天天如此，把这种激情保持下去，我敢保证不到10年，你会成为全美国的短袜大王。”

只是，很多时候我们会遇到这样的情形：在商店，顾客需要静候店员的招呼。当某位店员终于屈尊注意到你，他那种模样会使你感到是在打扰他。他不是沉浸在沉思中，恼恨别人打断他的思考，就是在同一个女店员嬉笑聊天，叫你感到不该打断如此亲昵的谈话，反而需要你向他道歉似的。无论对你，或是对他领了工资专门来出售的货物，他都毫无兴趣。

然而就是这个冷漠无情的店员，可能当初也是怀着希望和热情开始他的职业的。刚刚进入公司的员工，自觉工作经验缺乏，为了弥补不足，常常早来晚走，斗志昂扬，就算是忙得没时间吃午饭，也依然开心，因为工作有挑战性，感受当然是全新的。

这种在工作时激情四射的状态，几乎每个人在初入职场时都经历过。可是，这份激情来自对工作的新鲜感，以及对工作中不可预见问题的征服感，一旦新鲜感消失，工作驾轻就熟，激情也往往随之湮灭。一切开始平平淡淡，昔日充满创意的想法消失了，每天的工作只是应付完了即可。既厌倦又无奈，不知道自己的方向在哪里，也不清楚究竟怎样才能找回曾经让自己心跳的激情。他们在老板眼中也由前途无量的员工变成了比较称职的员工。

有时，压力也是人们失去工作激情的原因之一。职场人士承担着巨大的有形或者无形的压力，同事之间的竞争、工作方面的要求，以及一些日常生活的琐事，无时无刻不在禁锢着我们的心灵。于是在种种压力的禁锢之下，无精打采、垂头丧气和漠不关心扼杀了我们对事业的激情。从热爱工作到应付工作再到逃避工作，我们的职业生涯遭到了毁灭性的打击。

但是，如果你在周一早上和周五早上一样精神振奋；如果你和同事、朋友之间相处融洽；如果你对个人收入比较满意；如果你敬佩上司和理解公司的企业文化；如果你对公司的产品和服务引以为豪；如果你觉得工作比较稳定；只要对以上任何一个问题，你的回答中有一个“是”字，我就要告诉你：“你‘可以’恢复工作激情。”

美国著名激励大师博恩·崔西针对如何恢复工作激情，提过五点建议：

1. 对自己所做的事感兴趣。“告诉自己：对自己所从事的事喜欢的是什么，尽快越过你不喜欢的部分，转到你喜欢的部分。然后做得很兴奋，告诉旁人这件事，让他们了解为什么你会如此感兴趣。只要你做出对工作感兴趣的样子，你就会真的开始对它感兴趣。这样做的另一项好处是可以减少疲劳、压力与忧虑。”

千万不能失去热忱。我们每个人都应当有一些引以为荣的东西，对那些真正高贵的事物要保持一种景仰之情，对那些可以使我们的生活变得充实美丽的东西，永远不要失去热忱。

2. 把工作当作一项事业。如果你只把工作当作一件差事，或者只把目光停留在工作本身，那么即使是从事你最喜欢的工作，你仍然无法持久地保持对工作的激情。但如果你把工作当作一项事业来看待，情况就会完全不同了。

3. 树立新的目标。任何工作在本质上都是同样的，都存在着周而复始的重复。如果是因为这永无休止的重复，而对眼前的工作失去信心的话，那么我要告诉你的是，如果你的态度不转变，不主动给自己树立新目标，即使那是一份让你称心的工作，即使那是一个令所有人艳羡的工作环境，它一样会因为一成不变而变得枯燥乏味，你也不会从中获得快乐。

保持长久激情的秘诀，就是给自己不断树立新的目标，挖掘新鲜感。把曾经的梦想捡起来，找机会实现它，审视自己的工作，看看有哪些事情一直拖着没有处理，然后把它做完……在你解决了一个又一个的问题之后，自然就产生了一些小小的成就感，这种新鲜的感觉就是让激情每天都陪伴自己的最佳良药。

4. 学会释放压力。工作不是野餐会，一个人无论多么喜欢自己的工作，工作多多少少都会给他带来压力。面对压力，有些人一味忍受，有些人只顾宣泄，忍受会导致死气沉沉，宣泄则会带来无尽的唠叨。应该学会管理压力并科学地释放压力，减轻对工作的恐惧感，心情轻松才容易重燃激情。

5. 切勿自满。在工作中，最需要注意的是自满情绪。自满的人不会想方设法前进，对工作就会丧失激情。如果你满足于已经取得的工作成绩，忽略了开创未来的重要性，那么现在这个阶段的工作自然会丧失其吸引力。当你把过去的成绩当作激励自己更上一层楼的动力，试图超越以往的表现，激情就会重新燃烧起来。

工作给予你的报酬要比薪水更宝贵

⊙一个人如果总是为自己到底能拿多少薪水而大伤脑筋的话，他又怎么能看到薪水背后的成长机会呢？

⊙通过工作中的耳濡目染获得大量的知识和经验，这将是工作给予你的最有价值的报酬。

也许是亲眼目睹或者耳闻父辈、他人被老板无情解雇的事实，现在的年轻人往往将社会看得比上一代更冷酷、更严峻，因而也就更加现实。在他们看来，我为公司干活，公司付我一份报酬，等价交换，仅此而已。他们看不到薪水以外的价值，在校园中曾经编织的美丽梦想也逐渐破灭了。没有了信心，没有了热情，工作时总是采取一种应付的态度，宁愿少说一句话，少写一页报告，少走一段路，少干一个小时的活……他们只想对得起自己目前的薪水，从未想过是否对得起自己将来的薪水，甚至是将来的前途。

某公司有一位员工，在公司已经工作了 10 年，薪水却不见涨。有一天，他终于忍不住内心的不平，当面向雇主诉苦。雇主说："你虽然在公司待了 10 年，但你的工作经验却不到 1 年，能力也只是新手的水平。"

这名可怜的员工在他最宝贵的 10 年青春中，除了得到 10 年的新员工工资外，其他一无所获。

也许，这个雇主对这名员工的判断有失准确和公正，但我相信，在当今这个日益开放的年代，这名员工能够忍受 10 年的低薪和持续的内心郁闷而没有跳槽到其他公司，足以说明他的能力的确没有得到更多公司的认可，或者换句话说，他的现任雇主对他的评价基本上是客观的。

这就是只为薪水而工作的结果！

大多数人因为不满足于自己目前的薪水，而将比薪水更重要的东西也丢弃了，到头来连本应得到的薪水都没有得到。这就是只为薪水而工作的可悲之处。

如果要让我对于刚跨入社会的青年所遇到的切身问题发表意见，那么我希望每个青年都切切牢记："在你们开始工作的时候，不必太顾虑薪水的多少。而一定要注意工作本身所给予你们的报酬，比如发展你们的技能，增加你们的经验，使你们的人格为人所尊敬等等。"

雇主所交付给年轻人的工作可以发展我们的才能，所以，工作本身就是我们人格品性的有效训练工具，而企业就是我们生活中的学校。有益的工作能够使人丰富思想，增进智慧。

如果一个人只是为了薪水而工作，而没有更高尚的目的，那么这实在不是一种好的选择。在这个过程中，受害最深的倒不是别人，而是他自己。他就是在日常的工作中欺骗了自己，而这种因欺骗蒙受的损失，即便他日后奋起直追，振作努力，也不能赶上。

雇主只支付给你微薄的薪水，你固然可以敷衍塞责来加以报复。可是你应当明白，雇主支付给你工作的报酬固然是金钱，但你在工作中给予自己的报酬，乃是珍贵的经验、优良的训练、才能的表现和品格的建立，这些东西的价值与金钱相比，要高出千万倍。

许多年轻人认为他们目前所得的薪水太微薄了，所以竟然连比薪水更重要的东西也宁愿放弃了，他们故意躲避工作，在工作过程中敷衍了事，以报复他们的雇主。

这样，他们就埋没了自己的才能，消灭了自己的创造力和发明才能，也就使自己可能成为领袖的一切特性都无法获得发展。为了表示对微薄薪水的不满，固然可以敷衍了事地工作，但长期地这样做，无异于使自己的生命枯萎，使自己的希望断送，终其一生，只能做一个庸庸碌碌、心胸狭隘的懦夫。

每个人对于自己的职位都应该这样想：我投身于企业界是为了自己，我也是为了自己而工作。固然，薪水要尽力地多挣些，但那只是个小问题，最重要的是由此获得踏进社会的机会，也获得了在社会阶梯上不断晋升的机会。通过工作中的耳濡目染获得大量的知识和经验，使自己的能力得以提升，这将是工作给予你的最有价值的报酬。

能力比金钱重要万倍，因为它不会遗失也不会被偷。许多成功人士的一生跌宕起伏，有攀上顶峰的兴奋，也有坠落谷底的失意，但最终能重返事业的巅峰，俯瞰人生。原因何在？是因为有一种东西永远伴随着他们，那就是能力。他们所拥有的能力，无论是创造能力、决策能力还是敏锐的洞察力，绝非一开始就拥有，也不是一蹴而就，而是在长期工作中积累和学习得到的。

你的雇主可以控制你的工资，可是他却无法遮住你的眼睛，捂上你的耳朵，阻止你去思考、去学习。换句话说，他无法阻止你为将来所做的努力，也无法剥夺你因此而得到的回报。

许多员工总是在为自己的懒惰和无知寻找理由。有的说雇主对他们的能力和成果视而不见，有的会说雇主太吝啬，付出再多也得不到相应的回报……

一个人如果总是为自己到底能拿多少工资而大伤脑筋的话，他又怎么能看到工资背后的成长机会呢？他又怎么能理会到从工作中获得的技能和经验，对自己的未来将会产生多么大的影响呢？这样的人只会逐渐将自己困在装着薪水的信封里，永远也不会懂得自己真正需要什么。

总之，不论你的雇主有多吝啬、多苛刻，你都不能以此为由放弃努力。因为，我们不仅是为了目前的薪水而工作，我们还要为将来的薪水而工作，为自己的未来而工作。一句话，薪水是什么？薪水仅仅是我们工作回报的一部分。

世界上大多数人都在为薪水而工作，如果你能为自己的成长而工作，你就超越了芸芸众生，也就迈出了成功的第一步。

从前在宾夕法尼亚的一个山村里，住着一位卑微的马夫，后来这位马夫竟然成了美国最著名企业家之一，他靠着惊人的魄力和独到的思想撑起了事业的大厦，他一生的成就为世人所景仰。他就是查尔斯·齐瓦勃先生。

年轻的朋友们很关心齐瓦勃先生的成功，那么为什么他会获得成功呢？齐瓦勃先生的成功秘诀是：每谋得一个职位，他从不把薪水的多少视为重要的因素，他最关心的是新的位置和过去的职位相比较，是否前途和希望更为远大。

他最初在一家工厂里做工，当时他就自言自语地说："终有一天我要做到本厂的经理。我一定要努力做出成绩来给老板看，使老板主动来提拔我。我不会计较薪水的高低，我只要记住：要拼命工作，要使自己工作所产生的价值，远超过我所得的薪水。”他下定决心后，便以十分乐观的态度，心情愉快地努力工作。在当时，恐怕谁也不会想到齐瓦勃先生会有今日巨大的成就。

齐瓦勃的童年时代家境异常艰苦，家中一贫如洗，所以，他只受过很短时间的学校教育。齐瓦勃从15岁开始，就在宾夕法尼亚的一个山村里做马夫。两年之后，他又获得了另外一个工作机会，周薪为2.5美元。但他仍然无时无刻不在留心其他的工作机会，果然他又遇到一个新的机会，他应某位工程师之邀，去钢铁公司的一个建筑工场工作，工资由原来的周薪2.5美元变为日薪1美元。做了一段时间后，他就又升任技师，接着一步一步升到了总工程师的职位上。到了齐瓦勃25岁时，他晋升到房屋建筑公司的经理了。5年之后，齐瓦勃开始出任钢铁公司总经理。到39岁时，齐瓦勃接过了全美钢铁公司的权柄，出任总经理。如今，他已是贝兹里罕钢铁公司的总经理了。

齐瓦勃只要获得一个位置，就决心要做所有同事中最优秀的人。他绝不会像某些人那样脱离现实胡思乱想。有些人经常会不守公司的纪律，常常抱怨公司的待遇，甚至于宁愿在街头流浪，静待所谓的良机，也不愿刻苦努力。齐瓦勃深知，只要一个人有决心，肯努力，不畏难，必定可以成为成功者。在今天的年轻人看来，齐瓦勃先生一生的奋斗与成功故事，简直是，一个情节曲折的传奇，但更是一个对人教益最大的典范。从他一生的成功史中，我们可以看到努力劳动所具有的非凡价值。干任何事情，他都能做到非常乐观而愉快，同时在业务上求得尽善尽美、精益求精。所以，在他与同事们一起工作时，那些有难度、要求高的事情，都得请他来处理。齐瓦勃先生做事的态度是一步一个脚印，他从不妄想一步登天、一鸣惊人，所以，他地位的上升也是势所必至、天意使然。

第八章　写给将为或已为人妻的女子

前面总是有目标

⊙我厌弃成功。成功就是在世上完成一个人所做的事，正如雄蜘蛛一旦授精完毕，就被雌蜘蛛刺死。我喜欢不断地进步，目标永远在前面，而不是后面。

⊙一个目标达到之后，马上立下另一个目标，这是成功的人生模式。

尼克·亚历山大最渴望达到的目标是上大学。他在孤儿院长大——那是一种老式的孤儿院，孤儿们从早上五点工作到日落，伙食既差又不够。

尼克是一个聪明的小孩——太聪明了，因此 14 岁就从中学毕业。接着，他步入社会开始谋生。

他所能找到的工作，是在一家裁缝店里操作一架缝纫机。14 年来，他一直在那种环境下工作。接着，那家裁缝店加入了工会。工资提高了，工作时间缩短了。

尼克·亚历山大幸运地娶了一个女孩，她愿意帮助他实现上大学的梦想。但事情可不容易。在他们结婚之后没多久，也就是 1931 年，店里开始裁员，于是他们这对年轻的夫妇决定自己去闯天下。他们把存款聚集在一起，开了一家“亚历山大房地产公司”。尼克的太太特丽莎甚至把订婚戒指也卖掉了，以便增加他们那笔小小的资本。

在两年之内，生意兴隆，于是特丽莎坚持让尼克去上大学。他在 36 岁的时候，得到了学位——这是他的人生道路上所抵达的第一个里程碑。

尼克又回到房地产事业，成为他太太的生意伙伴。他们又有了一个新目标，海边的一幢房子。终于，他们也实现了那个梦想。

他们这对夫妇就这样坐下来轻松轻松吗？没有，他们有一个小孩要受教育。如果他们能把他们商业大楼的分期付款缴清，把大楼变成公寓出租，收入的租金就能付他们孩子的大学费用了。因为一心一意要达到这个目标，他们终于做到了。

亚历山大太太说他们目前正在为他们的退休保险金努力。现在尼克单独主持事业，特丽莎则照顾他们的家。

亚历山大夫妇过着一种忙碌、幸福、成功的生活，因为他们面前总是有一个目标，使他们的努力有一个方向。他们已发现萧伯纳这句话的真理：“我厌弃成功。成功就是在世上完成一个人所做的事，正如雄蜘蛛一旦授精完毕，就被雌蜘蛛刺死。我喜欢不断地进步，目标永远在前面，而不是在后面。”

许多人一辈子迷迷糊糊，因为他们没有真正的目标。他们只活在一度空间，过一天算一天。那些从人生中收获最多的人，都是警觉性高，积极等待着机会，机会一到马上就看出来的人。他们都有一个确定的目标。

在长期的计划上，最好是把每 5 年划分为一个阶段。你可以这么计划：“在 5 年之内，吉姆就可以拿到他的大学文凭，准备好升迁；在 10 年内，他就可以升为小主管了。”

安·海渥德引用一位顾客所说的话：“我希望我丈夫永远不会感到自我满足而停滞下来。我们结婚 5 年了，每一年都有一个目标。首先，是他的学位，接着是进修课程，然后是一年的自由撰稿工作，现在是他自己的事业。一等到他告诉我他的钱够了，教育够了，经验够了，我就知道蜜月已经结束了。”

一个目标达到之后，马上立下另一个目标，这是成功的人生模式。因此，我们要跟自己的丈夫合作，不断地追求新的目标。

你我来自不同的星球

⊙没有一对婚姻能够得到幸福，除非夫妇之间能够相互尊重对方的差异。

⊙如果希望两个人有相同的思想、相同的意见和相同的愿望，这是很可笑的想法。这种事情是不可能的，也是不受欢迎的。

葛丝莉告诉我说："以前我总认为当我老公没有回应我时，是个白痴；现在我知道他只是陷入自己的思考中，虽然他可能真的坐在椅子上看着杂志，至少那绝对比我质疑他为何不将垃圾拿出去倒掉来得有趣多了。几年前，倘若我央求他帮忙倒垃圾，便会被骂'滚开'，最后只好亲自出马处理，接着我会大声朗读一年中他一共有多少天没倒垃圾。如今我可以察觉到男女间不同的关注点，对他而言，或许垃圾尚未达到要倒的标准吧！

"我也知道男人对质问回应的反应十分直接，因为他们的属性是'目标取向'以及'直截了当'，女人则恰好相反。女人们喜欢探索、细查，以迂回转折的方法来达到同样的目标。"

我的一个朋友向我讲述了她和她丈夫的一些事情："上周查理问我正在办理离婚的友人艾伦近来可好，我以'不错'作为回应的开头，接着问查理是否曾后悔结婚；然后又问他是否觉得倘若我们没有结婚反而比较好；以及假使不要那么早结婚是否会对孩子产生不同的影响；最后，我问他如果我们彼此都没有结婚，是否会比较苗条。他难以置信地看着我，说：'你到底在讲些什么?'显然他无法理解，我告诉他早知道他会如此回

应，因为毕竟他根本不在意我的感受，我继续批评他可能从未关心过我。

“又有一次他目光呆滞地说：‘这究竟怎么了?’我加强语气问：‘如果你不关心我，那么你关心什么?’‘嗯，’他回答，‘我会留意家里杜鹃花要用什么肥料才好，以及和车厂约定更换机油的时间，还有公司内部库存货的清单。’‘我就知道你从未关心过我。’随后我哭了。鲍伯出乎意料地走到外面，我摆出要人领情的姿态问：‘你要去哪里?’‘到五金店去，’他说，‘去买肥料。’‘你竟敢这样！老是不承认自己的过错!’‘随你怎么说，亲爱的，’他回道，‘我几分钟后就回来。’

“我当时就打电话给好友蜜拉，她完全了解我的感受，支持我并向我保证这只是单纯的男性行为罢了。对我而言，其他男人的特征就比较明显，例如，我的继父只要出外旅行，就会安坐在车子里，从未要求停下来吃东西、喝水或上厕所，一切的目标就只是抵达目的地，我不认为如果麦当娜一丝不挂地站在路旁会影响他，他所在意的只有到达目的地。”

巴纳姆先生说：“婚姻中的许多冲突来自于女人不理解这样一个问题：为什么她丈夫的许多想法和情绪中有时会忽略了她的存在?但如果妻子们能够意识到这一点，宽容这一点，接受事实，就会避免发生许多不快。”

对于男人来说，尤其是对于一个好男人来说，爱是他生命中十分重要而美好的东西，也是不可或缺的东西，但绝不是他生命的全部。对于一个女人来说，如果爱——对她丈夫的爱——成了她所有的一切的话，也是一种不幸，她将失去自我——和这份爱再也不能有短暂的分离，爱时刻影响着她的想法和情感，左右着她的行动。

而男人则不是这样，他会一连几个小时一直专注于某件事情，而不受到他心爱的妻子的任何影响，就好像她根本不存在。当然，这并不是背叛，这是一种无意识的行为。然而，困惑于男人这种个性特征的女人就会感到很苦恼，认为这不可思议。妻子常常责备丈夫没有一个好的品性，丈夫有时候会静静地听着，有时候则可能是不屑于或疲于和妻子发生争吵，而妻子经常这样做就会使丈夫生厌。丈夫可能会时不时地保持沉默，或专注于自己的事务，但这并不意味着他对自己的妻子漠不关心，或者对她非常厌烦。他可能会感到一点点不快，但不会认为结婚对他来说是一个错误；他可能会吹毛求疵地感到烦躁不安，但不会迁怒于他的妻子。

我无意于免除男人应该关心他的女人的责任，也不想为男人经常忽略家庭生活的礼仪进行辩护，但出于为妻子的利益考虑，我只想使她们相信，这些事情常常只是一种表象，其实他们之间根本没有出现内在的分歧，因此，作为一个妻子如果为此感到忧伤是不明智的。

“没有一对婚姻能够得到幸福，”安德瑞·摩里斯在《婚姻的艺术》这本书里面说，“除非夫妇之间能够相互尊重对方的差异。更深一层说，如果希望两个人有相同的思想、相同的意见和相同的愿望，这是很可笑的想法。这种事情是不可能的，也是不受欢迎的。”

所以对妻子来说，让丈夫有个私人的天地去做他的工作，譬如集邮，或是其他任何喜爱的事情是明智的做法。在你看起来，他的嗜好也许傻里傻气，但是你千万不可嫉妒它，或是因为你不能领会这些事情的迷人之处你就厌恶它。你应该迁就他。

写威尔·罗杰斯传记的荷马·克洛伊，当他在写威尔的电影剧本的时候，经常住在加州杉塔·蒙尼卡罗杰斯的农场里。克洛伊先生告诉我，有一次当他住在农场的时候，威尔·罗杰斯突然想要一把大刀——一种外形丑陋、杀伤力很强的南美大刀。

罗杰斯太太不了解她的丈夫为什么要这件东西，她的第一个反应是劝他不要去买。如果他有了这么一把大刀，到底他想要拿来做什么呢？可能只是拿来看一两眼就把它搁到一边忘了吧。

想了一会儿以后，罗杰斯太太决定迁就威尔。她甚至还走了一段很远的路来到城里，亲自为他买回了这把大刀。这使得威尔高兴得就像是要过圣诞节的小孩子那样。

在威尔心爱的牧场里，有一带长满了多刺的矮树丛。他经常带着这把大刀，在这个矮树丛砍伐几个小时，清理出可供马匹和行人通过的小路。在那儿大砍特砍是完全而彻底地自我消遣。过了一段时间以后他回家了，全身流着大汗，而他的困难解决了，他的牧场也更漂亮了。

他时常说，那把大刀是他所曾经接到的最好的礼物之一。罗杰斯太太想起她那时的情况，总是感到非常高兴。

你能不能想出另一种活动，比威尔·罗杰斯拿着那把大刀在牧场工作，更加健康和更能发泄紧张？那就是一种嗜好所带给男人的好处了，让他能够神清气爽，冷静而热心地回到自己的工作上。

承认并接纳两人之间的差异性，不仅能使男人得到好处，通常妻子也可以因而获得助益。

妻子如果能够接纳丈夫与自己的差异，就不必担心他去追求别的女人了。只有那些在生活里感到厌倦的丈夫，才会掉进女狐狸精的陷阱里。

我认为时机已成熟，我们知道无法借由两性间的各说各话，来支配彼此的行为、改变彼此的个性，我们真的需要好好阅读、研究、教育自己，了解男女间的差异。然而我们必须同意，如果凡事皆要依照书上的指示去做，我们一天 24 小时将忙个不停，累死在这样的关系里。

作为一对伴侣，我们能够贡献的、最值得向往的是共同欢笑的能力。当我们与自己的丈夫年岁渐增后，我们学到了凡事放松，无忧无虑地、轻松愉快地笑自己、笑彼此；或者因为我们已经疲惫，也了解我们是真心地喜爱彼此，最后终于将性别差异抛到一旁。

做丈夫最忠实的听众

⊙一对敏感而善解人意的耳朵，比一对会说话的眼睛使一个女人更讨人喜欢。

⊙一个男人的妻子所能做的一件最重要的事情，就是让她的丈夫把他在办公室里无法发泄的苦恼都说给她听。

1950年12月，一个叫做比尔·琼斯的人，在芝加哥从五楼楼顶上跳下来。他跳楼的原因是忧虑和害怕。他那曾经很兴盛的事业遭到危机了，因为他扩展得太快——债权人正在催逼他，因为他的许多支票在银行里都无法兑现。最糟的是，他觉得他不能和他的太太一起承担这些灾祸。他的太太一直都以他的成功为荣，他没有勇气告诉她这些事，因为他害怕这些事会使她从幸福掉进羞耻和绝望的深渊中。

比尔·琼斯的困境使他走上了他自己仓库的屋顶。他迟疑了一下，然后跳进了空中。他跌下5层楼，穿过底楼窗上的遮阳篷而掉落在人行道上。从地心引力和常识来判断，他是死定了，但是，使人不敢相信的是，他受到的最大伤害只是摔破了大拇指的指甲。最可笑的是，他所穿破的遮阳篷是他唯一一件完全付清款项的东西。

比尔·琼斯意识清楚地醒过来，发觉自己还活着时感到很兴奋。和这个奇迹比起来，他从前的麻烦没有一件看来是重要的了。5分钟以前，他还觉得他的生命是一种毫无用处的污秽，现在他因为活着而感到激动。他赶忙回家把整个事情说给他太太听。他太太似乎慌乱了一会儿，但只是因为他从前没有把他的麻烦告诉他太太而已。她开始坐下来想办法为他解决困难。好几个月来，比尔·琼斯第一次放松心情做一些正确与有用的思考。

现在，比尔·琼斯在稳定的步骤下有了成功的事业，不再有他没法付的欠债了，更重要的是，他已经学会如何和他的太太一起分担困难，就像一起分享胜利那样。然而，比尔·琼斯也极可能只是因为不知道自己的太太也能和他一起渡过难关而丧失了自己的生命。

比尔·琼斯的故事告诉我们，如果丈夫不信任自己的太太，不能完全算是太太的错误。有些男人，譬如以前的比尔·琼斯，对于用事业上的忧虑来麻烦自己的太太有个错误的看法。他们想带给太太所有美好的东西，想成为把成功的事业和上等的毛皮大衣带回家的大男人，当事情不顺利的时候，他们想办法瞒住自己的太太，以免她们的小脑袋里装满害怕与不安。他们耻于承认自己是会被征服的。他们从没有想到，不管好坏也应该让他们的太太一同来解决这些难题。

可是，更常看到的是一些男人们很想把他们的困扰说给太太听，但是太太们却不想或是不知道如何去听。

1961年秋天，《福星》杂志刊出了一篇对公司员工的妻子所做的调查报告。他们引述一位心理学家的话："一个男人的妻子所能做的一件最重要的事情，就是让她的先生把他在办公室里无法发泄的苦恼都说给她听。"

能够尽到这个职责的妻子，被描述为"安定剂""共鸣板""哭墙"和"加油站"。

这个调查研究也指出，男人要的是主动、灵巧地倾听，他们通常不想听劝告。

任何一个自己曾经在外面工作过的女人都能理解，如果家里有个人可以谈谈这一天所发生的事情，不管是好的或坏的，都是很值得安慰的。在办公室里，常常没有机会对发生的事情发表意见。如果我们的事情特别顺利，我们也不能在那儿开怀高歌；而如果我们碰到了困难，我们的同事也不想听这些麻烦事——他们已经有太多自己的困扰了。结果，当我们回到家，我们觉得自己必须大声地发泄一番。

最常发生的事情是这样的，比尔回家，有点上气不接下气地说道："老天，梅白儿，这真是个伟大的日子！我被叫进董事会里，去告诉他们有关我所做的那份区域报告。他们要我把建议说出来，而且……"

"真的吗？"梅白儿说着，"那真好，一点也不用心的样子，亲爱的。吃点酱肉吧。我有没有告诉过你那个早上来修理火炉的人？他说有些地方需要换新了。你吃过饭后去看一下好不好？"

"当然好，蜜糖。噢，像我刚才说的，老索洛克蒙顿要我向董事会说明我的建议。起初我有一点紧张，但是我终于发觉我引起他们的注意了，甚至连毕林斯都很感动，他说……"

梅白儿说："我常认为他们并不够了解你、重视你。比尔，你必须和老幺谈一谈他的成绩单。这学期他的成绩太糟了，他的老师说如果他肯用功的话，一定可以念得更好。我已经没有办法劝他了。"

到了这个时候，比尔发觉他在这场争夺发言权的战争中已经失败了，于是他只好把他的得意和酱牛肉一起吞到肚子里，然后做完有关火炉和老幺成绩单的任务。

难道梅白儿自私得只希望她的问题有人听就好了吗？不是的，她和比尔同样都有找个听众的基本需要，但是她把时间搞错了。其实她只要全心全意地听完比尔在董事会里所出的风头，比尔就会在自己的情绪发散完了以后，很乐意地听她大谈家事了。

善于倾听的女人，不仅能够给自己的丈夫最大的安慰和宽心，也同时拥有了无法估量的社会资产。一个文静的女人对别人的谈话着了迷，她所发出的问题显示她已经把谈话中的每个字都消化掉了，这种女孩子最容易在社会上成功，不只是在她先生的男友群里成功，而且也在她自己女友群里成功。

以机智而闻名的杜狄·摩尼，把一个懂礼貌的男人描述成“当他自己最清楚了解的事情被一个完全不懂的门外汉说得天花乱坠时，他仍旧很有兴趣地听着。”大部分的女人也都适合于这个描述。

怎样才能成为一个真正的“好听众”？至少要具备下列三个条件，有三件事是好听众必须做到的。

1. 使用眼睛、脸孔、整个身体——而不是耳朵。

专心的意思是每一种功能的集中。如果我们真正热心地听别人说话，我们就会在他说话时看着他，我们会稍微向前倾着身子，我们脸部的表情会有反应。

玛乔丽·威尔森是魅力的权威，她说：“如果听众没有什么反应，很少人能够把话讲得好。所以当一句话打动你的心，你就应该动　下身体。当一个主意适时地感动你的时候，就像你心里的一根弦被震动了，你就该稍微改变一下坐姿。”

如果我们想要成为好听众，就必须做得好像我们很感兴趣——我们必须训练我们的身体机敏地表达。注意那只在老鼠洞外等待着老鼠的猫，如果你想要知道如何才能有表情地倾听的话。

2. 擅长诱导性问话。

什么是诱导性的问题？诱导性问题是，在发问中灵巧地暗示着发问人内心已有的一个特殊答案。直截了当的问题有时候显得粗鲁无礼，但是诱导性的问题可以刺激谈话，并且继续推动话题。

例如：“你如何处理劳工和主管的问题？”是个直截了当的问法。“史密斯先生，你难道不觉得，让劳工和主管在某些范围里获得相互的妥协是很有可能的吗？”则是诱导性的问法。

诱导性的问话，是任何一个想要成为好听众的人所必备的技巧。如果要聆听丈夫的谈话，而且不直接提出他不想要的劝告，则诱导性的问话就是一个不会失败的技巧。我们只要像这样发问："你认为，亲爱的，做更大的广告可能会增加你的销路，或者将是一种冒险吗?"提出问题并不是真的在给他劝告，但是这种问法常常会得到相同的结果。

当我们碰到陌生人时，正确的发问方法是克服羞怯，或打破要命的沉闷的最妙工具。当人们开始谈到自己的想法，而不谈天气、谈棒球，和谈某某人的疾病时，人们就会说得忘我了。一个想法可以引导出另一个想法。

3. 永远，永远不可泄露秘密。

有些男人从来不和他们的妻子讨论事业问题的一个原因是：这些男人无法相信他们的太太不会把这些事情泄露给她的朋友或美发师知道。他们讲给自己太太听的每一件事情，都从她们的耳朵进去而又从她们的嘴巴出来。"约翰希望在维吉先生退休以后，马上得到公司里的经理职位。"这是在桥牌桌上随便说出口的话，但是第二天就有人打电话给约翰对手的太太了。于是约翰就在完全不知道原因和真情之下，被暗中排掉了。

我访问过的一个总经理告诉我，他在家里谈论公司里的问题，竟也会流传得使他的职员丧失信心。"我很厌恶在超级市场或鸡尾酒会里大谈公司的业务。那些女人真是太多嘴了!"他轻蔑地说道。

甚至还有一些女人会利用丈夫的信任，在以后的争论中拿出来打垮他。"你自己亲口告诉过我，你只因为一纸契约，而买下那些过量而不必要的剩余物品。而现在你说我浪费太多钱去买衣服。难道只有我奢侈？哈!"

像这样的场面发生几次，这位女士就不会再受到她先生的骚扰了。她先生将会发现一个事实，自己只不过是给一些打倒自己的话柄而已。

成为一个好的听众的最佳条件是：妻子不必以为了解先生工作的细节，才能使他得到满足。如果她的先生是个绘图员，他就不会希望他太太了解如何画蓝图。

当他工作的时候，她对于发生在他身上的事情要有同情心，有兴趣，而且提高注意力。

真的，一对敏感而受过训练的耳朵，将会使女人更加可爱，使她有了一张比特洛伊城的海伦还要美丽的脸孔，而且也为她的丈夫带来更多好处。

再重申一下，以下就是可以帮助你成为好听众的三个条件：

1. 用脸部表情和身体姿势来表达注意力。
2. 学会问一些智慧的问题。
3. 永远不要泄露秘密。

成为丈夫身旁的“信徒”

⊙鼓励对于男人，就像燃料对于引擎那么重要，尤其是引擎发不动的时候。

⊙这种信徒不会让她们的丈夫承认失败。

回想 19 世纪末，密歇根底特律的电灯公司以月薪 11 美元雇用了一名年轻的技工。他每天工作十小时，回家以后，还常常花费半个晚上在屋后一间旧棚子里工作，想要设计出一种新的引擎。

他的父亲是个农夫，确信他的儿子正在浪费自己的时间。邻居们都说，这位年轻技工是个大笨牛。每个人都在取笑他，没有人认为他笨拙的修补能够造出什么东西来。

除了他的太太，没有人相信他了。当白天的工作做完以后，他的太太就在小棚子里帮助他研究。冬天，天色很早就暗了，他太太提着煤油灯，使他能够工作。他太太的牙齿在寒冷中颤抖着，手冻成了紫色。但是她相信他先生的引擎有一天会设计成功，所以她先生称呼她为“信徒”。

在旧砖棚里艰苦工作三年以后，这个异想天开的稀奇玩意终于设计成功了。1893 年，在这个年轻人 30 岁生日的前几天，他的邻居们都被一连串奇怪的声音吓了一大跳。他们跑到窗口，看到那个大怪人——亨利·福特——和他的太太，正乘坐着一辆没有马的马车，在路上摇晃着前进。那辆车子真的可以跑到转角那么远而又跑回来呢！

一个新工业在那天晚上诞生了——一个将会对这个国家有很深影响的工业。如果亨利·福特是这个新工业之父，当然福特夫人这位“信徒”，就有权利被称为新工业之母了。

50 年以后，福特先生，这位相信灵魂轮回再生的人，被问到他下一次出生时希望变成什么。“我不在乎，”福特先生说，“只要能够和我太太在一起。”他终生都称他的太太为“信徒”，而且希望永远和她在一起。

每一个男人都需要一个信徒，一个在环境恶劣的时候，护卫着他的女人。当什么事情都不对劲的时候、当处境危急的时候、当他失败的时候，男人需要一个建立起他的抵抗力和信心的太太，让他知道没有任何事情能够动摇她对他的信任。如果连他的妻子都不信任他，还有谁会信任他呢？

信任是一种主动的特质。它不会承认失败，它会继续恢复失去的信心。

西孟·洛克曼尼诺夫，这位伟大的俄籍音乐家，在 25 岁的时候就是个成功的作曲者。由于过分自负，他写了一首很不成功的交响曲。结果，他觉得十分泄气，度过了许多失望的日子。最后他的朋友带他去看尼可拉斯·达尔医师，一位心理专家。达尔医师一次又一次地反复告诉他这个想法：“你的身上潜藏着伟大的东西，等待着你向全世界宣示。”

这个想法渐渐在洛克曼尼诺夫心里生根，终于唤起他对自己的信心。在第二年还没有过完以前，他已经完成了那首伟大的 C 小调第二协奏曲，并且把这首曲子献给达尔医师。当这首曲子首次公演的时候，听众们都热烈得发狂。于是洛克曼尼诺

夫再次回到成功之路了。

是的，鼓励对于男人，就像燃料对于引擎那么重要。鼓励使得男人的引擎继续发动，使他们心理和精神的电池充电，将失败转为成功。

运气有时候会挫败我们每个人的锐气，严重的打击似乎还会使我们挺不起腰来。但是如果有我们所喜欢的人告诉我们："别放在心上，像这样的事情是打不倒你的，我知道你一定会赢！"那么事情就不一样了。

这就是有信心的妻子们对于她们的丈夫的一种信任。她们以一种特殊的视觉看到了别人看不出来的特质，她们用眼睛去看，也用内心的爱去看。

但是如果信心没有用言语表达出来，也就毫无作用了，妻子必须运用技巧来表达对丈夫的信心，以鼓励、赞美与爱的语言和行动去表达。

罗勃·杜培雷的经验也是个好例子。罗勃·杜培雷一直想要做个推销员。1947年他的机会来了，他开始招揽保险。但是不管他多么努力，事情都没有好转。他有点忧虑——对没有卖出的保险感到担忧。他紧张而痛苦，最后，他觉得必须辞职以免精神崩溃。我面前有一封杜培雷先生的信，他告诉我这个故事。

"我觉得我完全失败了，"罗勃·杜培雷写道，"但是桃乐丝，我的太太，坚持这只是个暂时的挫折。'下一次你将会成功，'她不断告诉我，'不要担心，罗勃。我知道你有办法成为一个成功的推销员。'"

罗勃在一家工厂里找到工作，桃乐丝也是。但是她不让罗勃忽略衣着和谈吐。"在接下去一年半之中，"罗勃说，"桃乐丝不断地赞美我的美好气质，并且指出我具有适于推销工作的天赋才华——一些甚至连我自己都不知道的才华。如果不是她持续不停的鼓励，我可能已经放弃再试一次看看的想法了。桃乐

丝不愿意我放弃。‘你具有这种能力，’她告诉我，一次又一次，‘只要你努力就能够办到！’

“我怎能违背她对我这么深切的信任？她成功地在我身上建立了她对我的信心。我离开工厂而回到推销工作上，这一次我信任自己了——因为我身旁有了个信徒。

“我仍然有一段长路要走。但是，谢谢桃乐丝，至少我已经上路了。她已经使我深信，只要我真想达到我就能够达成。”

如果我要雇用推销员，我会认为一个有像桃乐丝·杜培雷这种太太的男人，是最值得试试的。这种信徒不会让她们的丈夫承认失败。她们在一次失败以后，会适当地鼓舞她们的丈夫，清除掉他们的秽气，然后把他们送回到激烈的竞争中。

不要干预他的工作

⊙很多太太自以为是丈夫工作上的顾问，可是她们的计策往往是使丈夫失业，而不是升职。

⊙妻子的干预，即使有着最好的动机，也是一件危险的事。

在最近的一个晚宴里，我坐在全美最早设立的某家公司工业关系部经理的旁边。我请问他，太太们要怎么做才能帮助她们的丈夫成功。

“我相信，”这位经理说，“有两件最重要的事情，可以使妻子帮助丈夫事业的成功，第一件是，爱他；第二件是，让他独自去闯。一个可爱的妻子，将会带给她的丈夫愉快和舒服的家庭生活。而如果她聪明得能够让自己的丈夫不受干扰地处理业务，她的丈夫就一定能发挥出全部的能力而获得成功了，至少训练也会使他有所成就。”

他继续解释说，这个不干扰的政策，可以直接应用于妻子和丈夫的工作关系，以及妻子和丈夫业务伙伴的关系。

“妻子常常会严厉地干扰丈夫的工作，”他告诉我，“有些妻子喜欢劝告、干预和影响自己的丈夫，去反对和他一起工作的人，或是抱怨丈夫的薪水、工作时间和责任。把自己当作丈夫经营事业的非正式顾问，这种妻子常常扼杀了丈夫的成功，很少有其他的事情会具有如此的严重性。”

许多新娘子都做美梦，想要机灵地帮助自己的梦中王子爬上经理的宝座。她们计划出一些策略；她们提出了许多暗示和建议；她们试探、尝试，并且和丈夫的同事培养友谊。通常，她们的计策使得自己的丈夫丢掉工作，而不是升上一级。

我曾经遇到过这种事。有一次，我工作的小公司里聘请了一位经理。他很聪敏，看来很适合这个职位。令人迷惑的是，他接任新工作以后，他的妻子竟然一直干预着他。每天早上，她都和她的先生一起到办公室去，记下她先生的话，交到外头给打字小姐，而且还会变更她先生的整个工作系统。这不是我捏造的——这是真正发生过的事。

办公室的工作情绪被破坏了。有位女孩子辞职，其余的人也都在观望着时机的变化。在这位新经理到任的整整三个礼拜以后，他被叫到大办公室去，他们礼貌而肯定地告诉他，不能再留他了。他走了——带着他的太太一起走了。

太过分了对吗？也许是的，但是有许多人都因为更轻微的原因就被解雇了。妻子的干预，即使有着最好的动机，也都是一件危险的事——这比大多数人所知道的事实都更加严重。

最近有个朋友告诉我，他公司里一位最受器重的经理在服务多年以后被迫辞职了，因为他的妻子坚持要干预他的业务。她设计了许多秘密计划，用来对抗公司里的其他几位经理，因为她认为他们是她丈夫的敌手。她在这些经理的太太们之中制造一些麻烦事件。她开始有计划地散布谣言，攻击他们。她的丈夫没有办法控制她暗中的活动，只好做了他所能做的唯一一件事：他辞掉了他相当引以为荣的工作。

如果你是一个相信幕后操纵力的女孩子，我将告诉你操纵丈夫更简单的方法。下面列出了十种方法，你可以依照这些指示扯你丈夫的后腿，把他从阶梯上拉下来，使他爬不上去。如果依照以下的指示去做，你无法不使你的丈夫失业，而且也会使他变得精神崩溃。

1. 对他的女秘书恶言恶语，尤其是对那些年轻又漂亮的，随时利用机会提醒她，她只是佣人而已。虽然她并不把你的丈夫当成是值得追求的、镀金的天才，但是你也不能放过她。失掉一个好的女秘书，对一个有事业心的男人来说固然是个很大的打击，但是如果她辞职了，也不必担心，你的丈夫还可以用一架记录机。

2. 每天多打几次电话给你的丈夫。告诉他，你做家事所碰到的困难，问他中午和谁一起吃饭，不要忘了开给他一大堆东西的单子，要他在回家的路上买回来。发薪水那天，不要忘了到办公室去找他。他的同事将会马上发觉，谁在家里才是一家之主。而且他对于自己工作的注意力，就会像圣维达斯之舞里的那只蚱蜢那样低了。

3. 和其他的太太的制造一些摩擦。这种情况是不会终止的，因为那些太太们没有一个是好人。你可以散播一些有趣的闲言闲语，说说老板曾经怎样谈过她的丈夫，以及你的丈夫对她的丈夫看法如何。再过不久，整个办公室就会分裂成许多派系，而你的目的马上就会达到了。

4. 告诉他，他的工作太多，薪水太少，而且办公室里没有人看重他。不多久，他就会开始相信你的话，而他的工作将会变成你说的那样。然后他会去找适合他的工作。

5. 不断地告诉他，他应该如何改善工作，如何增加销售以及如何奉承自己的上司，摆出坐在摇椅上的总经理的态度。毕竟，他只是在办公室里办办公而已，你才是真正的战略家和策划人。

6. 举行豪华的舞会，花费大笔钞票，过着超过收入的生活，好像你的先生已经成功了那样。你将骗不了任何人，但是你却可以享受到许多乐趣，只要你继续这样做。

7. 组织好你自己家里的秘密警察计划，长期侦查你丈夫和他的女主顾、办公室助理以及同事太太们之间的问题。女士们为了工作必须留下来，而男士们为了避免和她们过多地来往，只能在男士的房间里工作，这种事在你看起来是毫无意义的，因为你早就知道那些女孩子，个个都是喜欢勾引男人的野女人。

8. 每当你有机会向丈夫的老板眉目传情的时候，你就尽量使出女性的魅力吧。如果在你的努力以后老板还没有开除你丈夫的意思，那么，老板的太太也会特地为你的先生找个新上司，让你再试试你的计策。

9. 在公司举办的宴会上，你不妨多喝一些酒，表现表现你是个多么风趣的人。说一些你丈夫在度假时如何玩闹，以及他穿着好像要跳波尔卡舞的睡裤上床的事。这些有趣的小事，将会带给宴会上的人群许多笑料。你将会变成宴会上最出风头的人物——拿你的丈夫来寻开心，你将有说不完的故事来揭露你丈夫的趣事。

10. 每当你的丈夫必须加班，或者是出差办公的时候，你就哭着向他抱怨和唠叨，让他知道你才是最重要的。你最值得照料而且应该受到照料，其他的任何代价都可以牺牲。

如果你想要使用一流的手腕来毁掉你丈夫升级的机会，你就依着上述的十条规则去做吧。结果是，他将失去他的工作，而你将失去你的丈夫。

第九章　营造幸福家庭

对婚姻的忠告

⊙要互相坦诚，保持平和的心态，在热恋的时候就应该把缺点和不足暴露给对方。

⊙从某种程度上讲，年轻人应该从实用的角度来看待婚姻。

西奥多·帕克先生结婚时，夫妇两人进行了结婚旅行。在新婚期间，帕克先生列出了一些有用的建议来解决婚姻中可能出现的问题和矛盾：

第一，除非有特殊的理由，决不要违背妻子的意愿；

第二，按照妻子的意愿，相互履行义务；

第三，从来不要责备妻子；

第四，从来不要轻视妻子；

第五，从来不因为妻子的要求而抱怨；

第六，鼓励妻子柔顺的品质；

第七，分担妻子的压力和负担；

第八，宽恕妻子的缺点；

第九，永远珍爱妻子，保护妻子；

第十，记住，永远为妻子祈福，这样上帝就会为我们赐福。

帕克为自己列出的这些建议就像犹太教的十诫一样，都可以理解为一个字——爱。爱在犹太人的教义里无处不在，而爱也贯穿于整个婚姻过程中。

萨克雷对他的儿子说："在所有的事情中，最为重要的就是找一个快乐的妻子，我亲爱的孩子。"

要想有一个幸福快乐的家，夫妻两个必须志趣相投，有共同的追求。如果丈夫是一个粗俗不堪的男人，而妻子是一个很有教养的女人，那么他们在一起就不会有多少欢乐可言。

"一个在男友追求她时就不断挑剔缺点的女孩，婚后会变本加厉地责怪他；而一个婚前就努力讨人欢喜的女孩，婚后会更加努力地做到这一点。"

约翰逊博士说："在男女恋爱期间，双方竭力掩盖自己的缺点，常常会成为他们相互了解的障碍，他们通过刻意的顺从和有意的伪装，掩饰他们本来的样子和真实的欲望。从他们开始恋爱起，他们就常常在对方面前戴着面具，但后来一旦有些东西被揭穿，每个人使都会觉得有理由怀疑对方是否发生了变化，如果发生一次严重的争吵或者冲突，就容易导致两人劳燕分飞，各奔东西。"

对未来的新郎和新娘，我想说："要互相坦诚，保持平和的心态，在热恋的时候就应该把缺点和不足暴露给对方。如果在婚前隐瞒的话，婚后一旦发现对方的性格或条件存在某些缺陷，就会对婚姻生活产生很大的负面影响。坦诚一些总比隐瞒要好得多，因为缺点和不足与优点一样，终归会在婚姻生活中显现出来。因此自然一些，一开始就表现出你的本色！"

从某种程度上讲，年轻人应该从实用的角度来看待婚姻。一个好的妻子是一大笔财富。她以一种优雅的方式使你拥有比以前多得多的东西。为了使你更加精力充沛、迅捷高效地工作，她会表现出你所需要的品格。譬如，她会在你发达的智力中注入一些情感因素，而这些情感因素是使智力更好地发挥作用所不可或缺的。为了获得真理，需要心和脑的协同联合。我们不能断言，男人是天生冷酷的无情无义之人；我们同样也不认为，可以把女人想象成没有任何头脑的感情用事者。心灵和大脑、情感与理智在各自发挥作用的方面同样的宝贵。

一个女人，只要不被想成为一个强人的那种雄心壮志所感染，她就能够成为由夫妻双方组成的婚姻股份公司中的一员，并通过其特有的在情感方面的投资为公司的资本积累作出贡献。一些女人可能会讨厌这种说法，但是我要警告年轻的男士们，不要把美好的婚姻方案寄托在那些可能讨厌婚姻本身的女人身上。如果你想要的是一个妻子，而不仅仅是一个家庭主妇的话，你必须睁大你的眼睛，仔细寻找那种温柔体贴、甜美可人的女性特质。正如冬日里壁炉的熊熊火焰可以为你驱走身上的寒气一样，这种女性特质也会在你精神上施加无穷无尽的有益影响——就像一股温暖宜人的清风抚慰着你的灵魂，驱逐你思想中的僵硬、情感中的冷酷，并使得你的生活井然有序、融洽和谐。

解读问题婚姻

⊙如果你的婚姻陷入危机的话，你是激动地放纵情绪，还是冷静下来找一找出现问题的原因呢？

1933 年 6 月，艾麦特·克鲁西发表了一篇叫做《为什么婚姻会出现问题》的文章。下面是从这篇文章里摘录的一些问题，它们都很具有回答的价值。如果你对每个问题的回答是肯定的话，你就能得到 10 分的满分。

针对丈夫的问题：

1. 你还在“追求”你的妻子吗？比如送花，给她过生日，过结婚纪念日，或者给她意外的惊喜和殷勤等。

2. 在别人面前，你会注意不批评她吗？

3. 你会给她随意用的零用钱吗？

4. 在她遇到女性特有的问题的时期时，你会拿出时间和精

力帮她度过吗？

5. 你的一半的娱乐时间，是和妻子一块儿过的吗？

6. 在赞扬她的长处之外，你会聪明地避免把你妻子的做饭本领及管理家庭的能力和你母亲或别人的妻子相比较吗？

7. 对你妻子的精神生活，如她参加的社团活动，她看的书，她对当地政府、政策的看法等等，你会有兴趣吗？

8. 当她和其他男人跳舞，或接受他们的照顾时，你能保证不说吃醋吗？

9. 你会经常在合适的时机，对她表示你的赞赏吗？

10. 当她为你做一些缝缝补补、洗洗涮涮之类的琐碎的事情时，你会对她表示感谢吗？

针对太太的问题：

1. 你会让丈夫在处理他自己的工作方面有完全的自由吗？比如尽量不去议论和他交往的人，还有他选的秘书，并给他一定的自由时间等。

2. 你是否使家庭更富有情趣？

3. 你是否在做饭时，经常注意调节搭配？

4. 你是否对你丈夫的事业有一定的了解，并且能和他做良性的探讨？

5. 你是否能勇敢地、愉快地面对家庭财政出现的危机，而且不会抓住他的错误不放，或用不满的态度把他和成功的人做比较？

6. 你是否尽力地和他的母亲或其他亲戚很好地相处？

7. 你在买衣服时，是否考虑他对颜色和样式的喜好？

8. 你是否会为了家庭和睦，而不那么固执己见？

9. 你是否培养对丈夫的爱好的兴趣，并且能和他一起玩得很高兴？

10. 你是否注意社会上新的信息。以便能和丈夫有趣地交流？

甜言蜜语永不嫌多

⊙已婚夫妇也需要交谈，虽然说情感的交流是多渠道的，但语言交流是到什么时候也淘汰不了的。

⊙对许多妇女来说恋爱与感受到爱远比性交更重要。

人们常说，情人的话是最不值钱的，又是最值钱的。不论是一见钟情的少男少女，还是同舟共济几十年的老夫老妻，绵绵情话总是说了又说，讲了又讲。每每听到爱人说“我爱你”，总是能激起万般柔情，千种蜜意。恋爱总离不开交谈，这似乎是经验之谈，对初次相见的男女来说尤其如此。

我认为已婚夫妇也需要交谈，虽然说情感的交流是多渠道的，但语言交流是到什么时候也淘汰不了的。

艾莉结婚刚进入第三个年头，就和丈夫分居了。她对律师说：“他一定是有问题。每天回家很少和我说话，吃完饭就一下躺到沙发上看电视，再也不想起来，一直到深夜。看完最后一个电视节目，就爬上床，也不问我是否劳累，是否有兴趣，就要求做爱，一句多情的话也没有，仿佛情话都在结婚以前说完了，实在让人难以忍受。”

艾莉需要的并非什么奢侈品，只是丈夫那柔情蜜意的私语。

亲密的私语是恋爱中的男女所不可缺少的。尤其是在进餐或是放松时的亲密交谈，可以称得上是爱情的一种“情感增效剂”。

美国加州医学院精神与心理临床研究专家巴巴克说：“对许多妇女来说，恋爱与感受到爱远比性交更重要。尤其对那些忙于家务、整天带孩子的妇女来说，更是如此。那种巧妙的、带刺激性的私语往往使她们获得真正的快慰。”

42 岁的卡克与达娜已结婚 8 年，他记得曾一度羞怯于向妻子倾吐自己满腔的爱。“有一天晚上，我深吸了一口气后，滔滔

不绝地向她倾诉了对她的柔情，对她的爱恋。我告诉她：对我而言，你是世界上最不平常的女子。我这番热情洋溢的话使她万分激动，连我自己也感动不已。现在，我一有机会便向她表露衷肠，而我每次都觉得感情比以前更为炽烈。”

可是，应该说什么呢？怎样说才能使说的人不至于做作，听的人不觉得肉麻呢？我建议：“当你感到一股穿堂风吹过或觉得闷热时，你会说些什么呢？你会脱口而出：‘真凉快！’或‘真热！’无须多想，也用不着长篇大论，爱的语言就是这样。如果你正和爱人待在一间屋里，你觉得能和她在一起真高兴，那你就对她说：‘和你在一起我真高兴。’”

大家所熟悉的大文豪马克·吐温常常把写有“我爱你”“我非常喜欢你”的小纸条压在花瓶下，给妻子一份意外的惊喜。这种习惯伴随他们的一生。可见，甜言蜜语绝非多此一举，而是恋人及夫妻们增进感情的一个良好途径。

将批评赶出家门

⊙许多罗曼蒂克的梦想破灭了！50%以上的婚姻不幸福。原因之一是：毫无用处却令人心碎的批评。

狄斯累利在公职生活中最难缠的对手，就是那伟大的格莱斯顿（英国政治家，1868—1894年间，四度担任首相）。这两位仁兄，对于在帝国之下的每一件可以争辩的事物，都相互冲突，但他们却有一个相同的地方：他们的私生活，都充满幸福和欢乐。

威廉和凯瑟琳·格莱斯顿在一起生活了59年，差一点就是60年了，他们一直彼此热爱。我喜欢想象着像这位英国最威严的首相格莱斯顿，轻握着他夫人的玉手，和她在火炉边的地毯上跳着舞，唱着这首歌：

夫衣褴褛，妻衣亦俗；人生浮沉，同甘与共。

在公开场合中，格莱斯顿是一位可畏的敌人，但在家中，则永远不批评。当他到楼下要吃早饭的时候，所能看到的，却是全家的人还在睡觉，他就以委婉的方式来表达他的不满。他提高了声音，唱着不知其名的圣歌，声音充满整个屋子，以告诉其他家里的人，全英国最忙的人已经独自一个人在楼下等着吃早饭了。他保持着外交家的风度，体谅人的心意，并强烈地控制自己，不对家事有所批评。

俄国女皇加德琳二世也常常这样。加德琳统治着庞大的帝国，对千百万臣民操有生杀大权。对于政治而言，她是一个残酷的暴君，发动毫无意义的战争，判许多的敌人死刑。但是如果她的厨子把肉烧焦了，她却什么话也不说，反而笑着吃掉。这种容忍的功夫，一般做丈夫的，都应该好好学习。

关于婚姻不幸福的原因，权威人士桃乐丝·狄克斯宣称说，50％以上的婚姻是不幸福的。许多罗曼蒂克梦想之所以破灭在雷诺（美国离婚城）的岩石上，原因之一是批评——毫无用处，却令人心碎的批评。

因此，如果你想维持家庭生活的幸福快乐，请记住："不要批评。"

如果你气得要去批评你的小孩……你以为我会对你说不要批评，但我不会那样说。我只是要对你说，在你批评他们之前，先看一看美国报纸上一篇典型的文章《不体贴的父亲》。

《不体贴的父亲》是一篇发自真诚，又能触动许多读者心弦的小文章，因此被人一再转载。自从15年以前第一次登出来以后，《不体贴的父亲》就一而再、再而三地被转载，原作者李文斯登·劳奈德写道："转载这篇文章的遍及全国好几百家杂志和有关家庭的刊物，以及报纸，在国外，以不同的文字转载出来的，也几乎同样的多。有好几千人希望把这篇文章在课堂里、教堂里，以及演讲台上宣读，我都同意了。电视和广播，也在不同的时间和节目中把它读出来。更奇妙的是，大学刊物也采用它，高中杂志也不例外。有时候，一篇小文章竟能神奇地感动人心。”

听着，我儿：

在你睡着的时候我要说一些话。你躺在床上，小手掌枕在你面颊之下，金黄色的卷发湿湿地粘在你微汗的前额。我刚刚悄悄地一个人走进你的房间，几分钟之前我在书房里看报纸的时候，一阵懊悔的浪潮淹没了我，使我喘不过气来。因此带着愧疚的心，我来到你的床边。

我想到了太多的事情，我的孩子，我对你太凶了。在你穿衣服上学的时候我责骂你，因为你只用毛巾在脸上抹了一下；你没有擦干净你的鞋，我又对你大发脾气；你把你的东西丢在地板上，我又对你大声怒吼。

在吃早饭的时候，我又找到了你的错处：你把东西泼在桌上、你吃东西狼吞虎咽、你把胳膊肘放在桌子上、你在面包上涂的牛油太厚。在你出去玩而我去赶火车的时候，你转过身来向我挥手，大声地说：“再见，爸爸。”而我则蹙起眉头对你说：“挺起胸来！”晚上，一切又重新开始。我在路上就看到你跪在地上玩弹珠。你的长袜子上破了好几个洞，我在你朋友面前押着你回家，使你受到羞辱。袜子要花钱买的——如果你自己花钱买你就会多注意一点了！啊，我的孩子，做父亲的居然说这种话！

你还记得吗？过了一会儿，我在书房里看报，你怯怯地走了进来，眼睛里带着委屈的样子。我对你的打扰顿感心烦，你在房门口犹豫着。“你要干什么？”我凶凶地问。你没有说话，但是突然跑过来，抱住我的脖子亲吻我，并且带着上帝为之感动，而我的忽视也不能使之萎缩的爱，用你的小手臂又紧抱了我一下。然后你走开了，脚步快速地轻踏楼梯上楼去了。

我的孩子，你离开了以后不久，报纸从我手中滑到了地板上，一阵使我难过的强烈的恐惧涌上了我的心头。习惯真是害我不浅，吹毛求疵和申斥的习惯——这是我对你作为一名小男孩的报偿。这不是我不爱你，而是对年轻人期望太高了。我以我自己年龄的尺度来衡量你。

而你的本性中却有着那么多的真、善、美。你小小的心犹如照亮群山的晨曦——你跑进来并亲吻我祝我晚安的自发性冲动显示了这一切。今天晚上其他的一切都显得不重要了，我儿，我在黑暗中来到你的床边，跪在这儿，心里充满着愧疚。

这只是个没有太大效用的赎罪。我知道如果在你醒着的时候告诉你这一切，你也不会明白。但是从明天起，我要做一名真正的父亲。我要做你的好朋友，你受苦难的时候我也受苦难，你欢笑的时候我也欢笑，我会把不耐烦的话忍住，我会像在一次典礼中一样不停地庄严地说："他只是一个男孩——一个小男孩！"我想我以前是把你当作一名大人来看，但是我儿，我现在看你，蜷缩着疲倦地睡在小床上，我看到你仍然是一名婴孩。你在你母亲怀里，头靠在肩膀上，还只是昨天的事。我以前要求得太多了，太多了。

我们不要责怪别人，我们要试着了解他们。我们要试着明白他们为什么会那样做，这比批评更有益处，也更有意义得多；而这也孕育了同情、容忍，以及仁慈。

正如詹森博士所说的："先生，不到世界末日上帝就不会审判世人。"

停止致命的唠叨

⊙许多做妻子的，不断地一点一点地挖掘，造成她们自己婚姻的坟墓。

⊙在所有一切烈火中，地狱魔鬼所发明的狞恶的毁灭爱情的计划，喋喋不休是最致命的，它像毒蛇的毒汁一样，永远侵蚀着人们的生命。

法国拿破仑三世，也就是拿破仑的侄子，曾爱上了全世界最美丽的女人特巴女伯爵玛利亚·尤琴，并且和她结婚。他的顾问指出，她的父亲只是西班牙一位地位并不显赫的伯爵，但拿破仑三世反驳说："那又怎样？"她高雅，妩媚，年轻，貌美，使他内心产生一种强烈的向往之情。在一篇皇家文告中，他激烈地表示他要不顾全国的意见："我已经选上了一位我所敬爱的女人，"他宣称说，"她是我心目中第一个漂亮的女人"！

拿破仑三世和他的新婚妻子，拥有财富，健康，权力，名声，美丽，爱情，尊敬——一切都符合一个十全十美的浪漫史，而他爱情的火炬从未像今天燃烧得这么旺盛、狂热。

但，这圣火很快就变得摇曳不定，热度也冷却了——只剩下了余烬。拿破仑三世可以使尤琴成为一位皇后，但，不论是他爱的力量也好，他帝王的权力也罢，都无法阻止这位法西兰女人的唠叨。

由于她中了嫉妒的蛊惑而变得疑心，竟然藐视他的命令，甚至不给他一点私人的时间。当他处理国家大事的时候，她竟然冲入他的办公室里；当他讨论最重要的事务时，她却干扰不休；她不让他单独一个人坐在办公室里，因为她总是担心他会跟其他的女人亲热。

她常常跑到她姐姐那里，数落她丈夫的不好，又说又哭，又唠叨，又威胁。她会不顾一切地冲进他的书房，不停地大声辱骂他。拿破仑三世虽然身为法国皇帝，拥有十几处华丽的皇宫，却找不到一个安静的地方。

尤琴这么做，能够得到些什么？

莱哈特的巨著《拿破仑三世与尤琴：一个帝国的悲喜剧》中这样写道："于是拿破仑三世常常在夜间，从一处小侧门溜出去，头上的软帽盖着眼睛，在他的一位亲信陪同之下，真的去找一位等待着他的美丽女人，再不然就出去看看巴黎这个古城，溜达溜达神仙故事中的皇帝所不常看到的街道，放松一下自己经常受压抑的心情。”

这就是尤琴唠叨所得到的后果。不错，她是坐在法国皇后的宝座上；不错，她是世界上最美丽的女人。但在唠叨的毒害之下，她的尊贵和美丽，并不能保持住她那甜蜜的爱情。最终，尤琴可以提高她的声音，“我所最惧怕的事情，哭叫着说：终于降临在我的身上”。降临在她的身上？其实是她自找的，这位可怜女人的不幸，都是由她的唠叨所导致的。

在地狱中，魔鬼为了破坏爱情而发明的一定会成功而恶毒的办法中，唠叨就是最厉害的了。它永远不会失败，就像眼镜蛇咬人一样，总具有强大的毒害性，常常使甜蜜的爱情破裂，更有甚者致人于死命。

托尔斯泰伯爵的夫人也发现了这点，可是太晚了。在她逝世之前，她向几个女儿们承认道：“是我害死了你们的父亲。”她的女儿们没有回答，但却抱头大哭。她们知道母亲的错误和过失。她们知道她是以不断的埋怨、永远没完没了的批评，和永远没完没了的唠叨，把他害死的。

但是从各方面来说，托尔斯泰伯爵和他的夫人都应该是幸福的一对才是。他是最著名的不朽小说家之一，他的两本巨作《战争与和平》和《安娜·卡列尼娜》，在世界文学史上具有辉煌的成就。

然而，托尔斯泰的一生又确确实实是一场悲剧，而之所以成为悲剧，原因在于他的婚姻。他的夫人喜爱华丽，但他却看不起；她热爱名声和社会的赞誉，但这虚浮的事情，他觉得没有分文价值；她渴望金钱财富，但他认为财富和私人财产是罪恶的事。

多年以来，由于他坚持把著作的版权分文不要地送给别人，她就一直唠叨着，责骂着和哭闹着，她要那些书本所赚到的钱。

当他不理会她的时候，她就歇斯底里地叫起来，在地上打滚，手上拿着一瓶鸦片，发誓要自杀，来威胁托尔斯泰。

他们一生中的一次相谈，我认为是历史上最令人怜悯的一个场面。当他们刚结婚的时候，他们非常的快乐，但过了 48 年以后，他对自己太太的行为却非常反感。有一天晚上，这位年华已逝而心已碎的妇人，由于渴望得到热情，走过来跪在他的面前，乞求他为她大声读出他在 50 年前为她所写的一段充满浓情蜜意的日记。当他读了那早已永远逝去的美丽的快乐时光后，两个人都流下了眼泪。现实的生活与他们早先拥有的罗曼蒂克之梦多么地不同！而且多么明显地不同！

最后，当托尔斯泰 82 岁时，他再也不愿见到自己唠唠叨叨的太太。于是在 1910 年 10 月一个下着大雪的夜里，逃离了他的夫人——逃进寒冷的黑暗里，不晓得到哪里去了。

11 天以后，他因肺炎死在一处火车站里。他临死的要求是，不让他的夫人到他的身边。

这就是托尔斯泰伯爵夫人唠叨、抱怨和歇斯底里所得到的结果。

或许你会觉得，她是有许多事情要唠叨的，而且是应该的。问题是她唠叨能得到些什么好处呢？唠叨是否能把事情办好呢？

“我真的认为我是神经病。”这就是托尔斯泰伯爵夫人对这段经历的看法——但是已经太晚了。

我认为，林肯一生的大悲剧，也是他的婚姻，而不是他的被刺杀。随着一声枪响过后，林肯便失去了知觉，永远不知道他被杀了，但是几乎 23 年来的每一天，他所得到的是什么呢？根据他律师事务所合伙人荷恩所描述的，是“婚姻不幸的苦果”。“婚姻不幸”？说得还真婉转呢！几乎有 1/4 世纪，林肯夫人唠叨着他，骚扰着他，使他心里不能有半点安静。

她老是抱怨这，抱怨那，对林肯大加指责，他的一切，从来就没有对的。他老伛偻着肩膀，走路的样子也很怪，他提起脚步，直上直下的，像一个印第安人；她抱怨他走路没有弹性，姿态不雅观。她模仿他走路的样子以取笑他，并唠叨着他，要他走路时脚尖先着地，就像她从勒星顿孟德尔夫人寄宿学校所学来的那样。

他的两只大耳朵，成直角地长在他头上的样子，她非常讨厌。她甚至还告诉他，说他鼻子不直，嘴唇太凸出，看起来像痨病鬼，手和脚太大，而头又太小。

亚伯拉罕·林肯和玛利·陶德，在各方面都是相反的，教育、背景、脾气、爱好，以及想法，都是相反的。他们之间根本没有共同语言。

“林肯夫人高而尖锐的声音，”参议员亚尔伯特·贝维瑞治写道，“在对街都可以听到，她盛怒时不停的责骂声，常常会使酣睡的邻居惊醒。她发泄怒气的方式，常常言语过激。她暴躁的行为真是太多了，真是说也说不完。”

贝丝·韩博格在纽约市家务关系法庭任职 11 年，曾经审判了好几千件被遗弃的案子，她说男人离开家庭主要原因之一是——因为太太唠叨不停。或者如《泰晤士邮报》所说的：“许多太太们不停地在慢慢挖，自掘婚姻的坟墓。”

让爱成熟

⊙我们大多数人往往对爱具有狭窄、单向的概念，而且完全从家庭或性关系的角度来理解它，同时将它和占有、自负、姑息、依赖等混杂在一起。

⊙成熟之爱的观念，是耶稣所说“爱邻如爱己”时心中所保持的那种观念。

爱是世界上谈论得最多，却也是最不易弄清楚的一个课题。它激发了艺术家的灵感，是婚姻和家庭的基础——失去或缺乏爱，会使人格破碎或阻碍人格的正常发展。

我们大多数人往往对爱具有狭窄、单向的概念，而且完全从家庭或性关系的角度来理解它，同时将它和占有、自负、姑

息、依赖等混淆在一起。

直到最近，爱才被认为是一个严肃的科学课题。许多心理学家、医生和科学家给予爱更多的思考和研究，将它视为人类的基本需要，以及还未加以探索的人类事务中一大影响和力量的源泉。基于这些发现，我们可能要将对于爱的一些传统观念加以修正和扩充。

爱和成熟有什么关系呢？罗洛·梅伊博士回答了这个问题。在他出版的《人的自我追寻》一书中写道：“能够付出和接受成熟的爱，是一个符合我们为完全人格所定的标准的人。”

梅伊博士同时断定大多数人都不知道如何付出和接受爱，一般人对爱的观念既矫情又幼稚。例如，一个将一生完全奉献给自己的丈夫和子女，以致与世界其他一切都完全隔绝的女人，她的占有欲就胜过于她的爱的。真正的爱不是局限，而是扩展。一个崇拜女人到无法找到任何可以与之相比的境地的男人，不该被看作“有爱心的”男性的模范——他是感情发展受到局限，仍然停留在婴儿时期依赖心态的一个案例。依恋和爱是两回事儿。

也许先弄清楚什么不是爱，再来肯定那种使得人格增强、成熟的爱会比较容易些。

首先，爱与我们经常在电影中看到的那种男女相会、玫瑰与香槟式的罗曼史，或小说家偏爱的那种性剥削的激情少有相关之处。爱不限于年轻美貌的人。

泌尿科专家和美国婚姻顾问协会主席亚伯拉罕·史东博士告诉我们，当我们说“我爱”时，其真正的意思大多是“我要”“我想要拥有”“我从……得到满足”“我利用”或甚至“我感到罪恶”。这是科学家称之为所谓的“假爱”。

许多父母用“爱”作为放纵子女的借口。实际上，他们是在以溺爱来推卸自己的责任，并不是在帮助子女成长。纽约杜布斯波克的儿童村，是一个致力于重新训练需要指导的问题儿童的机构。理事史泰龙说：“每一天我们都在解除将爱与姑息混淆的父母所造成的伤害。”

成熟之爱的观念是耶稣所说“爱邻如爱己”时心中所抱持的那种观念；是柏拉图在“对话录”中所分析的那种爱——从个人的关系开始，扩展到全人类和宇宙。爱的要素都是相同的，不管是夫妻之间的爱、父母与子女之间的爱或个人与全人类之间的爱。

人类之间的真爱不会阻碍人的成长，它肯定人的其他方面的人格，促进其成长发展。

我认识好多父母常常对女儿的婚姻而感到愤愤不已，只因为女儿企图嫁到某个遥远的地方。记得有一个母亲曾悲叹说：“为什么简就不能找一个本地男孩结婚？我们也好经常见到她了。我们为她奋斗了一辈子，而她却这么报答我们，嫁给一个把她带到千里之外的地方去的人！”

如果你说她这样做并不是爱自己的女儿时，她一定会很吃惊。她是将占有和满足自我跟爱弄混淆了。

爱的真谛不是紧紧守住自己所爱的人，而是放手任他走。成熟的人不会占有任何人的感情，他让所爱的人自由，就如同让自己自由一样。这就像其他的创造性力量一样，爱存在于自由之中。

作家普瑞西拉·罗伯逊在《竖琴家》杂志上为爱下过这样的定义：“爱，就是给你爱的人他所需要的东西，为了他而不是为了你自己。想想别人把你所需要的东西送给你时的感受。爱包含给予孩子他们所需要的独立，而不是那种所谓的‘家长主义’的剥削和专制。爱包含各种性关系，但不是对自负或青春的狂乱追求的那种性格的利用。我的定义还包括你给予那些曾经让你明白自己是哪种人、你会成为哪种人的少数几个人——老师和朋友。它也包含善良——对全人类的关怀，它不是给一个需要面包的人投以石头，也不是在他需要理解时给他面包。

“我们认识好多总是自作聪明的‘善心’人，他们把我们不

想要的硬塞给我们，而愚蠢地留住我们需要的东西。我认为这些人不应归入有爱心的人的行列，而且我想心理学家们也会得出他们无用的爱心不经意地制造了敌意的结论。”

没有什么比“爱是盲目的”这句老话更能误导一个人了。只有擦亮爱的眼睛，我们才能看清身边的人们。我们体内有一个随意或冷漠的自我，一个我们怕招致伤害或误解而宁愿隐藏起来的敏感、封闭的自我。我们采用各种姿态或伪装去保护它——沉默、害羞、进取、坚强等等，内心却又一直希望有人会帮助我们发掘内在的真正自我。爱可以透视人心，具有特殊的洞察力，它能为“她爱他什么”这个永恒的问题提供答案。

关怀我们所爱的人的成长和发展，肯定和鼓励他们个性化的存在，尊重他们的本来姿态，创造自由和温情的气氛，这些都是想要学会爱所应持的态度。爱为他人提供了可以在爱中成长的土壤、环境和营养。

嫉妒是一种经常与爱混为一谈的感情。事实上，它是我们对自己激发情爱的能力缺乏自信的结果，以及一种占有、俘虏他人的欲望。用付出来取代这种占有的欲望就可以克服嫉妒。在此举一个克服嫉妒学会爱人的女人的例子。她说：“我曾陷入到嫉妒中而无法自拔。我活在怕失去丈夫的恐惧之中。并不是他给了我嫉妒的任何理由，如果是这样，我反而会少受一点痛苦，因为这样一来，就可以避免那些恐惧和因神经质而自我想象出来的羞辱感。我偏执得像卡通电影里那可笑的妻子一样搜丈夫的口袋，查看汽车烟灰缸里的东西。我常常哭着入睡，白天却生出一些新的疑心。

“有一天，我照镜子。我看见一个不可爱的人——我自己，头发散乱、没有化妆、面容憔悴——而我穿的衣服看起来就像套在扫帚柄上的一个大袋子一样！‘海伦，’我对自己说，‘你怕失去丈夫。如果你真的失去了他，你能怪他吗？你想怎么办？’我决心实行一个计划，我开始减少擦地板和家具的时间而多留心自己的仪表；我每天下午都休息，增加了一些非常需要的体重。而且找到一份卖化妆品的工作，学习使用它。当我开始显得比较好看，感觉上也比较舒服时，我发现自己的态度慢慢地改变了。丈夫也感觉到我的变化，他的反应扫除了我心中的疑云。我利用原来浪费在嫉妒上的精力，使自己成为我丈夫理想中的妻子。”

这个女人一旦了解到爱不是命令而是肯定时，她便获得了爱的能力。

当我们发现占有、嫉妒和支配这些异质的因子进入我们的心中时，对他人真实的爱便逐渐消失。如果让野草肆意蔓生而不加以清除的话，世界上最美的花园也会荒芜。

家庭关系的悲剧之一，是因为我们经常不知不觉地以爱的名义给他人造成伤害。过分严厉的父母告诉自己说之所以那样做是“为了小孩好”；溺爱纵容的父母说他们是为了子女的“幸福”着想。俄亥俄州哥伦布的 S. P. 艾伦太太讲述了有关这方面难题的一个动人故事。

几年前，艾伦太太和丈夫离婚后，发现她面临着照顾自己和两个小孩的重任，她被母兼父职的责任压得喘不过气来，她感到为了培养好他们必须要严厉地管教。

“我定下法规，”艾伦太太说，“不接受任何借口，我不和小孩商量或者费心地去听他们的意见——而且还严格地告诉他们什么时候必须做什么事。他们没有独立思考的机会，只有一套必须遵守的规则。

“我们家起了微妙的变化。刚开始，小孩们一见到我就躲开。他们躲避我任何示爱的企图。最后我了解到他们怕我，怕他们的妈妈！

“我反省了一下自己，得出结论，我的所作所为的出发点根本不是为孩子着想，不过是我把因离婚产生出来的压抑情绪发泄在他们身上而已。我让孩子无形中承担着我个人过错造成的苦难。难怪他们做出明显的反应，虽然他们还不了解。

“我开始破除这种压在他们身上的无形的压力。我向上帝求援，试着从新的角度去发现孩子，首先把他们作为人，而不是作为负担或责任来看待。我放下一些家务，抽时间多跟孩子在一起，陪他们玩游戏或去一些有趣的地方，我学会了指导他们而不是只会下命令。当我的心情放松下来时，欢笑和歌声又重新回到了我们中间。爱、温情与快乐在我和孩子们的身上互相反映着，我们的关系得以恢复并进而增强。有了这样的气氛，所有的问题都变得简单而容易解决了。”

艾伦太太学到的是爱，而且学会了用爱去治疗家庭生活的创伤。

爱的能力，不仅决定着我们与家人的亲密程度，而且也决定了我们与他人的关系。我们对朋友、工作、住地以及世界的态度，大多由我们对家庭所付出和接受的那种爱来决定。

心理学家米尔顿·格林布拉特说：“如果一个孩子能接受爱的教育，那么他就懂得了自爱和爱他的家人，直至以利他主义者的胸怀真诚地爱所有的人。”

亚希莱·孟德斯博士在他的《人类发展的方向》一书中指出，几乎所有的宗教都认为，生活和爱其实是同一个概念。他总结道：“现在看来很明显，人类能够依赖指引他们未来发展方向的主要原则只能是爱。”

只把爱留给家人和亲近朋友的观念是错误的。我们越是爱别人，就越容易获得爱的能力。爱充满于整个人格之中，爱是散布光辉在一切活动上的重大能源。有爱心的人总是对工作、同胞和生命充满热情。他们健康而长寿。

拥有成熟的爱的观念对我们每一个人来说都是非常重要的事。在美国，每一年都有 40 万对夫妻离婚，而且还有成千上万的婚姻岌岌可危。就世界来讲，世上一直存在着国家分裂、种族对抗、国与国的对立和战争的现象。人类如果想继续生存下去，就必须学会和谐相处。

第十章　踏上轻松快乐之旅

顺应生命的节奏

⊙当我们处于休息和平静的状态时，我们的行为和感觉就不会杂乱无章地发生，而呈现一种和谐的流动。

⊙你必须学习了解你生命中的波涛和节奏，并顺着生命的节奏表现你的爱，以期能和大自然和谐共处。

当我们紧张时，身体和情绪上通常会有耗尽的感觉：嘴巴会觉得干，身体会觉得衰弱，而且神经如我们所说的是绷紧的。只有当我们放松和表达情绪之后，才能得到一个比较平顺的状态。有时候我们甚至会被眼泪淹没，或溶于欲望当中，这些代表流动状态的隐喻并不是绝对的，它们和我们的身心状态（和水）有密切的关系。当我们处于休息和平静的状态时，我们的行为和感觉就不会杂乱无章地发生，而呈现一种和谐的流动。无止息的水舞（生命的普遍象征）可以被视为是健康快乐的状态。

古代瑜伽文献建议人们可以在靠近瀑布、河流和湖泊的地方做静心冥想。荣格有许多对湖的描述："那湖向远方一直延伸出去，那广博的水面给我一种令人难以置信的愉悦，令人无法抗拒的光彩。在这一刻我在心中有了一个想法，我一定要住在湖边。我想如果没有水就没有人可以活下去。"我们从洗澡、游泳、海洋景观所得到的快乐证明了我们和水之间有着深厚的关

系，或许这呼唤起我们在母亲子宫羊水中的状态，或者也和潜意识自己有如海洋般深不可测的意象有关吧。

这样的想法指出水在放松中的特殊价值，经由感官，或以下提供的练习可以更直接地体验到。我们也应该考虑到其他的因素，像空气虽有较多限制，但是也可以被想象成和飞行及云联系在一起，风或微风可以被用来作为感官练习的基础。

在一个安静的房间里舒适地躺下来，举起你的手臂，甩甩手，然后让手臂自然地在身体两侧垂下来。闭上眼睛，想象着你正躺在海边一个空旷的沙滩上。潮水正涌过来，小小浪花轻拍着你的脚和脚踝，慢慢地移动着你的身体让它浸在浅水里。当海水继续上升时，让自己感觉漂浮起来，并被有节奏的海潮带入海里。感觉缓缓起伏的海浪在你下面汹涌，你随着海潮的起伏而滑动。让你的身体正面朝上，想象着你正在一个浪头上，当浪潮下降，你在明亮的海水隧道中翻滚着。现在你被浪冲回到岸边，躺在舒服温暖的沙滩上。不要动，此刻享受一下在自由和兴奋交替之后的宁静吧。

当你看到海洋的波涛、季节的变换和月亮的盈亏时，便看到了自然的节奏。人的生命也同样有一定的节奏：从出生，经过儿童期、青少年期到完全成熟、年老，最后又有新的一代诞生。光、能源和任何事物都有一定的波动起伏，这种起伏使它们偏离节奏，或者像中子一样永远围绕着原子核运动。

生命中的任何事物都绝对不会静止，运动是持续不断而且有一定节奏的。这就是为什么我们喜欢音乐的原因之一，因为音乐反映出我们的生命节奏，你必须学会随着生命的节奏摇摆，而不是站在那里以不动的姿态和它对抗。沙岸随着波涛运动和变化而能够永远不灭，但防护堤很快就会被冲垮。

注意观察你的生命，它有一定的节奏吗？你在工作之后会娱乐吗？在劳心之后会从事劳力活动吗？饮食之后会禁食吗？严肃之后会表现幽默吗？性生活之后会把对性的关注转变成具有创造性的努力吗？当你的意识处于休息状态时，就是你的潜意识发挥最大作用的时候了，当你的潜意识承担任务，而且你的意识被其他事物（亦即放轻松）占据的时候，就是出现真正鼓舞作用的时候了。

当阿基米德在努力寻求解决两个物体相对重量的复杂问题时，始终得不到解答，但当他决定放松自己并泡一下澡时，他的潜意识便被浴盆中的热水激发出来。他立刻从浴盆中跳出来，并且大声叫着现在一个很有名的欢呼词：我找到了！同时也找到了问题的答案。你曾经给你的思想休息的机会吗？

干扰正常节奏模式将会造成许多问题，如果你在工作之后不给你思想休息的机会，你的身体就会一直处于一种被刺激的状态，这种情况可能会使你因为紧张而失调。

你不必希望永远快乐，因为果真如此的话，那种快乐一定会变得枯燥乏味。婚姻顾问从事其工作的一项重要目的就是要使夫妻了解二人之间的爱不可能没有高低潮。你必须学会了解你生命中的波涛和节奏，并顺着生命的节奏表现你的爱，以期能和大自然和谐共处。

大自然传达宁静的感觉。凝视自然地形、色彩变化、地质构造、自然的香味和声音，我们便可以获得和大自然融合为一的感觉。让眼睛看向远方的地平线，我们就能放松生活压力的焦点。下次当你凝视天际时，想象你眼睛的肌肉已释放出所有的紧张，想想如此一来对你有多好。如同风景画中的人物，我们得以用更宽广的角度来看自己，并调整我们看事情的角度。在古典浪漫时期，面对大自然的渺小感几乎是令人害怕的，今天我们对于戏剧性的瀑布或高耸的悬崖峭壁依然感到敬畏。即使在一个温和平静的风景中，我们看自己的方式不同了，我们的问题似乎也变得比较简单，或觉得昨天的事不过是幻象罢了。奇妙之事继续发生：我们花越多时间在大自然美景中，就有越多的焦虑将会消失掉。

自然宁静的效果部分是和绿荫有关，心理作用上和休息联想在一起的。如果你有一个小小的庭院，试着在院中种满不同叶形、不同颜色的植物。当然，花匠可以提供很好的服务，但是你可能宁愿自己修剪树叶，或自己动手采集果实和种子，做做园艺什么的。你可能放着花园某个角落不整理，作为鸟儿和昆虫的天堂，认识你种植的植物或花的名称，去认识它们个别的个性，同时学习它们的学名和俗名，并大声念出那些奇怪的音节，想象它们像种子一样躺在你心灵中的花园。

从你的庭院或附近的公园树木收集不同种类的树叶。舒适地坐下来并认真地研究它们——树叶的形状、颜色和纹理。压在手掌心里感觉它们的凉爽，用手指循着每片叶子的叶脉移动，然后闭眼冥想你所看到的叶子形态。闭上眼睛，感觉并闻一闻手中的叶子，借由触摸和气味来分辨每一片的不同。让自己完全专注在树叶上，让所有的担心、焦虑和负面思想都从意识中消退。

放掉包袱

⊙在我们当中有许多人不只是急着找出是谁让我们感到备受压力与痛苦，而且还将这些资讯储存分类，以便日后运用。

⊙我们当中有许多人将精力耗费在记恨上，仿佛需要维持那些使我们感到不好的事情。

在我们当中有许多人不只是急着找出是谁让我们感到备受压力与痛苦，而且还将这些资讯储存分类，以便日后运用，我们将之称为“包袱处理”。因为不久后我们会累积许多痛苦，需要将之封入行李箱中，倘若我们有一整批这样的包袱，甚至需要雇人携带着它们。

林达还是再一次为我讲述了她祖母的往事：

“我的祖母法兰西卡对回忆过去非常在行（大部分是负面的），足够担任稀有矿物博物馆馆长了。当我还小时，总会问她为何如此不快乐，我所得到的答案一直都是‘因为我受苦’。然后就不再多说了。但当她需要时总会对着神朗诵她的愿望，这时她的脸色会更加的悲伤，双手会举向空中。

“祖母的痛苦总有些神秘的气氛围绕着，只能意会、不能言传。

“每次她都会嘲讽地补充道：‘我的母亲遗弃了我！’这话在意大利人间普遍流传着，增添了许多戏剧色彩。假使她用意大利语说：‘我的胸罩害死了我！’这听起来也像个噩耗。

“我持续追问我母亲关于祖母的事情，但她却轻描淡写地说：‘那是有缘由的，你不会懂的。’几年后，一个叔叔告知我整个内幕，精彩得足以搬上电视荧幕。事情大概是这样：法兰西卡的父亲在她 11 岁时便去世了，一年后，她的母亲嫁给一个小她 20 岁的男人，在当时的意大利，这是前所未有的事情，因为两人年龄差距过大，而且那时祖母也即将成年。

“法兰西卡的阿姨、婶婶们都认为，倘若法兰西卡的母亲和小她 20 岁的男人生活在一起将有辱家门，而且这个小伙子也可能会对法兰西卡心怀不轨，因此法兰西卡被送到隔壁的阿姨家住。法兰西卡的母亲甘希塔总是与她温文儒雅、常取悦法兰西卡的丈夫古希波陪在法兰西卡的身边。但即使法兰西卡结了婚，并带着甘希塔和古希波一起移民到美国后，她依旧把甘希塔当作瘟疫般对待。法兰西卡被遗弃的争议变成她一切苦恼的中心，从未释放、改善它。当然，这也因为那些和法兰西卡住在一起的女人而搞得更糟。她们令我想起《麦克白》里的巫婆，‘再来、再来更多的烦恼与忧愁’。即使祖母确实有其悲伤的理由，但也无须在她的余生里添加更多的苍白。”

我们当中有许多人将精力耗费在记恨上，仿佛需要维持那些使我们感到不好的事情。在我的公司中，有一项练习是使名

人们了解自己包袱处理的癖性，很多人都被结果给吓着了。我让大家各自找一个搭档，并描述多年来累积的负面事情，聆听的那一方必须回说："那真可怕，再多说一些。"五分钟后，则接着叙述发生过的美好事情。当我要他们停止叙述负面事情时，她们都表示自己还可以说得更多、更多，然而在停止分享正面的事情前，很多人却早就讲不出来了。她们承认要分享美好的事物比较困难。若只单单回想自己上周的心绪，我猜大家马上可以记起那些令自己烦心的事，然而若是要我们回想美好的部分，我们可能会说不出话来。

很重要的是区分什么需要在意，什么需要放弃？

一只倒霉的狐狸被猎人用套套住了一只爪子，它毫不迟疑地咬断了那只小腿，然后逃命。放弃一只腿而保全一条生命，这是孤独的哲学。人生亦应如此，当生活强迫我们必须付出惨痛的代价以前，主动放弃局部利益而保全整体利益是最明智的选择。智者曰："两弊相衡取其轻，两利相权取其重。"趋利避害，这也正是放弃的实质。

人之一生，需要我们放弃的东西很多，古人云，鱼和熊掌不可兼得。如果不是我们应该拥有的，我们就要学会放弃。几十年的人生旅途，会有山山水水，风风雨雨，有所得也必然会有所失，只有我们学会了放弃，我们才拥有一份成熟，才会活得更加充实、坦然和轻松。

比如大学毕业分手的那一刻，当同窗数载的朋友紧握双手、互相轻声说保重的时候，每个人都止不住泪流满面……放弃一段友谊固然会于心不忍，但是每个人毕竟都有各自的旅程，我们又怎能长相厮守呢？固守着一位朋友，只会挡住我们人生旅程的视线，让我们错过一些更为美好的人生山水。而学会放弃，我们就有可能拥有更为广阔的友情天空。

放弃一段恋情也是痛苦的，尤其是放弃一段刻骨铭心的恋情。

譬如说，你爱上了一个人，而她却不爱你，你的世界就微缩在对她的感情上了，她的一举手、一投足，衣裙细碎的声响，都足以吸引你的注意力，都能成为你快乐和痛苦的源泉。有时候，你明明知道那不是你的，却想去强求，或可能出于盲目自信，或过于相信“精诚所至，金石为开”，结果不断的努力，却遭来不断的挫折，弄得自己苦不堪言。世界上有很多事，不是我们努力就能实现的，有的靠缘分，有的靠机遇，有的我们能以看山看水的心情来欣赏，不是自己的不强求，无法得到的就放弃。

懂得放弃才有快乐，背着包袱走路总是很辛苦。

我们在生活中，时刻都在取与舍中选择，我们又总是渴望取，渴望着占有，常常忽略了舍，忽略了占有的反面：放弃。懂得了放弃的真意，也就理解了“失之东隅，收之桑榆”的妙谛。多一点中和的思想，静观万物，体会与世界一样博大的诗意，我们自然就会懂得适时地有所放弃，这正是我们获得内心平衡，获得快乐的好方法。

一个人如果老是背着沉重的包袱，许多状况只不过是徒耗精力罢了。我常要人们写下他们的压力来源，一定有人会说当他们的同事延长午餐时间，那么就会扰乱他们，有个女人一再地表示这有多么恐怖。我问她这种状况持续多久了，她说已 20 年了，20 年来她一直为此生气，并就此警告周围的同事。

接着我问她如何解决这个难题，她说没有一种方法有效，没人能使得上力。现在我们有了一个混合的例子——带着包袱的烈士。我们的行为就如轮回般重复不停，总教我惊讶不已。

当然，这会让他人有机会掌控我们的心情。我们不是常说些“你让我感到（不快乐、生气、伤心、烦心）……”，或是“你让我发狂，我无法忍受你的行为”之类的话吗？

我母亲就是最好的例子。每当我们争执时，她总会提及生我时的往事，她说：“当初生你是个痛苦，直到现在还是一样。”

50年后，她还是这句老话！

当我们有许多包袱时，要逃离它们总是困难重重。愤怒使我们的生活变得迟缓、无心工作、无心和孩子们说话，或是计划度假。倘若我们一心一意地徘徊在昨夜与老婆的争吵中，那么，是放掉这些包袱的时候了。

一旦我们察觉到他人的行为影响到我们时，我们有许多选择。我们可以心平气和地议论它或改变自己的态度，甚至是释放它（任由它去、不管它）。自从我们喜欢凡事追根究底后，释放可能是人性中最难以做到的行径之一。

下述有些点子，能试着把包袱处理这个想当然的感觉变为毫无意义：

1. 有时想一想那些结果证明是如意的事情。这样的思考方式能够创造幸福的感觉和乐观的心情。我时常回想起祖父母为我做的一切，祖父将我从小马车里抱出来，赏我冰淇淋的景象时常出现在我的脑海里，令我感到被爱，感受到自己充满祝福。

2. 每当我们无法超越过去的罪愆时，把它们想象成栖息在自己背后的一只怪兽，并大声地喊："滚开！"

3. 倘若生活中遗留给我们悲伤与不满，也许趁现在找个代理人，再次创造出令自己满足的生活也是个不错的方法。许多人自愿被收养，在这样给予爱的家庭里，充满着爱我们的父母、祖父母、叔叔阿姨等，专门关爱那些来到这里的访客，这些人可能一生都未曾得到关爱与呵护。这样的社会服务机构有待被发掘。

4. 为自己和家人创造一套价值体系。这样的体系能够帮助我们活出更一致的生命。别再用过往的包袱责备自己。避免说："我不要再像老爸一样白痴了！"而是"我珍重内在的宁静与和谐，所以我会保持镇静"。别对孩子们说："把自己背后清理清理，否则你会像你叔叔一样的邋遢。"而是教导他们负责的价值观。

5. 写下自己的悼念文和墓志铭。我们最能使得上力的事情之一是什么？认真地思考，我们希望人们记得自己什么？这会给予我们方向与目标。让我们期待人们在哀痛我们辞世的同时，还能发现我们留下这一页充满爱、欢笑以及活力的回忆。

让心平静

⊙如果你无法获得平静，生活将没有意义。所以你必须使你的灵魂获得安宁，并且平静生活。

⊙你愈能够接受自己，就愈容易容忍自己的弱点，也愈能够接受心灵上的平静。

你在早晨醒来之后，可能打开大门，弯身拿起牛奶和报纸。

你可能把牛奶放进冰箱，然后坐在椅子上开始看报。粗黑的大标题赫然出现在眼前——核子武器、外交威胁、违法犯罪、政府滥权等等。

"瞧，"你可能会这么说，"这就是最好的证明，你根本无法在这个世界里静静休息。全世界动乱不堪，已经无法控制了。"

你错了。你可以轻松下来，也可以获得心灵的平静——即使别人都在焦虑不安。

你可以学习容忍这些压力，甚至在生活的奋斗中获得胜利。如果你无法获得平静，生活将没有意义。因此，你必须使你的灵魂获得安宁，并且平静生活。

古希腊哲学家柏拉图说："人间万事，没有任何一件值得过度焦虑。"

首先你一定要相信，"内心的平静"是可以达到的一个目标，这也许不像表面上那般容易，如果你已经习惯于骚扰、打击及指责你四周的人，那你可能认为心情的平静是无法获得的。

一些重要的杂志与报纸，经常报道今日青少年内心的焦虑

不安，以及他们紧张情绪的爆炸性。

一些最受尊敬的社会学家也告诉我们，现代生活充满许多不正常的焦虑。哲学家、精神学家以及宗教领袖皆同意今天的生活缺乏精神上的平静，充满冲突，并受到怨恨的骚扰。

数以百万计的人以焦虑来折磨自己。他们优柔寡断，充满恐惧，甚至无法接受自己的感觉或缺点。他们对任何事情都不敢做决定，对于所谓的生活中的“失败”感到愧疚。他们的行为太矛盾——否则就是害怕得不敢采取任何行动。焦虑已经成为他们的生活方式。恐惧和精神上的毛病充满他们脑中，取代了他们应有的成功与信心的感觉。我就知道有些人，竟然已经好几年不曾享受过真正平静的一星期。

这是不是证明生活中的宁静无法达到？不是，我提到上面这些令人沮丧的例子，是要向你再度说明，如果你感到焦虑不安，也不必泄气，因为跟你同样的人太多了。在今天这个世界上，确实有些情况会产生焦虑与不安，因此，若想获得心灵上的平静，首先就要接受你的焦虑与不安，不要因为它们而责备自己。你愈能够接受自己，就愈容易容忍自己的弱点，也愈能够接近心灵上的平静。

你可以获得平静的，请相信我。我将提出很多建议帮你达到这个目标。

首先，从事一些能够令你满足的活动，大部分是属于个人的活动。某些嗜好或仪式可以成为某些人的“心灵镇静剂”，却可能令其他人感到烦闷无比。

有个老太太——她是我们家的老朋友，已在几年前去世——告诉我说，每当她感到焦虑不安时，她就去阅读《圣经》，因为这样可以减轻她的紧张。她只要坐在摇椅上前后摇动，一面读着《圣经》，就能让自己心情平静。

我有一位医生朋友，每天下班后，仍然可以感受到工作上的压力，因而觉得精神十分紧张，但他只要弹弹钢琴，就能平静下来。他所弹的大部分是肖邦的作品，我有时也到他的公寓里坐坐，点上一根雪茄，看着他弹钢琴，在优美的琴声中，不知不觉和他一起轻松起来。

“我不知道这是怎么回事，”他有一次对我说，“只要我弹起钢琴来，我就会觉得十分轻松，忘掉了生活压力。我能够自得其乐，不再担心那些痛苦的病人，也忘了那些身患绝症的人，我这样也许不对”。

“不，”我说，“你必须轻松下来，甚至忘掉最可怜的病人，否则你不但不会成为好医生，也会降低你帮助病人的能力。钢琴给了你心灵上的平静——接受这份礼物吧”。

人人都有这种振奋精神的潜力。把它找出来——然后看看它能为你带来什么好处，并充分利用及发展。

拿自己开开玩笑

⊙愤世，强化了命运的可怕；嫉俗，弱化了自我的信心。自我解嘲，以另一种坦然的心境向着光明走，黑暗，永远只会留在我们的脚后。

⊙成功的人士从不试图掩饰自己的弱点，相反，他们有时还会拿自己的弱点开开玩笑。

人生的横逆与挫折，除了来去无踪以外，最为高深莫测的是它毫无迹象地“了无缘由”；世事的无常、人情的冷暖，除了现实与无情以外，更为无奈的是它无法与人分担的“点滴心头知”。

与其愤世嫉俗地自怨自艾，何不谈笑风生地自我解嘲，坚强振作地迎接挑战、面对挑战。

愤世，强化了命运的可怕；嫉俗，弱化了自我的信心。自我解嘲，以另一种坦然的心境向着光明走去，黑暗，永远只会留在我们的脚后。

这是我妻子陶乐丝给我讲的一个真实的故事：

“那时，我在镇上的中学上八年级。在当年，各年级的学生都必须选修工艺课。金工是八年级的工艺课程。我们每个学生都得在学期结束以前，完成由一块生铁和一只木柄做的螺丝起子。

“工艺老师年约五十开外，挂在嘴角上的烟斗终日不停地冒出浓烈的黑烟，使得身上总是带着一股令人不甚愉快的强烈气味；他外表严肃，从来没有笑容，训起话来又总是尖酸中带着几分刻薄。他在学校一向以‘当人’为乐事，更使得我们每个学生上起课来个个如临深渊，如履薄冰。

“一开学，工艺老师就开宗明义地宣布，金工是我们日后日常生活中经常使用的必需技巧，绝对不可等闲视之。学期结束的时候，每个人都得做一个螺丝起子。他会一一公开地讲评给分，并择定最优和最劣的成果，分别加以适当的鼓励与惩罚。不及格的学生，别看只是一门小小的工艺课，还是得老老实实地花上一年的时间重新补修过。

“我一向手拙，对于像美术、劳作、工艺之类必须心灵手巧的课程，有着心有余而力不足的无奈，视之为畏途。在结业课上，尽管费了九牛二虎之力，累得满头大汗，我精心创造的杰作，依旧不折不扣地只是个‘略似螺丝起子形状的大型铁钉’。

“期末讲评的最后宣判终于到了。

“我们端正地坐在桌前，工整地将我们的作品放在桌上，静待老师的检查。

“老师依旧以严肃的面容，不急不徐地端着手中的烟斗，一一来回穿梭于我们的座位之间。他仔细观察每一个人的成果，不时弯下身来慎重地打量一些造型凸出、颇具创意的杰作，举止之间流露出了悠然自得的满意表情。

“终于，他背着双手走回到了讲台，清清喉咙，开始讲评：

‘大家的作品都各有千秋，颇具创意，只是，这么些年来，我从来没有看过像陶乐丝同学这么造型独特的成果了……’全班同学的目光，顿时不约而同地飘向了我，使我羞愧地简直无地自容。

“‘陶乐丝，请你上来。’老师颔首致意叫我前去，更使我慌乱地手足无措。

“他举起我偌大的‘螺丝起子’，兀自上下不断地打量着，并且不时以诡异的表情展示给同学们观赏；全体同学爆笑如雷地看着我，以万分期待的心情等待着我上台接受老师的‘表扬’。

“我不得不承认我的‘螺丝起子’确实有几分畸形，它扭曲的金属头即使在热胀冷缩之后，依旧显得硕大无比；它活生生地插在不相衬的狭小木柄上，更显得十足地毫不协调。

“‘经过我仔细地评审，我决定将这学期的最高荣耀颁给陶乐丝同学，她得到了我们的金锉奖，因为她做的根本就不是起子，而是木工每日必备的锉子……’我羞赧地站在台上，望着笑得东倒西歪的全班同学，暗自愤恨着老师无情的奚落，我更以无比悲愤的心情埋怨自已的无能，怒视着全场幸灾乐祸的同学。

“‘陶乐丝同学的作品确实别具创意，我们请她解释解释她的创意，并请她发表一下她的得奖感言。’

“我一片空白的脑海，在这慌乱的一刻，突然灵机一动地体会到了我人生最为宝贵的第一个教训——‘自我解嘲’。我何不利用这个难得的机会，自我解嘲地化解所有的危机与困窘？与其自怨自艾地静待失败的挑战，何不英勇果敢地迎接挑战、面对挑战？

“我正经严肃地四顾环视了全场，模仿着电视上转播‘奥斯卡金像奖’的情景，傲然自信地伸出了我的双手向当时表情愕然的老师握手致意，并且面对着突然沉静的全体同学，以极其

感性的口吻说：‘谢谢、谢谢。首先，我得感谢我伟大的父亲，是他给了我如此的聪明才智，能够十分荣幸地来到这里上最好的工艺课；我更要感谢我可爱的母亲，是她给了我如此粗枝大叶的个性，使我随手就产生了这样美好的创意；当然，我最需要感谢的是谆谆教诲我们的工艺老师，如果没有他老人家那具有伯乐的眼光，又怎么会识出我这匹千里马的无限潜力……’

“全场同学在短暂惊愕之后，完全笑翻了。

“‘最后，我不得不说明，我其实一心只想做个锉子，但是由于老师英明的指导和全体同学的鼓励协助，我十分高兴它仍旧幸运地保留了起子的基本形象。然而，这是公平的金锉奖，确实是完完全全地名副其实，而我的得奖更是实至名归。’我在欢声雷动的掌声中，深深地鞠了一躬，然后自信满满地回到了我的座位上。”

“自我解嘲”的心态，化解了我妻子生涯中最为尴尬的一刻。

正如人们喜欢谈论一些关于别人的笑话一样，在适当的时候，也要像陶乐丝那样拿自己开开玩笑，要善于自嘲。

美国著名的律师乔特是最善于讲自己笑话的人。有一次，哥伦比亚大学的校长蒲特勒在请他做演讲时，曾极力称赞他，说他是“我们的第一国民”。

这实在是一个卖弄自己的绝好机会，他可以自傲地站起来，一副得意扬扬的神态，仿佛是要对听众说：“你们看，第一国民要对你们演讲了。”

但是聪明的乔特并没有如此。他似乎对这种称赞充耳不闻，却转而调侃自己的“无知”。这种自嘲很快博得了听众的热情与好感。

他说：“你们的校长刚才偶然说了一个词，我有点听不太懂。他说什么‘第一国民’，我想他一定是指莎士比亚戏剧里的什么国民吧。我想，你们的校长一定是个莎士比亚专家，研究莎士比亚很有心得，当时他一定是想到莎士比亚了。诸位都知道，在莎氏的许多戏剧中，‘国民’不过是舞台的装饰品，如第一国民、第二国民、第三国民等等。每个国民都很少说话，即使是说那一点点话，也说得不太好。他们彼此都差不多，即使把每个国民的号数彼此调换，别人也根本看不出有什么分别的。”

这是一种非常聪明的方法，它使自己与听众居于同等的地位，拉近了自己与听众的距离。他不想停留在蒲特勒所抬高的那种高高在上的地位上。如果他换一种说法，用庄重一点的言辞，比如，“你们校长称我为第一国民，他的意思不过是说我只不过是舞台上的一个无用的装饰品而已”。虽然表达的意思是一样的，但是绝对不能把那种礼节性的赞词变为一种轻松的笑话，也绝对不会取得那样的效果。

无论是在一帮很好的朋友中，还是在一大群听众中，能够想出一些关于自己的笑话，能够适当地自嘲，是赢得别人尊敬与理解的重要方法，远远要比开别人的一个玩笑重要得多。拿自己开开玩笑，可以使我们对世事抱有一种健康的态度，因为如果我们能与别人平等地相待，就可以为我们赢得不少的朋友。相反，如果我们为显示自己是怎样的聪明，而拿别人开玩笑，以牺牲别人来抬高自己，那我们一生一世也难以交到一个朋友，更不用说距成功有多遥远了。

在美国的 20 世纪三四十年代，有个政界要人叫凯升。他首次在众议院里发表演说，却打扮得土里土气，因为他刚从西部乡间赶来。

一位善于挖苦讽刺的议员，在他演讲时插嘴说：

“这个伊利诺伊州来的人，口袋里一定装满了麦子呢。”这句话引起哄堂大笑，但是凯升并没有因此怯场，他很坦然地拿自己开了一个玩笑：

“是的，我不仅口袋里装满了麦子，而且头发里还藏着许多菜籽呢！我们住在西部的人，多数是土里土气的，不过我们虽

然藏的是麦子和菜籽，但却能够长出很好的苗子来！”

凯升不以自己的土气为耻，而以自己来自艰难创业的西部为荣，因而拿自己开玩笑，不否认口袋里装满麦子，进而还说连头发里也藏着菜籽。他的自嘲非但没有招来其他议员的嘲笑，相反却赢得了他们的尊敬，其大名也传遍全国，人们亲切地送给他一个外号：伊利诺伊州的菜籽议员。

成功的人士从不试图掩饰自己的弱点，相反，有时他们会拿自己的弱点开开玩笑。而现实生活中，我们却经常可以遇到一些专门喜欢遮掩自己弱点的人，他们也许脸上有些缺陷，也许所受的教育太少，也许举止粗鲁，但是他们总要想出方法来掩饰，不让别人知道。但这样做以后，他们却于无形中背弃了诚恳的态度，毫无疑问，与之交往的朋友会对他们产生一种不诚恳的印象，使人们不敢再与他们交往。

世界上最不幸的就是那些既缺乏机智又不诚恳的人。很多人常常自以为很幽默，经常喜欢拿别人开玩笑，处处表现出小聪明，结果弄得与他交往的人都不敢再信任他，以至于以前的朋友也会敬而远之，纷纷躲避。

适当地拿自己开开玩笑吧，这不仅是一种机智，更是驱散忧虑、走向成功的法宝。

拿开捂住眼睛的双手

⊙过去的所有不愉快绝不会因为自欺欺人地捂上自己的眼睛，就可以“我看不见你，你就看不见我了”。

⊙谎言的结果会驾驭我们的生命，而我们终究会发现吐露真相是明智的方法。

心境恰似容器，无法面对现实就容不下对未来的美好期望；满满的水杯如何还能承受重新注入的甘美果汁。放下身段，方才得以率真地正视自我；抛弃世俗虚伪名利、面子的顾忌，坦然的胸怀，正是我们迈向美好未来的终南捷径。

过去的所有不愉快绝不会因为自欺欺人地捂上自己的眼睛就可以"我看不见你，你就看不见我了"；坦率方见真情、纯真始得真义，只有不计较过去曾经的坦率、不计较世俗眼光的纯真，我们才得以以最大的勇气去面对现实。

我的女儿乔伊三四岁刚学会走路的时候，在家里最爱跟我们玩"捉迷藏"的游戏。

当时她是家里唯一的孩子，我们自然就成了她唯一的玩伴。乔伊老是喜欢叫我们"扮鬼"，由她在四处躲起来，让我们找她。

我每次总是故意地慢慢数着一、二、三、四……同时从指缝中偷偷地看她那只胖嘟嘟的小腿慌慌张张地在家中的房间到处乱窜着；她一会儿想藏到窗帘里面，一会儿想躲到壁橱后头。她总是觉得不大放心地再三改变她的主意，她总是觉得不大满意地屡次更改她隐藏的地方。即使是确实找到了绝佳的隐蔽的地方，她又总是在我问她"躲好了没"之后、奶气十足地回答说"好了"的时候，充分暴露了她的行踪。

我故作谨慎仔细地搜寻，使我都能听到她紧张的呼吸声；我夸张地缓步前行，慢慢地接近她藏身的地方，连她扑通扑通的心跳悸动都可以明显地感觉出来。而当我每次找到她，拉开了窗帘、或是翻开了壁橱的时候，她十分天真可爱的以小小的双手立即捂住了她的眼睛，以为"她看不见我，我就看不见她"，兀自烂漫无邪地静静站立在我的眼前，直到我以双手拉开了她那肥嘟嘟的小手以后，她这才死心塌地地发现我已经找到了她，而不断吱吱咯咯、手舞足蹈地开怀大笑。

乔伊这种愚蠢而可爱的举动，经常是当时我们一些亲朋好友来家做客时，作弄逗笑的最好题材。直到如今，乔伊虽然已经出落得亭亭玉立，颇有大家闺秀的气质，但我们仍不时以这些童年的往事取笑她。乔伊说，她依稀还能记得当时情景的一二。她说，她一直将这种“我看不见你，你就看不见我”的捉迷藏哲学奉为圭臬，直到进了幼儿园，才在接触了其他的小朋友、面对了真实严肃的“游戏规则”、知道不再有人像父母一般地宽让以后，才知道过去奉行的哲学有多荒谬与错误。

我常想，这真是一个最好的人生启示。其实，我们许多人，直到成年以后，不还一直在生活中继续犯着这个“我看不见你，你就看不见我”的不敢面对现实的严重错误吗？

漫漫人生，充满了喜乐、充满了快慰，喜乐时我们高歌，快慰时我们欢笑。然而，漫漫人生也充满了悲伤、充满了挑战，而我们却经常在悲伤来临的时候只知痛苦、在挑战来临的时候只会愚蠢地以“我看不见你，你就看不见我”的自我欺骗心态，一意回避，而不知如何去拿开捂住眼睛的双手，面对现实、迎接挑战。

人们不是因为他们不诚实而撒谎，他们不诚实是因为他们害怕真相，这便是恐惧发生在谎言之前的原因。我们选择撒谎，是因为我们相信真相也许能开启我们害怕而希望逃避的反应。内疚随之而来，因为我们的内在认知立即明白我们主动逃避一次学习爱的机会，而且我们正在造成内在的另一个障碍。

谎言的结果会驾驭我们的生命，而我们终究会发现吐露真相是明智的方法。

因为你快乐，所以我快乐

⊙快乐是有传染性的，只有使别人快乐才能让我们自己快乐。

⊙必须要有自我牺牲或者约束的意识，才能达到自我了解与快乐。

快乐是有传染性的，只有使别人快乐，才能让我们自己快乐。

不管你的处境多么平凡，你每天都会碰到一些人，他们每个人都有自己的烦恼、梦想和个人的野心，他们也渴望有机会跟其他的人来共享，可是你有没有给他们这种机会呢？你有没有对他们的生活流露出一份兴趣呢？你不一定要成为南丁格尔，或是一个社会改革者，才能帮着改变这个世界。你可以从明天早上开始，从你所碰到的那些人做起。

这对你会有什么好处呢？这会带给你更大的快乐、更多的满足，以及你心中的满意。“为别人做好事不是一种责任，而是一种快乐，因为这能增加你自己的健康和快乐。”纽约心理治疗中心的负责人亨利·林克说。

“现代心理学上最重要的发现就是以科学证明：必须要有自我牺牲或者是约束，才能达到自我了解与快乐。”

多为别人着想，不仅能使你不再为自己忧虑，也能帮助你结交更多的朋友，并得到更多的乐趣。那么怎样才能做到这一点呢？

如果你想消除忧虑，获得平安与幸福，就请记住这条规则：

“要对别人感兴趣而忘掉你自己，每一天都做一件能给别人脸上带来快乐微笑的好事。”洛克菲勒早在23岁的时候就开始全心全意地追求他的目标。据他的朋友说：“除了生意上的好消息以外，没有任何事情能令他展颜欢笑。当他做成一笔生意，赚到一大笔钱时，他会高兴地把帽子摔到地上，痛痛快快地跳起舞来。但如果失败了，那他会随之病倒。”

就在他的事业达到顶峰之时，他的私人世界却崩溃了。许多书籍和文章公开地谴责他不择手段致富的财阀行为。

在宾夕法尼亚州，当地人们最痛恨的人就是洛克菲勒。被他打败的竞争者，将他的人像吊在树上泄恨；充满火药味的信件如雪花般涌进他的办公室，威胁要取他的性命。他雇用了许多保镖，防止遭敌人杀害，并试图忽视这些仇视怒潮。有一次，他曾以讽刺的口吻说：“你尽管踢我、骂我，但我还是按照我自己的方式行事。”

但他最后还是发现自己毕竟也是凡人，无法忍受人们对他的仇视，也受不了忧虑的侵蚀。他的身体开始不行了，疾病从内部向他发动攻击，令他措手不及，疑惑不安。

起初，“他试图对自己偶尔的不适保持秘密”。但是，失眠、消化不良、掉头发——全身烦恼和精神崩溃的肉体病症——却是无法隐瞒的。

在那段痛苦及失眠的夜晚里，洛克菲勒终于有时间自我反省。他开始为他人着想，他曾经一度停止去想他能赚多少钱，而开始思索那笔钱能换取多少人的幸福。

简而言之，洛克菲勒现在开始考虑把数百万的金钱捐出去。有时候，做件事可真不容易。当他向一座教堂捐款时，全国各地的传教士便齐声发出反对的怒吼：“腐败的金钱!”

但他继续捐献，在获知密西根湖湖岸的一家学院因为抵押权而被迫关闭时，他便立刻展开援助行动，捐出数百万美元去捐助那家学院，将它建设成为目前举世闻名的芝加哥大学；他也尽力帮助黑人，像塔斯基吉黑人大学，需要基金完成黑人教育家华盛顿·卡文的志愿，他便毫不迟疑地捐出巨款。然后，他又采取更进一步的行动，成立了一个庞大的国际性基金会——洛克菲勒基金会——致力于消灭全世界各地的疾病、文盲及无知。

像洛克菲勒基金会这种壮举，在历史上前所未见。洛克菲勒深知全世界各地有许多有识之士，都在进行着许多有意义的活动，但是这些高超的工作，却经常因缺乏基金而宣告结束。他决定帮助这些人道的开拓者——并不是“将他们接收过来”，而是给他们一些钱来帮助他们完成工作。洛克菲勒把钱捐出去之后，是否获得心灵的平安？他最后终于感觉满足了，洛克菲勒十分快乐，他已完全改变，完全不再烦恼。

学会从损失中获利

⊙有两个人从铁窗朝外望去，一个人看到的是满地的泥泞，而另一个人却看到满天的繁星。

⊙真正的快乐不见得是愉悦的，它多半是一种胜利。

⊙人生最重要的不是以你的所得去投资，任何人都可以这样做。真正重要的是如何从损失中获利。这才需要智慧，才能显示出人的上智下愚。

我有一天到芝加哥大学拜访罗伯特·哈金斯校长，请教他是如何解决忧虑的。他的回答是："我一直遵循已故的西尔斯百货公司总裁朱利斯·罗森沃德的建议：'如果你手中只有一个柠檬，那就做杯柠檬汁吧！'"

这正是那位芝加哥大学校长所采取的方法，但一般人却刚好反其道而行之。如果人们发现命运送给他的只是一个柠檬，他便会立即放弃，并说："我完了！我的命怎么这么不好！一点机会都没有了。"于是他便与世界作对，并且陷于自怜之中。然而，如果是一个聪明人得到了一个柠檬，他会说："我可以从这次不幸中学到什么？怎样才能改善我目前的处境？怎样把这个柠檬做成柠檬汁呢？"

伟大的心理学家阿德勒穷其一生都在研究人类及其潜能，他曾经宣称他发现人类最不可思议的一种特性——"人具有一种反败为胜的力量"。

曾听瑟尔玛·汤普森女士讲过一段她的经历：

"战时，我丈夫驻防加州沙漠的陆军基地。为了能经常与他相聚，我搬到那附近去住，那实在是个可憎的地方，我简直没见过比那更糟糕的地方。我丈夫出外参加演习时，我就只好一个人待在那间小房子里，热得要命——仙人掌树荫下的温度高达华氏125度，没有一个可以谈话的人。风沙很大，所有我吃的、呼吸的都充满了沙、沙、沙！

“我觉得自己倒霉到了极点，觉得自己好可怜，于是我写信给我父母，告诉他们我放弃了，准备回家，我一分钟也不能再忍受了，我情愿去坐牢也不想待在这个鬼地方。我父亲的回信只有三行，这三句话常常萦绕在我心中，并改变了我的一生：

有两个人从铁窗朝外望去，
一人看到的是满地的泥泞，
另一个人却看到满天的繁星。

“我把这几句话反复念了好几遍，我觉得自己很丢脸，决定找出自己目前处境的有利之处，我要找寻那一片星空。

“我开始与当地居民交朋友，他们的反应令我感动。当我对他们的编织与陶艺表现出很大的兴趣时，他们会把拒绝卖给游客的心爱之物送给我。我研究各式各样的仙人掌及当地植物。我试着多认识土拨鼠，我观看沙漠的黄昏，找寻300万年前的贝壳化石，原来这片沙漠在300万年前曾是海底。

“是什么带来了这些惊人的改变呢？沙漠并没有发生改变，改变的只是我自己。因为我的态度改变了，正是这种改变使我有了一段精彩的人生经历。我所发现的新天地令我觉得既刺激又兴奋。我着手写一本书——一本小说——我逃出了自筑的牢狱，找到了美丽的星辰。”

瑟尔玛·汤普森所发现的正是耶稣诞生前500年希腊人发现的真理：“最美好的事往往也是最困难的。”

哈里·爱默生·佛斯狄克在20世纪再次重述它：“真正的快乐不见得是愉悦的，它多半是一种胜利。”没错，快乐来自一种成就感，一种超越的胜利，一次将柠檬榨成柠檬汁的经历。

曾造访过一位住在佛罗里达州的快乐农人，他曾将一个有毒的柠檬做成了可口的柠檬汁。当他买下农地时，他心情十分低落，土地贫瘠，不适合种植果树，甚至连养猪也不适宜，除了一些矮灌木与响尾蛇，什么都活不了。后来他忽然有了主意，他决定将负债转为资产，他要利用这些响尾蛇。于是不顾大家的惊异，他开始生产响尾蛇肉罐头，几年后，每年有平均两万名游客到他的响尾蛇农庄来参观，他的生意好极了。我亲眼目睹毒液抽出后送往实验室制作成血清，蛇皮以高价售给工厂，用来生产女鞋与皮包，蛇肉装罐运往世界各地。我买了一些当地的风景明信片到村中邮局去寄，发现邮戳盖着“佛罗里达州响尾蛇村”，可见当地人很是以这位把毒柠檬做成甜柠檬汁的农人为荣。

我旅行全美各地，常有幸见到一些“能干的反亏为盈”的人。

“人生最重要的不是以你的所得去做投资，任何人都可以这样做。真正重要的是如何从损失中获利。这才需要智慧，也才能显示出人的上智下愚。”伯利梭写这段话时，他已在一次火车意外中丧失了一条腿。

我在纽约市教授成人教育课程时，发现很多人都有一个很大的遗憾，是没有机会接受大学教育。他们似乎认为未进大学是一种缺陷，而实际上许多成功的人士都没上过大学，因此这一点并没有这么重要。

我曾讲给学员们一个失学者的故事：

他的童年非常贫困，父亲去世后，靠父亲的朋友帮忙才得以安葬。他的母亲必须在一家制伞工厂一天工作 10 小时，再带些零工回来做，做到晚上 11 点钟。

他就是在这种环境下长大的，有一次他参加教会的戏剧表演，觉得表演非常有趣，于是就开始训练自己公众演说的能力，后来也因此进入了政界。30 岁时，他已当选为纽约州议员，不过对接受这样的重大责任，他实际上还没有准备妥当。事实上，他亲口告诉我，他还搞不清楚州议员应该做些什么。他开始研读冗长复杂的法案，这些法案对他来说，就跟天书一样。他被选为森林委员会的一员，可是因为他从来不了解森林，所以他非常担心。他又被选入银行委员会，可是他连银行账户也没有，因此他十分茫然。他告诉我，如果不是耻于向母亲承认自己的挫折感，他可能早就辞职不干了。绝望中，他决定一天研读 16 小时，把自己无知的酸柠檬，做成知识的甜柠檬汁。因为这种努力，他由一位地方政治人物提升为全国性的政治人物。他的表现如此杰出，连《纽约时报》都尊称他为“纽约市最可敬爱的市民”。

他就是阿尔·史密斯。在阿尔开始自我教育后的第十年，他成为纽约州政府的活字典。他曾连任四届纽约州州长——当时还没有人拥有这样的记录。1928 年，他当选为民主党总统候选人，包括哥伦比亚大学及哈佛大学在内的六所著名大学，都曾颁授荣誉学位给这位年少失学的人。

阿尔说，如果不是他一天勤读 16 小时，把他的缺失弥补过来，他绝对不可能有今天的成功。哲学家尼采认为，优秀杰出的人“不仅忍人所不能忍，并且乐于进行这种挑战”。

如果我们真的灰心到看不出有任何转变的希望，这里有两个我们起码应该一试的理由，这两个理由保证我们试了之后只有更好，不会更坏。

1. 我们可能成功。

2. 即使未能成功，这种努力的本身已迫使我们向前看，而不是只会悔恨，它会驱除消极的想法，代之以积极的思想；它激发创造力，促使我们忙碌，也就没有时间与心情去为那些已成过去的事忧伤了。

世界著名的小提琴家欧尔·布尔在巴黎的一次音乐会上，忽然小提琴的 A 弦断了，他面不改色地以剩余的三根弦奏完全曲。佛斯狄克说：“这就是人生，断了一根弦，你还能以剩余的三根弦继续演奏。”

这还不只是人生，这是超越人生，是生命的凯歌！

如果我做得到的话，我要把威廉·伯利梭的这段话镂刻并悬挂在每一所学校里：

人生最重要的不只是运用你所拥有的，任何人都会这样做，而真正重要的课题是如何从你的损失中获利，这才需要真智慧，也才显示出人的上智下愚。

不要期望他人的感恩

⊙请牢记，寻求快乐的唯一途径是不要期望他人的感恩，付出是一种享受施与的快乐。

⊙请牢记，感恩是一种需要培养的品德，希望儿女们知恩，就必须训练他们成为感恩的人。

⊙与其担心他人不知感恩，不如忘记它。耶稣一天救治了十个瘫子，只有一位回来感谢他。难道我们能比耶稣得到的更多吗？

我最近碰到一个义愤填膺的人，有人警告我碰到他 15 分钟内就一定会谈起那件事，果然如此。令他气愤的事发生在 11 个月前，可是他还是一提起就生气。他简直不能谈别的事，他为 34 位员工发了 1 万美元圣诞节奖金——每人差不多 300 美元——结果没有一个人谢谢他。他抱怨说："我很后悔，我居然发给他们奖金。"

"一个愤怒的人，浑身都是毒。"我衷心同情面前这位浑身是毒的人，他有 60 岁了。人寿保险公司统计我们还能活着的平均年数是目前年龄与 80 岁之间差数的三分之二。这位仁兄——如果他够幸运——大概还可活十四五年。结果他浪费了有限的余生中的将近一整年，为过去的事而感到愤恨不平，我实在同情他。

除了愤恨与自怜，他大可自问为什么人家不感激他：有没有可能是因为待遇太低、工时太长，或是员工认为圣诞奖金是他们应得的一部分？也许他自己是个挑剔又不知感谢的人，以致别人不敢也不想去感谢他。或许大家都觉得反正大部分利润都要缴税，不如当成奖金。

不过反过来说，也可能员工真的是自私、卑鄙、没有礼貌。也许是这样，也许是那样，我也不会比你更了解整个状况。我倒是知道英国约翰逊博士说过：“感恩是极有教养的产物，你不可能从一般人身上得到。”

我的重点是：他指望别人感恩乃是一项一般性的错误，因为他实在不了解人性。

如果你救了一个人的生命，你会期望他感激吗？你也许会——可是塞缪尔·莱维茨在他当法官前曾是位有名的刑事律师，曾使78个罪犯免上电椅。你猜猜看其中有多少人曾事后致谢，或至少寄个圣诞卡来？我想你猜对了——一个也没有。

耶稣基督在一个下午使十个瘫子起立行走，但是有几个人回来感谢他了呢？只有一位。耶稣环顾门徒问道：“其他九位呢？”他们全跑了，谢也不谢就跑得无影无踪！让我来问问大家：像你我这样平凡的人给了别人一点小恩惠，凭什么就希望得到比耶稣更多的感恩？

人间的事就是这样，人性就是人性——你也不用指望会有所改变，何不干脆接受呢？我们应该像一位最有智慧的罗马帝王马库斯·阿列留斯一样，他有一天在日记中说道：

“我今天会碰到多言的人、自私的人、以自我为中心的人、忘恩负义的人，我也不必吃惊或困扰，因为我还想象不出一个没有这些人存在的世界。”

他说的不是很有道理吗？我们每天抱怨别人不会感恩图报，到底该怪谁？这是人性，还是我们忽略了人性？不要再指望别人的感恩了，要是我们偶尔得到别人的感激，就会是一件惊喜。如果没有，也不至于难过。

我认识一位住在纽约的妇人，一天到晚抱怨自己孤独。没有一个亲戚愿意接近她，而我也不怪他们。你去看望她，她会花几个钟头喋喋不休地告诉你，她侄儿小的时候，她是怎么照顾他们的；他们得了麻疹、腮腺炎、百日咳，都是她照看的；他们跟她住了许多年，还资助一位侄子读完商业学校，直到她结婚前，他们都住在她家。

这些侄子都回来看望她吗？噢！有的！有时候！完全是出于义务性的。他们怕回去看她，因为想到要坐几个小时去听那些老调，无休无止的埋怨与自怜。当这位妇人发现威逼利诱也没法叫她的侄子们回来看她后，她就剩下最后一个绝招——心脏病发作。

这心脏病是装出来的吗？当然不是，医生也说她的心脏相当神经质，常常心悸。可是医生也束手无策，因为她的问题是情绪性的。

这位妇人需要的是关爱与关注，但是我以为她需要的是“感恩”，可惜她大概永远也得不到感激或敬爱，因为她认为这是应得的，她要求别人给她这些。

有多少人都像她一样，因为别人都忘恩负义，因为孤独，因为被人疏忽而生病。他们渴望被爱，但是在这世上真正能得到爱的唯一方式，就是不索求，相反地，还要不求回报地付出。

这听起来好像太不实际、太理想化了，其实不然！这是追求幸福最好的一种方法，我知道，因为我亲眼见到我家庭中发生的状况：我的父母乐于助人，我们很穷——总是窘于欠债，可是虽然穷成那样，我父母每年总是能挤出一点钱寄到孤儿院去。他们从来没有去拜访过那家孤儿院，大概除了收到回信外，也从来没有人感谢过他们，不过他们已有所回报，因为他们享受了帮助这些无助小孩的喜乐，并不期望任何回报。

我离家外出工作后，每年圣诞节，我总会寄张支票给父母，

让他们买点自己喜欢的物品，可是他们总不买。当我回家过圣诞时，父亲会告诉我，他们买了煤、日用品送给城里一个有很多小孩的贫苦妇人。施舍与不求回报的快乐是他们所能得到的最大的快乐。

我坚信我父亲已符合亚里士多德所说的懂得享受快乐的理想人的标准了。亚里士多德说："理想人会享受助人的快乐。"

要追求真正的快乐，就必须抛弃别人会不会感恩的念头，只享受付出的快乐。为人父母者总是怨恨子女不知感恩，即使是莎剧主人翁李尔王也不禁叫道："不知感恩的子女比毒蛇的利齿更痛噬人心。"

但是如果我们不教育他们，为人子女者如何会知道感恩呢？忘恩原是天性，它像随地生长的杂草。感恩却有如玫瑰，需要细心栽培及爱心的滋润。

假如子女们不知感恩应该怪谁？可能该怪的就是我们自己。如果我们总是不教导他们向别人表示感谢，怎么能期望他们来谢我们？

我认识一位住在芝加哥的朋友，他在一家纸盒工厂里工作得很辛苦，周薪不过 40 美元。他娶了一位寡妇，她说服他向别人借了钱送她第二个前夫的儿子上大学。他的周薪得用来支付食物、房租、燃料、衣服及缴付欠款。他像奴隶似的苦干了 4 年，而且从不埋怨。

有人感谢他吗？没有，他太太认为是理所当然的，那个儿子自然也是一样。他们一点也不感到对这位继父有任何亏欠，即使只是道谢一声。

这怪谁呢？这个儿子吗？也许！但是这位母亲不是更不该吗？认为这两个年轻的生命不应该有这种义务的负担，她不希望她的儿子"由负债"开始他们的人生。所以她从没想到要说："你们的继父资助你们念大学，多好的人啊！"相反地，她的态度却是："噢！那是他起码应做到的。"

她认为没有施加给他们任何负担，可是实际上，她让他们产生了一种危险的意识，认为这个世界有义务让他们活下去。果然后来，这位男孩想向老板“借”点钱，结果身陷囹圄。

我们一定要记住，孩子是我们造就的。举例来说，我姨母从来不抱怨儿女不知感恩。我小的时候，姨母把她母亲接去照料，同时也照料她的婆婆。我现在仍记得两位老人家坐在壁炉前的情景。她们有没有麻烦我姨母？我想一定很不少，但是你从她的态度上一点也看不出来。她真的爱她们，向她们嘘寒问暖，使她们感觉到家的温暖。而她自己还有 6 个子女，可她从不觉得自己做了什么伟大的事。对她来讲，这一切只不过是再自然不过的事，是正确的事，也是她愿意做的事。

我这位姨母已经孀居了二十几年，她的 5 位成年子女都欢迎她，希望她到他们家去一起住。她的子女们对她钟爱极了，从不觉得厌烦。是由于“感恩”吗？当然不是啦！这是真正的爱！这几位子女从孩童时代就生活在慈善的气氛中。现在需要照顾的是他们的妈妈；他们回报同样的爱，不是再自然不过了吗？

让我们不要忘了，要想有感恩的子女，只有自己先成为感恩的人。我们的所言所行都非常重要。在孩子面前，千万不要诋毁别人的善意。也千万别说：“看看表妹送的圣诞礼物，都是她自己做的，连一毛钱也舍不得花！”这种反应对我们可能是件小事，但是孩子们却听进去了。因此，我们最好这么说：“表妹准备这份圣诞礼物，一定花了不少时间！她真好！我们得写信谢谢她。”这样，我们的子女在无意中也学会养成赞赏感谢的习惯了。

报复只会伤害自己

⊙当我们痛恨我们的仇人时，就等于给了他们制胜的力量，那种力量可以使我们难以安眠，倒我们的胃口、升高我们的血压、危害我们的健康和吓跑我们的欢乐。

⊙怀着爱心吃菜，也会比怀着怨恨吃牛肉好得多。

一天晚上，我正旅行通过黄石公园，一位森林的管理人员骑在马上，和我们这些兴奋的游客谈些关于熊的事情。他告诉我们：一种大灰熊大概可以击倒西方所有的动物，除了水牛和另一种黑熊。但那天晚上，我却留意到一只小动物——只有一只，那只大灰熊不但让它从森林里出来，还和它在灯光下一起进餐。那是一只臭鼬！大灰熊了解，它的巨型之掌，能够一掌把这只臭鼬打昏，可是它为什么不那样做呢？由于它从经验里学到，那样做很划不来，我也了解这一点。当我还是个小孩的时候，曾经在密苏里的农庄上抓过四只脚的臭鼬，长大成人之后，我在纽约的街上也碰到过几个像臭鼬一样的两只脚的人。我从这些不幸的经验里发现：不论招惹哪一种臭鼬，都是划不来的。

当我们痛恨我们的仇人时，就等于给了他们制胜的力量，那种力量可以使我们难以安眠、倒我们的胃口、升高我们的血压、危害我们的健康和吓跑我们的欢乐。如果我们的仇人知道他们怎样令我们担心，令我们苦恼，令我们一心想报复的话，他们肯定会兴奋得跳起舞来。我们心中的恨意完全不能伤害到他们，却使我们的生活变得像地狱一般。

你猜是谁说过：“要是自私的人想占你的便宜，就不必去理会他们，更不必想去报复。当你想和他扯平的时候，你伤害自己的程度要比你伤害那家伙的程度更多。”这段话听起来仿佛是什么理想主义者所说的，其实不然。这段话出自在一份由米尔瓦基警察局所发出的通告上。报复怎样会伤害你呢？伤害的地方可多了。根据《生活》杂志的报道中指出，报复甚至会损害你的健康。

“高血压患者主要的特征就是容易愤慨，”《生活》杂志说，“愤怒不停的话，长期性的高血压和心脏病就会随之而来。”

如今你该了解耶稣所谓“爱你的仇人”，不只是一种道德上的训诫，而且是在宣扬一种 20 世纪的医学。他说“要原谅七十个七次”的时候，他是在教我们怎样避免高血压、心脏病、胃溃疡和多种其他的疾病。

我的一个朋友最近犯了一次严重的心脏病，他的医生命令他躺在床上，无论发生任何事情都不能生气。医生们都了解，心脏衰弱的人一发脾气就可能失去生命。几年以前，在华盛顿州的史泼坎城，有一个饭馆老板就是由于气愤而死。如今我面前就有一封从华盛顿州史泼坎城警察局局长杰瑞·史瓦脱那里来的信。信上说：几年以前，一个 68 岁的老人威廉·传坎伯，在史泼坎城开了一家小餐馆，由于他的厨子一定要用茶碟喝咖啡，而使他活活气死了。当时那位小餐馆的老板特别生气，抓起一把左轮枪去追那个厨子，结果由于心脏病发作而倒地死去，手里还紧紧地抓着那把枪。验尸官的报告宣称：他由于愤怒而引发心脏病。

当耶稣说“爱你的仇人”的时候，他也是在告诉我们：怎么样改进我们的外表。我想你也和我一样，认得一些女人，她们的脸因为怨恨而有皱纹，因为悔恨而变了形，表情僵硬。不管怎样美容，对她们容貌的改进，也及不上让她心里充满了宽容、温柔和爱所能改进的一半。

怨恨的心理，甚至会毁了我们对食物的享受。圣人说：“怀着爱心吃菜，也会比怀着怨恨吃牛肉好得多。”

要是我们的仇人知道我们对他的怨恨使我们精疲力竭，使

我们疲倦而紧张不安，使我们的外表受到伤害，使我们得心脏病，甚至可能使我们短命的时候，他们不是会拍手称快吗？

即使我们不能爱我们的仇人，至少我们也要爱我们自己。我们要使仇人不能控制我们的快乐、我们的健康和我们的外表。就如莎士比亚所说的：

“不要因为你的敌人而燃起一把怒火，热得烧伤你自己。”

当耶稣基督说，我们应该原谅我们的仇人“七十个七次”的时候，他也是在教我们怎样做生意。我举个例子吧。当我写这一段的时候，我面前有封由乔治·罗纳寄来的信，他住在瑞典的艾普苏那。乔治·罗纳在维也纳当了很多年律师，但是在第二次世界大战期间，他逃到瑞典，一文不名，很需要找份工作。因为他能说并能写好几国的语言，所以希望能够在一家进出口公司里，找到一份秘书的工作。绝大多数的公司都回信告诉他，因为正在打仗，他们不需要用这一类的人，不过他们会把他的名字存在档案里等等。

不过有一个在写给乔治·罗纳的信上说：“你对我生意的了解完全是错误的。你笨又无知，我根本不需要任何替我写信的秘书。即使我需要，也不会请你，因为你甚至于瑞典文也写不好，信里全是错字。”

当乔治·罗纳看到这封信的时候，简直气得发疯。那个瑞典人写信来说，他写不好瑞典文是什么意思？那个瑞典人自己的信上都是错误百出。于是乔治·罗纳也写了一封信，目的要想使那个人大发脾气。但接着他停下来对自己说：“等一等。我怎么知道这个人说的是不是对的？我学过瑞典文可是这并不是我的母语，也许我确实犯了很多我并不知道的错误。如果是那样的话，那么我想要得到一份工作，就必须再努力地学习。这个人可能帮了我一个大忙，虽然他本意并非如此。他用这么难听的话来表达他的意见，并不表示我就不亏欠他，所以应该写封信给他，在信上感谢他一番。”

于是乔治·罗纳撕掉了他刚刚已经写的那封骂人的信，另外写了一封信说：这样不怕麻烦地写信给我实在是太好了，尤其是你并不需要一个替你写信的秘书。对于我把贵公司的业务弄错的事我感到非常抱歉。我之所以写信给你，是因为我向别人打听，而别人把你介绍给我，说你是这一行的领导人物，我并不知道我的信上有很多文法上的错误，我觉得很惭愧，也很难过。我现在打算更努力地去学习瑞典文，以改正我的错误，谢谢你帮助我走上改进之路。”

不到几天，乔治·罗纳就收到那个人的信，请罗纳去看他。罗纳去了，而且得到了一份工作，乔治·罗纳由此发现“温和的回答能消除怒气”。

我们也许不能像圣贤般去爱我们的仇人，但是为了我们自己的健康和欢乐，我们至少要原谅他们，忘记他们，这样做确实是很聪明的事。有一次我问艾森豪威尔将军的儿子约翰，他爸爸会不会总是怀恨别人。“不会，”他回答，“我爸爸从来不浪费一分钟，去想那些他不喜欢的人”。

有句老话说：不能生气的人是笨蛋，而不去生气的人才是聪明人。

这也就是前纽约州州长盖诺所抱定的政策。他被一份内幕小报攻击得体无完肤之后，又被一个疯子打了一枪差一点送命。他躺在医院为他的生命挣扎的时候，他说：“每天晚上我都原谅所有的事情和每一个人。”这样做是否太理想了呢？是否太轻松、太好了呢？假如是的话，就让我们来看看那位伟大的德国哲学家，也就是《悲观论》的作者叔本华的理论。他以为生命就是一种毫无价值而又痛苦的冒险，当他走过的时候仿佛全身都散发着痛苦，可是在他绝望的深处，叔本华叫道：“假如可能的话，不应该对任何人有怨恨的心理。”

有一次我曾问伯纳·巴鲁区——他曾经做过六位总统的顾问：威尔逊、哈定、柯立芝、胡佛、罗斯福和杜鲁门——我问他会不会由于他的敌人攻击他而难过？“没有一个人可以羞辱我或者干扰我，”他回答说，“我不让他们这样做。”也没有人可能羞辱或困扰你和我——除非我们让他这样做。

“棍子和石头也许能打断我的骨头，但是言语永远也不能伤害我。”

我经常站在加拿大杰斯帕国家公园里，仰望那座可算是西方最美丽的山，这座山以伊笛丝·卡薇尔的名字命名，纪念那个在 1915 年 10 月 12 日像圣人一样慷慨赴死，被德军行刑队枪毙的护士。她犯了什么罪呢？由于她在比利时的家里收容和看护了很多受伤的法军、英国士兵，还协助他们逃到荷兰。在 10 月的那天早上，一位英国教士走进军人监狱她的牢房里，为她做最后祈祷的时候，伊笛丝·卡薇尔说了两句后来刻在纪念碑上不朽的话语：“我了解光是爱国还不够，我一定不能对任何人有敌意和怨恨。”4 年之后，她的遗体转移到英国，在西敏寺大教堂举行安葬大典。我在伦敦住过一年，我时常到国立肖像画廊对面去看伊笛丝·卡薇尔的那座雕像，同时还朗读她这两句不朽的名言：“我知道光是爱国还不够，我一定不能对任何人有敌意和怨恨。”

第十一章　成就完美与和谐

最高形式的美

⊙对最高形式的美来说，温柔的、高贵的性情无疑是最不可缺的，它可以令最平凡的面孔焕发光彩。

⊙如果你的脑海中时时拥有美好的思想和善良的愿望，那么无论你到任何一个角落，你都会给人留下优美和谐的印象，没有人会注意到你的长相是多么的普通或是你的身体有什么缺陷。

如果我们希望自己的外表更美的话，我们必须首先美化自己的心灵，因为我们内心的每一个思想、每一个动机都会清晰而微妙地反映在我们的脸上，决定着它的丑陋或美丽。内心的不和谐将扭曲世上最美的容颜，使其黯然失色。

莎士比亚说过："上帝给了你一张面孔，而你自己却另造了一张。"我们的心灵可以随意地制造美丽或丑陋。

对最高形式的美来说，温柔的、高贵的性情无疑是最不可缺的，它可以令最平凡的面孔焕发光彩。相反地，暴戾的性情、恶劣的脾气和嫉妒的心理，会毁坏世界上最美丽的容颜，使它变得丑陋无比，毕竟，没有什么东西能够与优雅可爱的个性产生的美相媲美。无论是化妆、按摩，还是药品，都无法改变和遮掩由错误的思维习惯所导致的偏见、自私、嫉妒、焦虑以及精神上的摇摆不定反映在脸上的痕迹。

美产生于内在的心灵。如果所有的人都能够培养出一种优雅宽宏的精神状态，那么不仅他所表达的思想观点具备一种艺术美，他的体魄同样是健美的，因为内在的美会使外在的美愈加耀眼生辉，光彩逼人。在他身上，的确会焕发出迷人的优雅和魅力，这种精神上的美甚至要胜过单纯的形体美。

我们都曾经看到，即便是容貌极其平平的女士，由于其迷人的个性魅力，照样给我们留下了非同凡响的美丽印象。通过外表展示的美好的心灵反过来又影响着我们对形体的看法，在我们的眼里，它仿佛也变得婀娜多姿了。

安托尼·贝利尔说得非常对："在这个世界上没有丑陋的女人，只有不知道怎样使自己显得美丽的女人。"

正是那种热诚慷慨的随时准备帮助他人的心态，以及在任何地方撒播阳光和欢乐的美好心愿，构成了所有真正的个性美的基础，并使得我们永远神采焕发、美丽动人。渴望使自己变得更加美丽并付出相应的努力，生活就会变得多姿多彩。而且，既然外表只是内在的一种反映，是思维的习惯和通常的心态在身体上的展现，那么我们的面孔、我们待人接物的态度、我们的一举一动就必须和我们的精神世界相吻合，并变得更加温柔和富有魅力。如果你的脑海中时时拥有美好的思想和善良的愿望，那么无论你到任何一个角落，你都会给人留下优美和谐的印象，没有人会注意到你的长相是多么的普通或是你的身体有什么缺陷。

我们都仰慕绝代风华的面庞和绰约丰盈的身姿，但是，我们更热爱在崇高的心灵映衬之下的面容。我们之所以爱它，是因为它预示着我们有可能成为完美的人，它代表着造物主所追求的最高理想，激起我们的爱和仰慕的并不是最亲密的朋友的外表，而是他在我们的心灵深处唤起的对友情的追忆和向往。最崇高的美并不是一种实际的存在，它是一种理想，一种隐约可见的追求，一种体现在某个具体人物或具体事物上的美好品性，它给我们带来了欢乐和喜悦。

每个人都应该尽可能地使自己变得更加美丽，更加动人，更加成为完整意义上的人。这种对最高层次的美的追求绝非没有意义。

学会调适自己

⊙一个处于永恒和谐之中的心灵平静的人是不可能有任何灾难的，他也不可能恐惧灾难，因为他知道自己处于上帝那双充满爱意的大手的庇护下，因此，什么也不可能伤害到他。

和谐是一切效率、美好和幸福的秘密所在，并且，和谐能使我们自己和上帝保持一致。和谐意味着一切心理功能的绝对健康。沉着、安定、和蔼与好的脾气，往往能使我们的整个神经系统、我们所有的身体器官与新陈代谢过程保持协调，这种和谐往往因摩擦冲突而受到破坏。

人类的身体像一部无线电报机，根据它的思想和理念的性质，它不断地发出平和、力量、和谐或混乱的信息。这些信息以光速飞向四面八方，这些信息往往也能找到它们自己的知音。

一个处于永恒和谐之中的心灵平静的人是不可能有任何灾难的，他也不可能恐惧灾难，因为他知道自己处于上帝那双充满爱意的大手的庇护下，因此，什么也不可能伤害到他。因为他是按照永恒的真理立身、行事、处世的。这样一个极其平静的心灵宛如深海之中岿然不动的一座巨大冰山，它嘲笑洋面上击打它身侧的汹涌波涛和狂风暴雨，这些汹涌的怒涛和狂风暴雨甚至连使它产生恐惧也不能，因为它处于深海之中的巨大冰块是平衡的，这种平衡能使它平静地、不受阻碍地稳稳漂流。

很奇怪，许多在其他一些事情上非常精明的人，在保持自身和谐这一重大精神事务上却往往非常短视、无知和愚蠢。许多白天历经疲倦和失调的上班族到了晚上会发现自己简直完全累垮了。这种人如果在早上上班之前能舍得花一点儿时间好好地调整自己，那他们就会事半功倍，他们回家时就会依然精神焕发。如果一个早上去上班的人感到与每一个人都不一致、都不协调，如果他对生活，特别是对那些他必须应付的人和事存在一种抵触心理的话，他是不可能收到事半功倍的效果的，因为他的大部分精力都白白浪费掉了。

从没有试着去调整自己的人就不可能意识到，早晨上班之前好好地调整自己会带来巨大的好处。一个纽约的生意人最近告诉我说，每天早晨在使自己的精神、思想和世界保持极好的协调之前，他是不会允许自己去上班的。如果他感到自己有点儿嫉妒他人或是内心不安，如果他感到自己有些自私和不公正，如果他不能正确地对待他的合作伙伴或雇员，他就绝不去上班，直到他保持协调，直到他的思想清除了任何形式的混乱。他说，如果在早晨去上班时自己对待每一个人都有一种正确心态，那他的整个一天都会过得很轻松、很惬意。他还说，过去凡是心态混乱的情形时去上班，他都不可能有像心态和谐时那样好的效果，他容易使周围的人不快，更不要说使他自己疲惫不堪了。

许多人之所以过着一种忧郁、贫乏的生活，其原因之一便是他们不能从那些使自己精神失调、恼怒、痛苦和担忧的事情中超越出来，因而他们无法使自己的精神获得和谐。

善于比较

⊙生活中的许多烦恼都源于我们盲目和别人攀比，而忘了享受自己的生活。

⊙全才是没有的，人各有所长，各有所短。我们既不能专门以己之长，比人之短；也不应以己之短，比人之长。

我们总是觉得，别人比我们快活，这其实是一种错觉。即使那些处于权力巅峰者，也都有各自的苦恼。在一般人看来，国王、总统、首相似乎是权力和财富的化身，他们可以尽情享乐，为所欲为。像沙皇彼得一世那样，可任意到叶卡捷琳娜美女云集的宫院开怀取乐；像阿拔斯国王哈伦·拉希德那样，高兴时可用黄金制造碟子，用宝石饰缀帷帐。

事实上，炫目的权力，豪华与奢侈，不过是高居权力巅峰者生活的表面，首先爬上“宝座”，从默默无闻到众星拱月，本身就是一个充满坎坷的复杂过程。当人们谈到这些登峰造极的人物时，大概不会想到，恩克鲁玛在担任加纳元首前曾经在一家公司轮船上洗瓶罐的情形；也不会想到希特勒 25 岁时“忧愁和贫困是我的女友，无尽的饥馑是我的同伴”的哀怨。另一方面，位高者有位高者的苦恼，悠悠万事，多是苦乐相济、幸福与烦恼并存的，站在权力的金字塔上也并非处处如意。

英国女王伊丽莎白一世受制于宫廷礼仪，连恋爱自由都没有，最终落得终身未嫁，哑巴吃黄连。

美国总统杜鲁门上任短短几个月光景，便发现：“一个人当了总统就好像骑上了老虎背，他必须一直骑下去，不然就会被老虎吃掉。”

阿登纳 70 岁坐上联邦德国总理这把交椅时，深感局促不安，他在第一次公开发表讲话时，心情紧张得像揣着活兔。

印度尼西亚总统苏加诺的传记作者莱格道出了苏加诺的苦衷，他说：苏加诺所真正希望得到的，倘若他能如愿以偿的话，就是这样一个职位，既可发挥领导作用而又不陷于日常政府事务。可苏加诺始终未能如愿。

英迪拉·甘地在寓所里尽管每天都可以接见官员和其他求见者，但她时常怅叹：“搞政治这一行寂寞孤独。”

在君主制国家里，巴列维国王难得有点“平易近人”，他抱怨：“伊朗古老悠久的帝制传统易使国王产生孤独感，虽然人们可以较多地与我接近，我也不像父王那样严厉，可是王位本身自然而然使我与人们间隔着一条鸿沟……我喜欢像别的元首那样独自做出决定，这样孤寂感就会更加强烈。”

美国总统林登·约翰逊政绩不算太差，但可恶的新闻界老跟他

过不去，故意把他描绘成“一个乡巴佬”。这使他备感羞辱和委屈，对新闻界他又怕又恨，以至澳大利亚总理罗伯特·孟席斯不得不像哄小孩似的安慰他：“不必对新闻界耿耿于怀，人民没选他们干事，人民选的是你，他们说话代表他们自己，而你说话代表人民。”

俄皇伊丽莎白就位后一直担惊受怕，恐遭人暗算。她每天都要更换房间睡觉，最后干脆找来一个能彻夜不眠的人坐在自己身边，才能安心入睡。

列举了这么多例子，无非是想说明：每个人都有每个人的苦恼，平凡人拥有的那份宁静也许恰恰是帝王将相所求之不得的。所以只要你真心觉得自己比国王还快活，那么你就的确会如此。

生活中的许多烦恼都源于我们盲目和别人攀比，而忘了享受自己的生活。

有这样一则法国笑话：维克多兴冲冲地从文化宫走出来，一位朋友问他：“为什么这么高兴?”“因为我今天玩得很好，”维克多回答，“我打了网球，下了象棋。既赢了象棋冠军，又赢了网球冠军 ”。“你打网球、下象棋都很在行吗?”“我和网球冠军一起下象棋，赢了他，后来，我又和象棋冠军一起打网球，我也赢了。”

维克多的言行自然引人发笑，但在大笑之余，我们是否也能从中得到这样的启示：全才是没有的，人各有所长，各有所短。我们既不能专门以己之长，比人之短；也不应以己之短，比人之长。

所谓“境由心造”。如果你善于发掘自己的长处，善于比较，你就会常常生活在一种愉快的惬意之中。

将逆境变成一种祝福

⊙当你遇到挫折时，切勿浪费时间去算你遭受了多少损失；相反，你应该算算看你从挫折当中，可以得到多少收获和资产。

⊙时间对于保存这颗隐藏在挫折当中的等值利益的种子是

非常冷酷无情的，找寻隐藏在新挫折中的那颗种子的最佳时机，就是现在。

约翰在威斯康星州经营一座农场，当他因为中风而瘫痪时，就是靠着这座农场维持生活的。由于他的亲戚们都确信他已经是没有希望了，所以他们就把他搬到床上，并让他一直躺在那里。虽然约翰的身体不能动，但是他还是不时地动脑筋，忽然间，有一个念头闪过他的脑海，而这个念头注定了要补偿他不幸的缺憾。

他把他的亲戚全都召集过来，并要他们在他的农场里种植谷物。这些谷物将用作一群猪的饲料，而这群猪将会被屠宰，并且用来制作香肠。数年间，约翰的香肠就被陈列在全国各商店出售，结果约翰和他的亲戚们都成了拥有巨额财富的富翁。

产生这样美好结果的原因，就在于约翰的不幸迫使他运用从来没有真正运用过的一项资源：思想。他定下了一个明确目标，并且制订了达到此一目标的计划，他和他的亲戚们组成智囊团，并且以应有的信心，共同实现了这个计划。别忘了，这个计划是因为约翰中风之后才制订的。

当你遇到挫折时，切勿浪费时间去算你遭受了多少损失；相反，你应该算算看你从挫折当中，可以得到多少收获和资产。你将会发现你所得到的，会比你所失去的要多得多。你也许会认为约翰在发现思想力量之前，就必然会被病魔打倒，有些人更会说他所得到的补偿只是财富，而这和他所失去的行动能力并不等值。但约翰从他的思想力量和他亲戚的支持力量中，也得到了精神方面的补偿。虽然他的成功并不能使他恢复对身体的控制能力，但却使他得以掌控自己的命运，而这就是个人成就的最高象征。他可以躺在床上度过余生，每天只为自己和他的亲人难过，但是他没有这样做，反而带给他的亲人们想都没有想过的幸福。

长期的疾病通常会使我们不再看，也不再听。我们应该学

习去了解发自内心深处的轻声细语，并分析出导致我们遭到挫折甚至失败的原因。爱默生对此事的看法是：

“发烧、肢体残障、冷酷无情的失望、失去财富、失去朋友都像是一种无法弥补的损失。但是平静的岁月，却展现出潜藏在所有事实之下的治疗力量。朋友、配偶、兄弟、爱人的死亡，所带来的似乎是痛苦，但这些痛苦将扮演着导引者的角色，因为它会操纵着你生活方式的重大改变，终结幼稚和不成熟，打破一成不变的工作、家族或生活形态，并允许建立对人格成长有所助益的新事物。

“它允许或强迫形成新的认识，并接受对未来几年非常重要的新影响因素。在墙崩塌之前，原本应该在阳光下种种花朵——种植那些缺乏伸展空间而头上又有太多阳光的花朵的男男女女，却种植了一片孟加拉榕树林，它的树荫和果实，使四周的邻人们因而受惠。”

时间对于保存这颗隐藏在挫折当中的等值利益的种子，是非常冷酷无情的，找寻隐藏在新挫折中的那颗种子的最佳时机，就是现在。你也可以再检查一下过去的挫折，并找寻其中的种子。有的时候，我们会因为挫折感太过强烈，而无法马上着手去找这颗种子。但是，现在你已有了更高的智慧和更多的经验，足以使你轻易地从任何挫折中，学习它能教给你的东西。

不要重复老路

⊙如果我们不是常常追求进步，保持如年轻人般敏锐的头脑，那么不仅我们自己的工作会受到阻碍，我们整个人也会变得平庸。

⊙不断地超越自我，没有什么比这更能够催人进步。

在人类历史的早期，当时楠塔基特岛上的路很少，且道路状况很差。在那些布满沙子的平原上，到处贴着告示，警示过客们“不要重复老路”。最近，一个作家解释说：“这句话的意思很明显，就是奉劝过路人不要每一次都去重复地走前人的老路，最好自己开辟一条新路。这样，他自己会有一些收获，也为大家做了好事。”

我们都知道思想僵化的害处。有一句成语叫“熟视无睹”，意思就是说，如果一个人总处在同样的环境中，对环境的熟悉就会使我们对于它的缺点视而不见。如果思想缺乏交流，那么思想就失去了灵活性和对新事物的敏感性。如果我们不是常常追求进步，保持如年轻人般敏锐的头脑，那么不仅我们自己的工作会受到阻碍，我们整个人都会变得平庸。大脑像肌肉一样，只有在使用中才能得到锻炼。如果一个人在工作中停止了思考，那么日渐一日，他的大脑就会变得迟钝，他工作毫无进步，直到最后他失去了进取心，不能公正地评价自己的工作。这个时候，他就不再进步了，而开始大步地倒退了。

不断地超越自我，没有什么比这更能够催人进步。不管一个人的职业是什么，如果他每年都能够彻底地反省一次，找出自己的缺点和阻碍自己进步的地方，那么他将会取得十倍于现在的成就。

涉世之初，我们或许会许诺，永远不会降低我们的理想，我们会永远追求进步，与时代最先进的思想潮流相同步。但言之易，行之难，很多人没有告诫自己，要始终保持自己的理想，这样的人很快就没有希望了。

保持快乐的唯一方式就是抓住生活中的每一次机会，享受生活，并非只有等到你有了金钱和地位时才可以享受生活。一次轻松的旅行，购买一件艺术品，建一座舒适的住宅，或者实现其他的一些抱负，并不是只有当你有钱有地位之后才可以实现的。一天天、一年年地推迟自己的梦想，不仅使自己失去了现在的乐趣，还阻碍了我们追求未来幸福的脚步。

总是把快乐寄托在明天本身就是一个巨大的错误。

许多年轻的夫妇，整年像奴隶般地工作，放弃了每一个放松和追求快乐的机会。他们不让自己有任何的奢侈行为，不会去看一场戏剧或听一场音乐会，也不会去组织一次郊游，不会去买一本自己渴望已久的书，没有阅读兴趣和文化生活。他们想，等自己有了足够的金钱时，就会有更多的享受了。

每一年他们都渴望着来年自己会过上幸福的生活，或许可以计划一次奢侈的旅行。但是当第二年到来的时候，他们会发现自己必须再忍耐一些，节约一些。于是，一年年地这样推迟，直到自己变得麻木。

最终，当他们觉得他们可以去追求一点快乐的时候，他们可以去国外旅行，可以去听音乐会，可以去购买一件艺术品，可以通过阅读开阔自己的眼界时，已经太晚了。他们习惯了单调的生活。生活失去了色彩，热情消逝了，雄心磨灭了。长年的压抑破坏了自己享受生活的能力，他们牺牲了自己的健康和快乐得来的东西却变得一钱不值了。

难道生活就仅仅是吃喝拉撒睡吗？除了美元、土地、房屋和银行账户外，生活难道就不应该有其他的一些乐趣吗？

既然上帝赋予了我们神奇的力量，为什么要让它磨灭呢？如果人只像野兽那样过得毫无生活乐趣，人就不称其为人了。

走向平静的未来

⊙当我们向世界寻求恢复内心平静，投入世界为了重拾失去的希望，或为了得知如何生活的时候，我们都将永远找不着所寻求的真理，因为真理就深埋在我们的心中。

⊙我们无法决定明天或后天或几年内将发生的事，但是我们可以设定最后将会回到我们身上的正面能量。

有一个东方的神话说众神聚会决定该把“宇宙的真理”藏在什么地方，第一个神建议把它藏在海里面，但是其他神却嘘声四起，说人类会建造潜水艇下到海里去找到；第二个神建议把它藏在天上，距离地球很远的一个星球上，但是其他神却认为人类会建造太空船到达这遥远的星球；最后，第三个神建议把真理挂在每一个人的脖子上，其他神同意了他的说法，认为人类不会从这么明显的地方去寻找真理，所以他们就照第三个神的建议去做了。

当我们向世界寻求恢复内心平静，投入世界为了重拾失去的希望，或为了得知如何生活的时候，我们都将永远找不到所寻求的真理，因为真理就深埋在我们的心中，然而这也是我们投射给别人的自我面相，我们就是我们给予外界的样子。“所有的解答都藏在我们的心中”，这个想法是智慧、深奥难解的，但并不意味着有两个自我，外在自我和内在自我，只要内在自我是强壮的、大胆的、善辩的或忠诚的、敏感的，则外在自我就可以成为它纯粹功能性的机制，像是赚钱、洗车、洗衣服等。事实是真正的放松不会在内在孤立你，而会到外在世界发光，改变外在自我，让你更大众化，同时改变其他人。

我们无法决定明天或后天或几年内将发生的事，但是我们可以设定最后将会回到我们身上的正面能量。当有人在一泓池水中央丢下一颗石子，产生的涟漪会一圈一圈地向外扩张直到池边，然后涟漪会以复杂的交叉水流开始回流向池中央。同样的道理，我们给予世界的祝福也将回到我们身上，如同要怎么收获就怎么栽种，乃是因果的原则。当我们投射强烈的和有信心的善行给陌生人，就像一个祷告飞向神那里，而祷告者也会即时获得启示的报偿。

我们必须面对自己，知道自己是谁，发现自身的价值，根据这价值而行动。如果我们跟随着这自我认识的道路走向满足，而不是只想逃开，朝向放逐式的放松，我们的正面能量会将它自身的能量传送到未来。每次当我们到达未来时，我们将发现它在沿路等我们——依我们过去所想、所说、所做的一切来迎接我们。

播种美丽，收获幸福

⊙“请在你旅途所经之处撒播鲜花的种子，因为你可能永远都不会在同样的路上再次旅行。”

⊙你是否曾经感受到了大自然所蕴含的美的神奇力量？如果没有的话，那你就丧失了生活中最深沉的一种幸福。

一位年长的旅行者曾经讲述了这样一次经历：有一次在去美国西部的旅行途中，他恰好坐在一位年迈的妇人旁边，这位老妇人时不时地从敞开的窗户中探出身去，从一个瓶子中把一些粗大的“盐粒”撒在路上——至少在他看来是如此。当她撒完了一个瓶子之后，又从手提包里把瓶子灌满，接着继续撒。

听他讲述这一经历的一个朋友认识这位老妇人，并告诉他，这位老妇人极其喜欢鲜花，并且一贯遵循一个信念：“请在你旅途所经之处撒播鲜花的种子，因为你可能永远都不会在同样的路上再次旅行。”通过在自己的旅途中撒播鲜花的种子，这位老妇人大大地增添了原野的美丽。正是由于她热爱美、传播美，使得许多道路两侧鲜花缤纷，生机盎然，令寂寞的旅人耳目一新。

如果我们在漫长的人生旅程中都能够像这位老妇人一样热爱美并传播美的种子，那么这个世界将会变成多么令人心旷神怡的天堂啊！

的确，到乡间的一次旅行是多么难得的机会啊，它可以把美带进我们的生活，可以提高我们的审美能力，这种能力在大多数人身上完全未被开发，处于混沌的睡眠状态。对那些懂得并欣赏美的人来说，融入大自然的怀抱就像是走进了一座巨大而精美的、弥漫着优雅和魅力的宫殿。展现在我们面前的大自然，是这样的庄严、美丽和可爱。在这里有轻风在驰骋，有泉流在激溅，有鸟儿在鸣啼。风的微吟、雨的低唱、虫的轻叫、水的轻诉，一切都显得是那么抑扬顿挫、长短疾徐，再加上夕阳的霞光，花儿的芬芳，高山的宏伟，彩虹的艳丽，空气的清爽，构成了足以让天使陶醉的画面，而置身于其中的我们，又怎能不像喝了醇酒一般呢？但是，这种美丽和恬静是无法靠金钱来换取的，只有那些与大自然的脉搏一起跳动，与充满了温情和爱的大自然相吻合的人们，才能真正地发现它们，欣赏它们，并拥有它们。

你是否曾经感受到了大自然所蕴含的美的神奇力量？如果没有的话，那你就丧失了生活中最深沉的一种幸福。我曾经有过一次横穿大峡谷的经历，坐在一辆公共马车上，在崎岖的山路上颠簸了一百英里，我是如此筋疲力尽、腰酸背痛，以至于我都觉得无法再支撑着熬过离目的地还有十英里的路程，但是，当我偶然从山顶往下注视时，我看到了著名的大峡谷瀑布和周围绝佳的风景，而此时，太阳正破云而出，金色的光芒照耀大地，呈现在我面前的是一幅空前绝后、摄人心魄的画面，我身上的每一点疲劳、困顿和酸痛，都立刻被驱散得无影无踪。我的全部身心都沉浸在大自然的浩瀚恢宏和空旷豁朗之中。这种美是我以前从未经历过的，也是我永生难忘的。我感到自己的灵魂得到了升华，心中是那么平和宁静，而喜悦的泪水则在不知不觉中溢满了眼眶。

当我们的心灵驰骋于绿色无垠的原野，徜徉于翠竹掩映的溪畔时，我们肯定不会怀疑造物主是在按照他自己的形象和爱好来制造人类的，想必造物主是希望人类跟大自然一样美丽。

第十二章　逐步迈向成功

跌倒不算失败

⊙跌倒不算失败，跌倒了站不起来，才是失败。

⊙世界上有无数人，已经丧失了他们所拥有的一切东西，然而还不能把他们叫做失败者，因为他们仍然有着不可屈服的意志，有着坚忍不拔的精神。

要检验一个人的品格，最好是看他失败以后如何行动。失败以后，能否激发他的更多的策略与新的智慧？能否激发他潜在的力量？是增强了他的决断力，还是使他心灰意冷了呢？

爱默生说："伟大而高贵的人物最明显的标志，就是他坚强的意志，不管环境变化到何种境地，他的初衷与希望，仍然不会有丝毫的更改，而终至克服障碍，以达到所企望的目的。""跌倒了再爬起来，从失败中求胜利。"这是历代伟人的成功秘诀。

有人问一个孩子，他是怎么学会溜冰的？那孩子回答道："哦，跌倒了爬起来，爬起来再跌倒，就学会了。"之所以个人成功，之所以军队胜利，实际上就是这样的一种精神。跌倒不算失败，跌倒了站不起来，才是失败。

可能过去的一切，对一些人来说是一部非常痛苦、非常失望的伤心史。所以，有的人在回忆从前时，会觉得自己处处失败、碌碌无为，他们竟然在非常希望成功的事情上失败了；或是他们所至亲至爱的亲属朋友，竟然离他而去；或是他们已经失掉了职位，或是经营失败；或是因为各种原因而不能使自己的家庭得以维系。在这些人看来，自己的前景似乎是十分的渺茫。然而即便有上述的种种不幸，只要你永不甘屈服，那么胜利就在前方，就在向你招手。

失败是对一个人人格的考验，在一个人除了自己的生命以外，一切都已失去的情况下，潜在的力量到底还有多少？没有勇气继续奋争的人，自认失败的人，那么他所有的能力，就会全部消失。而只有毫无畏惧、勇往直前、永不放弃人生责任的人，才会在自己的生命里有伟大的进展。

有人也许要说，早已失败多次了，所以再试也是徒劳无功，这种想法真是太自暴自弃了！对意志永不屈服的人，根本就没有所谓的失败。无论成功是多么遥远，失败的次数是多少，最后的胜利仍然在他的希望里。狄更斯在他小说里讲到一个守财奴斯克鲁奇，最初是个爱财如命、一毛不拔、残酷无情的家伙，他甚至把全部的精神都钻在钱眼里，可是到了晚年，他竟然变成一个慷慨的慈善家、一个宽宏大量的人、一个真诚爱人的人了。狄更斯的这部小说并非完全虚构，世界上也真有这样的事实。人的本性都可以由卑鄙变为善良，人的事业又何尝不能由失败变为成功呢？现实生活中这样的例子并不少，许多人失败了再起来，沮丧而又不认输，抱着不屈不挠的无畏精神，向前奋进，最终竟然获得了成功。

世界上有无数人已经丧失了他们所拥有的一切东西，然而还不能把他们叫做失败者，因为他们仍然有着不可屈服的意志，有着坚忍不拔的精神。

世间真正伟大的人对于世间所说的种种成败并不介意，所谓“不以物喜，不以己悲”。这类人无论面对多么大的失望，绝不会失去镇静，这样的人终能获得最后的胜利。在狂风暴雨的袭击中，那些心灵脆弱的人们唯有束手待毙，但这些人的自信精神、镇定气概。却仍然存在，而这种精神使得他们能够克服外在的一切境遇，去获得成功。

温特说：“失败，是走上更高地位的开始。”菲力说：许多人所获得的最后的胜利，只是来自于他们的屡败屡战。对于没有遇见过失败的人，有时反而让他不知道什么是大胜利。一般来说，失败会给勇敢者以果断和决心。

从做愚人开始

⊙艾尔特伯·哈伯特说过：“每个人一天起码有 5 分钟不够聪明，智慧似乎也有无力感。”

⊙我们经常把自己的错误怪罪到别人身上，随着年龄的增长，我们将会发现最应该怪罪的其实是我们自己。

我要告诉你关于一位深谙自我管理艺术的人物的故事，他的名字是豪威尔。1944 年 7 月 31 日，他在纽约大使酒店突然身亡的消息震惊了全美。华尔街更是骚动，因为他是美国财经界的领袖，曾担任美国商业信托银行董事长，兼任几家大公司的董事。他受的正式教育很有限，在一个乡下小店当过店员，后来当过美国钢铁公司信用部经理，并一直朝更大的权力地位迈进。

我曾请教豪威尔先生成功的秘诀，他告诉我说：“几年来我一直有个记事本，登记一天中有哪些约会。家人从不指望我周末晚上会在家，因为他们知道，我常把周末晚上留作自我省察，评估我在这一周中的工作表现。晚餐后，我会独自一人打开记事本，回顾一周来所有的面谈、讨论及会议过程。我自问：‘我当时做错了什么？’‘有什么是正确的？我还能干什么来改进自己的工作表现？’‘我能从这次经验中吸取什么教训？’这种每周检讨有时弄得我很不开心。有时我几乎不敢相信自己的莽撞。

当然，年事渐长这种情况倒是越来越少，我一直保持这种自我分析的习惯，它对我的帮助非常重大。”

豪威尔的这种做法可能是向富兰克林学来的，不过富兰克林并不会等到周末，他每晚都自我反省。他发现过 13 项严重的错误。其中 3 项是：浪费时间、关心琐事及与人争论。睿智的富兰克林知道，不改正这些缺点，是成不了大业的。所以，他一周订一个要改进的缺点作目标，并每天记录赢的是哪一边。下一周，他再努力改进另一个坏习惯，他一直与自己的缺点奋战，整整持续了两年。

如果有人骂你愚蠢不堪，你会生气吗？愤愤不平吗？我们来看看林肯是如何处理的。林肯的军务部长爱德华·史丹顿就曾经这样骂过总统，史丹顿是因为林肯的干扰而生气，为了取悦一些自私自利的政客，林肯签署了一次调动兵团的命令。史丹顿不但拒绝执行林肯的命令，而且还指责林肯签署这项命令是愚不可及的。有人告诉林肯这件事，林肯平静地回答：“史丹顿如果骂我愚蠢，我多半是真的笨，因为他几乎总是对的。我会亲自去跟他谈一谈。”

林肯真的去看史丹顿了。史丹顿指出他这项命令是错误的，林肯便就此收回成命。林肯很有接受批评的雅量，只要他相信对方是真诚的，有意帮忙的。

我的档案中有一个私人档案夹，标示着“我所做过的蠢事”，夹中插着一些我做过的傻事的文字记录。我有时口述给我的秘书做记录，但有时因为这些事是非常私人的，而且愚蠢到我没有脸请我的秘书做记录，因此便只好自己写下来。

每次我拿出那个“愚事录”的档案，重看一遍我对自己的批评，可以帮助我处理最难处理的问题——管理我自己。

一般人常因为受到批评而愤怒，而有智慧的人却想办法从中学习。《草叶集》的作者惠特曼曾说：“你以为只能向喜欢你、仰慕你、赞同你的人学习吗？从反对你、批评你的人那儿，不是可以得到更多的教训吗?”

我们经常把自己的错误怪罪到别人身上，随着年龄的增长，我们将会发现，最应该怪罪的其实是我们自己。连伟大的拿破仑被放逐到圣海伦岛时，也曾经说过:“我的失败完全是自己的责任，不能怪罪任何人。我最大的敌人其实是我自己，也是造成我悲惨命运的原因。”

每个人都不是完美的，都有各种各样的缺点，与其等待敌人来攻击我们或我们的工作，倒不如自己动手。我们可以是自己最严苛的批评家，在别人抓到我们的弱点之前，我们应该自己认清并处理这些弱点，达尔文就是这样做的。当达尔文完成其不朽的著作——《物种起源》时，他已意识到这一革命性的学说一定会震撼整个宗教界及学术界，因此，他便主动开始自我评论，并耗时 15 年，不断查证资料，向自己的理论挑战，批评自己所下的结论。

同样，来自他人的批评，也可以记入我们的“愚事录”，这同样对我们管理自我有很大的作用。

一位成功的推销员，甚至主动要求人家给他批评。当他开始推销香皂时，订单接得很少，他担心会失业，他确信产品或价格都没有问题，所以问题一定是出在他自己身上。每当他推销失败，他会在街上走一走想想什么地方做得不对，是表达得不够有说服力?还是热忱不够?有时他会折回去，问那位商家:“我不是回来卖给你香皂的，我希望能得到你的意见与指正，请你告诉我，我刚才什么地方做错了?你的经验比我丰富，事业又成功，请给我一点指正，直言无妨，请不必保留。”他这样做的结果，使他获得了巨大的成功。

法国作家拉劳士福古曾说 :“敌人对我们的看法比我们自己的观点可能更接近事实。”

我了解这句话常常是正确的，可是被人批评的时候，如果不提醒自己我还是会不假思索地采取防卫措施，每次我都对自己极为不满。不管正确与否，人总是讨厌被批评，喜欢被赞赏的。我们并非逻辑的动物，而是情绪的动物，我们的理性就像在狂风暴雨的情绪汪洋中的一叶扁舟。

听到别人谈论我们的缺点时，应该想办法而不要急于辩护，因为每个没头脑的人都是这样的。让我们放聪明点也更谦虚一点，我们可以气度不凡地说："如果让他知道我其他的缺点，只怕他还要批评得更厉害呢！"

我曾讨论到如何应对恶意的攻击。现在提出的是另一个想法：当你因恶意的攻击而怒火中烧时，何不先告诉自己："等一下……我本来就不完美，连爱因斯坦都承认自己 99%都是错误的，也许我起码也有 80%的时候是不正确的。这个批评可能来得正是时候，如果真是这样，我应该感谢它，并想法子从中获得益处。"

美国一家大公司的总裁查尔斯·卢克曼曾经用 100 万美元请鲍伯·霍伯上广播节目。鲍伯从不看赞赏他的信，因为他知道不可能从中学到任何东西。

福特汽车公司为了了解管理与作业上有何缺失，特地邀请员工对公司提出批评。

不行动，只会让事情更糟

⊙成熟就是在需要行动的时候，立即采取行动。要能下决断，并付诸实行，这才是成人应有的表现。当然，我们对问题本身要研究清楚，要由各个角度去看问题，然后，便采取行动去解决。

⊙做出决定进而采取行动的能力是做好自我保护的要素之一。

许多人害怕负起做决断的责任——决定不下要采取什么样

的行动，因为他们担心，事情若是做不成功，他们便要成为承担责任对象。因此，他们尽可能避免负责，如有必要，他们会陷入忧愁、疑惧，或不知所措，这种焦虑和紧张，往往使身体和精神趋于崩溃。1942 年，有位住在加拿大尼加拉瓜瀑布地区的年轻小伙子，名叫柯思迪罗，他退伍之后，立刻在"安大略水力发电代办处"找到一份修理机械的工作。18 个月以来，他一直表现良好，而且工作得很愉快。一天，上司告诉他一个好消息——他被升任为领工，负责管理厂内重机油的设备。

"从那时起，我便开始忧愁了。"柯思迪罗描述道，"我曾是个快乐的机械工，但调升为领工之后，日子便不再快乐了。我所负的责任带给我许多压力，不论是清醒时或在睡梦里，不论在厂内或家里，焦虑常是我最亲密的伴侣。

"然后，事情发生了——我一直担忧的紧急变故终于发生了。我当时正走向一个碎石坑，那里应有四部牵引机在工作，但坑里那时只是一片宁静，我急忙跑过去看，原来四部牵引机都发生了故障。

"我从没碰到过这样的大事故，因此脑子空空不知如何是好。我跑去找监督，告诉他这个天大的不幸消息，然后静等着他向我大发雷霆。

"但屋顶并没有掉下来，相反，这位监督转过身来，若无其事地向我微微一笑，然后说了几个字眼——假如我有幸活到一千岁的话，也永远不会忘记这些字眼，他对我说：

"'把它修好啊！'

"就从那一刻开始，我所有的忧愁、恐惧和焦虑，完全一扫而空，整个世界又恢复了正常。我急忙拿了工具出去，马上开始修理那四部牵引机。这几个神妙的字眼可说是我一生的转折点，并且改变了我的工作态度。感谢那位监督，我不但再度对工作燃起了热忱，也下定决心——遇事不要惊慌，不要忧烦，只要赶紧'把它修理好'，就可以啦！"

住在印第安纳州的泰德·斯坦坎普先生便是位幸运人士。他的父亲不仅了解积极行动的价值，并且知道如何把这个观念和习惯传授给儿子。事情的经过是这样的：

泰德·斯坦坎普 12 岁时曾被邻居的一个孩子欺负，所以，他决心不再出门，因为这样比较保险。过了几天，作为他帮忙割草的奖励，泰德的父亲给了他一些钱要他去看电影和买冰淇淋。泰德把钱放进口袋，但没有去看电影，虽然他是那么渴望去看电影——怕会遇见那个邻居的孩子。

“我父亲以为我生病了，”泰德·斯坦坎普说，“我含糊地回答他的问话。第二天傍晚我到巷子里去玩弹子，这时候我发现了我的敌人——他此时像《圣经》里被大卫王杀死的菲利斯丁巨人那样可怕地向我冲来，我吓得调过头拼命跑回我家的车库。谁知我爸爸正站在我面前，他问我究竟是怎么了，我谎称我们在捉迷藏。这时候一个声音传进来：‘出来，胆小鬼。’

“我爸爸手中多了一根两英尺长的厚厚的汽车皮带，语气平静地对我说，如果我不敢面对那个大块头，就必须等着挨皮带。我稍一犹豫，皮带就打在我的屁股上，那种疼痛比打架时挨过的拳头厉害多了。

“我像炮弹被发射般窜出车库，出其不意地冲向那个家伙，第一拳打得他没有心理准备，接二连三地又是几下，他只有狼狈逃窜。

“后来的几天成为我童年最快乐的记忆，勇气带给我的报偿是一种享受，我重获自尊，而且我得出一个有用的结论——不要逃避现实，要勇敢地面对它。一条汽车皮带和一个睿智的父亲叫我明白了一个真理。”

做出决定进而采取行动的能力是做好自我保护的要素之一。虽然多数人在大半生的时间里都循着常规生活，却没有人能预知紧急情况的发生，所以时刻准备行动，权衡利弊。选择最有利的办法付诸实施的习性的养成，可能会成为未来某天掌握我

们自己以及以我们为支柱的人的生死关键。

住在俄亥俄州春田市的艾尔·比夏先生便曾遇到过这样的危机：比夏先生和妻子及 3 岁大的女儿一同开车到科罗拉多欢度圣诞佳节，那一天，风雪交加，高速公路上的车子都减速慢行，忽然，开在他们前面的几部车子都停住了，比夏也急忙刹车停下来，并试着倒转车子往回开。但风雪实在太大了，他们一不小心便陷入了车道的积雪当中，动弹不得。

“我们停在那里几乎有一个钟头，内心实在焦虑不已。”比夏先生回忆当时的情况时说道，“在那一个钟头里，我们担忧的程度超过了所有以往的经历。夜色降临了，气温愈来愈低，风雪也变得更厉害了。路上的积雪愈来愈厚，我们的车子是绝对无法再开动了。我望着太太和女儿，心里明白必须赶紧采取行动，以求取生存。

“我记得方才开车的时候，曾路过一栋农舍，距离我们停留的地方约四分之一英里远。假如我们能走到那里，生存或许有望。于是，我把女儿抱在怀里，便和太太一同向农舍出发。这真是一趟艰苦的路程！积雪高到我们的臂部，得费极大的力气才能向前走一小步。那真是痛苦的经历，但我们终于走到了农舍！

“接下来的 24 小时，我们都留在那栋有四间房的农舍里，还有另外 33 个人也因风雪而困在那里。但我们都觉得十分温暖、安全，简直就像到了天堂一样。事过境迁之后我们回想，假如那时我们没有毅然决定采取行动，而只待坐在车里等候，相信我们早就冻死在风雪中了。”

是的，紧急的情况往往逼使我们要当机立断，立刻采取行动，不能有犹豫、考虑的时间，否则情况将难以补救。

英雄总是谦卑的

⊙历史上曾出现过的那些最受人尊敬的伟人们承认，他们的伟大并非来自他们自己，而是一种更强大的力量在他们身上起作用的结果。

⊙为了在生活中显示出我们的伟大，我们应该学会谦卑。

在现代西方文化中，人们普遍低估了谦卑的价值。

流行的观点认为，谦卑只适用于与宗教有关的方面，至于在“现实”世界，它就不能对你有所助益了。许多人将骄傲与无所畏惧视为美德，而将谦卑视作软弱。这也许是由于他们并不懂得谦卑的真正含义，他们将谦卑与自视过低或自卑等量齐观了，事实上，真正的谦卑并非如此。

其实，真正的谦卑恰好与此相反，真正伟大的人物都是十分谦卑的。历史上曾出现过的那些最受人尊敬的伟人们承认，他们的伟大并非来自他们自己，而是一种更强大的力量在他们身上起作用的结果。真正的谦卑即是认识到个人不过是这个更大的力量作用的工具罢了。耶稣曾说：“我对你们所说的话，不是凭着自己说的，乃是住在我里面的父亲做他自己的事。”许多宗教导师也都承认这一点，真正的天才人物大都怀有很深的谦卑。犹太教最伟大的学者本·西拉也说：“人越伟大，行事越谦卑。”

世界上一位最伟大的自然科学探索者伊萨克·牛顿爵士暮年曾慨叹道：“我就像个在沙滩上戏耍的小孩子，面前则是一片未知的真理的海洋。”

另一位自然科学的巨人爱因斯坦也以其孩子般的朴素而著称于世。

沃尔特·拉塞尔博士，一位在许多领域都获得成就的科学

家说道："一个人只有学会了忘掉自我，他才可能发现自我。个人的自我必然消融，而由宇宙的自我所取代。"他的话简直就是耶稣上面所说的话的回声。

什么是宇宙的自我，它与个人的自我又有哪些不同呢？首先，个人的自我即我们大多数人所认同的"自己"，即我们相信，我们就是这个"自我"，它包括我们赋予自我评价的各种显现方式。个人的自我与我们的外貌、我们的成就及我们的私有财产相一致，就是我们自身的这个自我倾向于与他人竞争；如果未能达到它所希望的目标，就会感到恼怒或受到了伤害。这个本性的自我要求受人尊重，喜欢显得正确，并喜欢控制他人。这个本性的自我还促使人们仅仅依靠自己的努力去解决问题，而不是转而求助于他人的智慧。这个自我听起来有些熟悉吗？

有些人可能会说："你说的恰好就是人类的大性。"也许，我们上面所说的正是人类天性中我们最熟悉的部分。然而，我们的天性中还有另一部分，一个"更高的自我"，它像神圣的火花存在于我们每个人的身上。不幸的是，在大多数时间里，这个更高的自我被我们上面描述的那个自我掩盖住了。我们往往看不到这个宇宙的自我或称"更高的"自我，因为，我们的两眼往往被个人的自我这个身份所蒙蔽。这就好比我们仰视天空，天空中一直布满着群星，但在白天，它们被太阳的强光遮掩，我们用肉眼是见不到的，直到太阳落山之后，我们才会看到星斗满天。

为了在生活中显示出我们的伟大，我们应该学会谦卑。随着我们日渐变得谦卑起来，我们便开始明了谦卑的真正内涵。谦卑地承认，我们对真理的认识还所知不多，这不会使我们变成不可知论者。如果一位医生能够坦率地承认，他并不通晓所有的疾病、症状与治疗方法，那么，我们当然也应谦卑地承认，我们每一个人都必须更多地学习真理。

对不公正的批评——报之一笑

⊙我可以决定是否要让我自己受到那些不公正批评的干扰。

⊙让批评的雨水从身上流过而不是滴在脖子里。

有一次我去访问史密德里·柏特勒少将——就是绰号叫作老“锥子眼”、老“地狱恶魔”的柏特勒将军。还记得他吗？他是所有统率过美国海军陆战队的人里最多彩多姿、最会摆派头的将军。

他告诉我，他年轻的时候拼命想成为最受欢迎的人物，想使每一个人都对他有好印象。在那段日子里，一点点的小批评都会让他觉得非常难过。可是他承认，在海军陆战队里的30年使他变得坚强很多。“我被人家责骂和羞辱过”，他说，“骂我是黄狗，是毒蛇，是臭鼬。我被那些骂人专家骂过，在英文里所有能够想得出来的而印不出来的脏字眼都曾经用来骂过我。这会不会让我觉得难过呢？哈！我现在要是听到有人在我后面讲什么的话，甚至于不会调转头去看是什么人在说这句话。”

也许是老“锥子眼”柏特勒对羞辱太不在乎，可是有一件事情是肯定的：我们大多数人对这种不值一提的小事情都看得过分认真。我还记得在很多年以前，有一个从纽约《太阳报》来的记者，参加了我办的成人教育班的示范教学会，在会上攻击我和我的工作。我当时真是气坏了，认为这是他对我个人的一种侮辱。我打电话给《太阳报》执行委员会的主席季尔·何吉斯，特别要求他刊登一篇文章，说明事实的真相，而不能这样嘲弄我。我当时下定决心要让犯错的人受到适当的处罚。

现在我却对我当时的做法感到非常惭愧。我现在才了解，买那份报的人大概有一半不会看到那篇文章，看到的人里面又有一半会把它只当作一件小事情来看，而真正注意到这篇文章的人里面，又有一半在几个礼拜之后就把这件事情整个忘记了。

我现在才了解，一般人根本就不会想到你我，或是关心别人批评我们的什么话，他们只会想到他们自己——在早饭前，早饭后，一直到半夜十二点过十分。他们对自己的小问题的关心程度，要比能置你或我于死地的大消息多一千倍。

即使你和我被人家说了无聊的闲话，被人当作笑柄，被人骗了，被人从后面刺了一刀，或者被某一个我们最亲密的朋友给出卖了——也千万不要纵容自己只知道自怜，应该要提醒我们自己，想想耶稣基督所碰到的那些事情，他十二个最亲密的友人里，有一个背叛了他，而他所贪图的赏金，如果折合我们现在的钱来算的话，只不过是十九块美金；他最亲密的友人里另外还有一个，在他惹上麻烦的时候公开背弃了他，还三次表白他根本不认得耶稣——一面说还一面发誓。出卖他的人占了六分之一，这就是耶稣所碰到的，为什么你跟我希望我们能够比他更好呢?

我在很多年前就已经发现，虽然我不能阻止别人对我做任何不公正的批评，我却可以做一件更重要的事：我可以决定是否要让我自己受到那些不公正批评的干扰。

让我把这一点说得更明白些，我并不赞成完全不理会所有的批评，正相反，我所说的只是不理会那些不公正的批评。有一次，我问依莲娜·罗斯福，她怎么处理那些不公正的批评——老天爷知道，她所受到的可真不少。她有过的热心的朋友和凶猛的敌人，大概比任何一个在白宫住过的女人的都要多得多。

她告诉我她小时候特别腼腆，很怕别人说她什么。面对批评，她害怕得去向她的姑妈，也就是老罗斯福的姐姐求助，她说：“费姑妈，我想做一件这样的事，但是我怕会受到批评。”

老罗斯福的姐姐正视着她说：“无论别人怎么说，只要你自己心里知道你是对的就行。”

依莲娜·罗斯福告诉我，当她在多年后住到白宫之后，这一点点忠告，还一直是她行事的指路明灯。她告诉我避免所有批评的唯一方法，就是“只要做你心里认为是对的事——由于你反正是会受到批评的。‘做也该死，不做也该死’”。这就是她对我的忠告。

逝去的马修·布拉许，当年还在华尔街 40 号美国国际公司任总裁的时候，我就问过他是否对别人的批评感到很敏感？他回答说：“是的，我早年对这种事情特别敏感，我当时急于要使公司里的每一个人都认为我特别完美，要是他们不这样想的话，就会使我忧虑。只要哪一个人对我有一些怨言，我就会想法子去取悦他。可是我所做的讨好他的事情，总会使另外一些人生气，然后等我想要补足这个人的时候，又会惹恼了其他的一两个人；最后我发觉，我越想去讨好别人，以避免别人对我的批评，就越会使我的敌人增加。因此最后我对自己说：‘只要你超群出众，你就肯定会受到批评，所以还是趁早适应这种情况得好。’这一点对我帮助很大。从那以后，我就决定只尽我最大的能力去做，而把我那把破伞收起来，让批评我的雨水从我身上流下去，而不是滴在我的脖子里。”

狄姆士·泰勒更进一步，他让批评的雨水流下他的脖子，而为这件事情大笑一番——而且当众如此。有一段时间，他在每个礼拜天下午在纽约爱乐交响乐团举行的空中音乐会休息时间发表音乐方面的评论，有一个女人写信给他，说他是“骗子、叛徒、毒蛇和白痴”。泰勒先生在他那本叫作《人与音乐》的书里说：“我猜她只喜欢听音乐，不喜欢听讲话。”在第二个礼拜的广播节目里，泰勒先生把这封信宣读给好几百万的听众听。几天后，他又接到这位太太写来的另外一封信，“表达她丝毫没有改变她的意见”，泰勒先生说，“她仍然认为我是一个骗子、叛徒、毒蛇和白痴”。我们实在不能不佩服用这种态度来接受批评的人。我们佩服他的沉着，他毫不动摇的态度和他的幽默感。

查尔斯·舒伟伯对普林斯顿大学学生发表演讲的时候表示，他所学到的最重要的一课，是一个在他钢铁厂里做事的老德国人教给他的。那个老德国人跟其他的一些工人为战事问题发生了争执，被那些人丢到了河里。“当他走到我的办公室时，”舒伟伯先生说，“满身都是泥和水。我问他对那些把他丢进河里的人怎么说？他回答说：‘我只是笑一笑。’”

舒伟伯先生说，后来他就把这个老德国人的话当作他的座右铭：“只是笑一笑。”

当你成为不公正批评的受害者时，这个座右铭尤其管用。别人骂你的时候，你可以回骂他，可是对那些“只是笑一笑”的人，你能说什么呢？

林肯要不是学会了对那些骂他的话置之不理，恐怕他早就受不住内战的压力而崩溃了。他写下的如何处理对他的批评的方法，已经成为了一篇文学上的经典之作。在二战期间，麦克阿瑟将军曾经把这个抄下来，挂在他总部的写字台后面的墙上。而丘吉尔也把这段话镶了框子，挂在他书房的墙上。全段话是这样的：“如果我只是试着要去读——更不用说去回答所有对我的攻击，这片店不如关了门，去做别的生意。我尽我所知的最好办法去做——也尽我的所能去做，而我打算一直这样把事情做完。如果结果证明我是对的，那么即使花十倍的力气来说我是错的，也没有什么用。”

走出失败者的阴影

⊙失败者失败的一个原因在于他们在潜意识里把自己当作一个永远的失败者。

⊙只有具有积极心态的人才能抓住机会，甚至从厄运中获得利益。

事业失败者失败的一个原因在于他们在潜意识里把自己当作一个永远的失败者，不能走出这个阴影。他们根本无法正视自己并且为改善付出努力。

一个叫南茜的女学生，原来最大的愿望是成为一名女演员。在她的房间里塞满了戏剧方面的书籍，墙上贴满了好莱坞伟大传奇人物的海报，那些登载有明星秘闻的期刊杂志更是多不胜数。然而她的愿望却没有实现，她说："我痛恨办公室的工作，可是我没有别的选择。我知道我是个失败者，可是我已无力挽回什么，我感到到处都是失败的气味！"

我们来看看南茜的父母和朋友们的态度，他们也只把她的梦想视为不可理喻的、根本不可能实现的幻想。于是南茜现在的文书工作，成为她倾泻生活中各种不满的容器。她自己认为，也许她乐于做个失败者，并且在一事无成中找寻自怨自艾的满足。

这个女学生的遭遇中有意义的是：南茜自认在事业上"一败涂地"，而她自己却没有做到这几点：

1. 找出自己真正想要的是什么；
2. 认清自己真正的长处与短处；
3. 没有有计划地发展自己的优势；
4. 没有有计划地改正错误，改善短处；
5. 没有努力为理想寻找机会；
6. 没有全心全力去追求成功；
7. 没有树立自己的信心；
8. 没有协调希望与现实。

南茜对理想的态度是消极的，她只是一个命运的接受者而不是一个挑战者。

美国南方的一个州，一直用烧木柴的壁炉作为冬天取暖的主要工具。在那里住着一个樵夫，他给某一人家供应木柴已经两年多了，这位樵夫知道木柴的直径不能大于 18 厘米，否则就

不适合那家人的壁炉。可是，一次这位樵夫给这家人送去的木柴直径却大部分都超过了18厘米，当主顾发现后，打电话要求调换或重新把那些不合标准的木柴拿回去加工，但樵夫没有答应主顾的要求。

这个主顾只好亲自来做劈柴的工作，他卷起袖子，开始劳动。大概在这项工作进行了一半的时候，他发现了一根非常特别的木头，这根木头有一个很大的节疤，节疤明显地被凿开又塞住了。这是什么人干的呢？他掂量了一下这根木头，觉得它很轻，仿佛是空的，他就用斧头把它劈开了，一个发黑的白铁卷掉了出来。他蹲下去，拾起这个白铁卷，把它打开，他吃惊地发现里面包有一些五十美元和一百美元的钞票，他数了数恰好有2250美元。

很明显，这些钞票藏在这个树节里面已有许多年了。这个人唯一的想法是使这些钱回到它真正的主人那里，于是他拿起电话找那位樵夫，问他从哪里砍了这些木头，这位樵夫的消极心态使他采取了一种排斥态度，他回答道："那是我自己的事，没有人会出卖自己的秘密。"然后他不问个究竟就把电话挂断了。那位主顾无法知道钱的来历，只好无可奈何地接受这份"礼物"了。

这个故事并不是为了讽刺，而是让人们认识到机会在每个人生活中都是存在的，然而以消极的心态对待生活却会阻止佳运造福于他。只有具有积极心态的人才能抓住机会，甚至从厄运中获得利益。从许多事例中我们可以得出这样一个结论："凡是把自己的事业列为成绩平平或不成功的人，都是早就把成功的理由，置于他们控制力之外的人了。他们觉得自己是永远的失败者，而这种逆来顺受的心态是不成功的主要原因。"

不少家庭为了谦虚，当别人夸奖自己孩子聪明时，经常会反驳道："哪里，哪里，这孩子笨得很。"这些谦虚的父母不知道这种美德也许会使自己孩子的自我观向畸形方向发展，最终真的如父母“所愿”变得毫无斗志。

人们给自己下定义的方式可以称为自我观，自我观对于从个人角度去解释“成”与“败”非常重要。而人给自己下定义当然是极富于主观性的。有的人认为自己富于智慧与能力，有的人则认为自己智力平平无所作为，而这种自我感觉即使与事实不符，却大多数与结果相符。曾经有一位大学教授做过这样的试验，他教的两个班中学生的智力水平基本上一样，但是他在甲班上课时，不断称赞甲班学生聪明。而在乙班时则不时讽刺、嘲笑乙班学生。结果受到鼓励、自信心大增的甲班在成绩上大大超过了自信心受到打击的乙班。这事实上也是一种自我感觉的影响作用。

成功并非总是用“赢”来代表

⊙成功的意义并不总在一个“赢”字。

⊙人生有许多时刻，你表面上输了，但其实是真正的赢家。

在追求增大我们能力的过程当中，并不需要踩着别人的头顶往上爬，也不需要赚个几百万，或是做到公司的总裁。成功的意义并不总在一个“赢”字。

有一个智能不足的年轻女孩，曾将成功的真谛表达得淋漓尽致。下面是关于这个女孩的故事。

在一个大城市的精神病患者举行的运动会选拔赛中，与赛者如同正常人一样，竞争得非常激烈。在中距离赛跑项目中，有两个女孩竞争得格外厉害，最后决赛时，这两个女孩更是备足了力量较劲。最后四名选手进入决赛，来决定谁将会获得该城的冠军。比赛开始，女孩子们在跑道上前进，这两名实力最强的选手很快便将另外两人抛在后面。在剩下最后 100 米的时候，两名赛跑者几乎是比肩齐步，都极力要跑赢对方。就在这个时候，稍微落后的那个女孩脚步不稳，绊倒了。按照一般的情况来说，这等于宣布了谁是赢家，但这一回可不是这样。领先的跑者停下来，折回去扶起她的敌手，为她拂去膝盖和衣服上的泥土，此时，另外两个女孩已冲过终点线。

赢得比赛是当天竞赛的目标，但谁才是这次比赛中真正的赢家，应该是毋庸置疑的。那个小女孩已将她最重要的能力发挥到极致——她爱的能力，而爱的能力使她比一般人赢得更多。

即使我性好竞争，仍然忍不住要想，有朝一日我也能得到同那女孩一样的成功。但我得先了解，爱的喜悦远胜过胜利的滋味。若你能两者兼顾，依我之见，你就是个超人。

人生中有许多时刻，你表面上输了，但其实是真正的赢家。比方说，某个周日下午，你正和邻人在起居间共享午茶。糟糕！她的茶杯翻倒了，茶水溅在你价值不菲的地毯上。

你会说："别担心！这地毯不容易弄脏的，只要一会儿便可以把它处理掉，请千万别放在心上。"

同一天下午，你的小孩不小心把一杯牛奶打翻在同一张地毯上。

你大吼大叫："你这笨手笨脚的白痴！这块永远洗不掉了啦！你是要把这房子里的每一样东西毁掉才甘心是吗？你能不能做点好儿事？"

这就是你的待"客"之道？孩子们其实是在我们家中短暂停留的客人——他们很快便会搬出去自立门户，他们是不是应该多少得到一些我们对待邻居的尊重和友谊？

这样的成功并没有立即可见的利益，正如同或许你已费尽心力却并不能得到什么金钱的回报。你所赢得的是，知道你最珍视的"客人"在你的家中得到爱、温柔和尊严，他们极可能会以同样的方式对待他们的下一代。

另一个"家庭剧场"的脚本："你没有一次准时过！每一次都要我等你！你不会是要穿'那'个玩意去参加晚上的派对吧？

你到底有没有品味啊？”

我们结婚时在对方身上看到的优点都到那儿去了？似乎只要经过几年的婚姻生活，配偶中便会有一方或双方只能在对方身上看到缺点，对方的美德似乎已如尘土般消逝。

赞美对方良好的行为而心怀宽恕——虽然真正地宽恕另外一个成年人绝非易事；即使你做到了，也不会有胜利感。但因此培养的美满良缘，却绝对是项胜利。

通常，我们将大部分的精力投注于世俗的目标上，却不了解人生真正应该追求的目标是默默给予别人帮助，学会得到内心的平静，以感恩和谦逊的心态去迎接命运所注定的好事，并以勇气接受并不那么美好的事。